「言いたいこと」から引ける

西谷裕子 編

慣用句・ことわざ・四字熟語辞典

新装版

東京堂出版

はじめに

言いたいことがあるのに適当なことばや言い回しが見つからない、あるいは、知っているはずなのに思い出せなくてもどかしい思いをするといったことはありませんか。そこで利用するのが国語辞典、慣用句やことわざ、四字熟語などの各種辞典ですが、五十音順に見出し語の並ぶ辞典では調べたくてもことばが思い浮かばなければ引くことはできません。そんな時に役立てていただきたいのが本書です。

文章を書くとき、自分の考えや思いを人に伝えたいとき、人を説得したいとき等々、さまざまな場面で効果的な役割を果たすのが、わかりやすく的を射た慣用句、古くから生活に根ざし語り継がれてきたことわざ、簡潔で含蓄のある四字熟語でしょう。本書はこれらをまとめて収録し、意味・内容で引けるように分類・整理しました。例えば、先に「もどかしい思いをする」と書きましたが、第一章「感情・心の働き」の「はがゆい・もどかしい」の項を見ていただくと、四字熟語で「隔靴掻痒」と言うことが分かります。

また、語句をより深く理解していただくために、それぞれの項目では語義・用例のほかに、漢字の異表記や正誤、使い方の適不適、語の成り立ち、語源、故事来歴の解説にも重きを置き、類句、対句もできる限り掲載しました。単に鵜呑みにするのではなく、用法や背景を知ることで正しく用いることができると考えたからです。約束が当てにならないことをうまく言い表したい、そんなときには第九章「社会・世の中・暮らし」の「約束」の項を見てください。その意味では「紺屋《こうや》の明後日《あさって》」ということわざがあり、紺屋は染物屋のことで、染物は天気に左右されるので、仕上がりは明後日といっても当てにならないことが多いことからと補説を加えています。類句には「医者の只今」とあり、どちらも怒りよりも仕方がないといった気持ちが言外に汲み取れ、人情の機微が垣間見えて楽しくなります。

収録の成句のうち、よく知っていて今更と思われるものも含まれているかもしれませんが、それらについては改めてその意味や用法を確認し、また、初めて出会うものについては周囲の類句を比較参照しながら表現の幅を広げる一助としていただければ幸甚です。

最後に煩瑣な作業を厭わずに遂行してくださった編集部の堀川隆氏、吉田知子氏、故渡部俊一氏に深謝申し上げます。

二〇一二年秋

西谷裕子

凡例

一、慣用句・ことわざ・四字熟語を約二八〇〇句収録し、事項別に十二の章に分けた。
一、各章はさらに細かく意味別キーワードにより分類し、見出し項目を五十音順に配列した。
一、各項目には語義のほか、以下の記号を用いて詳しい解説を施した。

出　出典
補　語の成り立ち・語義の補説
故　故事来歴
▽　用例
類　類句
対　対句
⇩　空送りをし、他項に解説を委ねる
⬇　参照先を示す

一、巻末に五十音順による、見出し索引、意味別キーワード索引を付して、検索の便をはかった。

一、感情・心の働き

愛する・愛情

情《じょう》が移《うつ》る

親しくするうちに、愛情を感じるようになる。親愛の気持ちを抱くようになる。

▽まったくの他人でもいっしょに暮らしていれば情が移るものだ。

情《じょう》が深《ふか》い

人を思いやり、愛する気持ちが強い。

▽雪国の人は情が深いとはよく言われることだ。

人《ひと》を愛《あい》する者《もの》は人《ひと》恒《つね》に之《これ》を愛《あい》す

人を愛すれば、必ず人からも愛される。人に愛されたいと思ったら、自分も人を愛する心を持つことが大切だということ。

出『孟子《もうし》』

汝《なんじ》の敵《てき》を愛《あい》せよ

人間はみな兄弟であるから、たとえ自分を憎み迫害する者であっても愛せよということ。イエスのことば。

出『新約聖書《しんやくせいしょ》』

諦める

諦《あきら》めは心《こころ》の養生《ようじょう》

いつまでも一つのことにこだわったり、すんだことをくよくよ思い悩むより、ときにはすっぱり思い切ったほうが心の健康によいということ。

引導《いんどう》を渡《わた》す

最終宣告をしてあきらめさせる。補本来仏教で、葬儀の際、導師の僧侶が死者に対して、この世への未練を断ち切り、迷わず成仏するように法語を与えることをいう。

往生際《おうじょうぎわ》が悪《わる》い

追い詰められてどうすることもできない状況なのに、

あきらめが悪い。補「往生際」は死に際のこと。死ぬ間際になっても生き延びようとして観念しないさまからのたとえ。

匙《さじ》を投《な》げる

医者が病人を見放すこと。転じて、物事に見込みがないとあきらめることのたとえ。補薬を調合する匙を投げ出す意から。

年貢《ねんぐ》の納《おさ》め時《どき》

悪事を働いてきた者が捕らえられて、罪の償いをする時期。また、あることに見切りをつけて観念すべき時期。特に、放蕩してきた者が身を固める、結婚する時期の意で用いる。

▽さんざん遊んだことだし、君もそろそろ年貢の納め時じゃないのか。

あきれる

愛想《あいそ》が尽《つ》きる

あきれ果てて、すっかりいやになる。補「愛想」は人に対する好意や親しみの気持ちの意。強調して「愛想もこそも尽き果てる」という。

▽ぐうたら亭主には愛想が尽きた。

開《あ》いた口《くち》が塞《ふさ》がらない

相手の言動にあきれ返って物も言えないさま。あっけにとられるさま。補あきれてぽかんと口を開けたままの状態からの形容。

▽彼の昨日とはうって変わった態度に、開いた口がふさがらなかった。

聞《き》いて呆《あき》れる

一般的な評価と実態がかけ離れていて、驚くとともにどうしようもない気持ちになる。

▽あのマナーの悪い人が一流会社の社員だというのだから、聞いて呆れる。

世話《せわ》が無《な》い

あきれはててどうしようもない。

▽自分で自分のことをほめていい気になっているんだから世話が無い。

何《なに》をか言《い》わんや

相手の言動に驚きあきれて、何も言うことがない。

▽自分は何もせず、人のすることにいちいちけちをつけるなんて、何をか言わんやだ。

ありがたい・感謝

足《あし》を向《む》けては寝《ね》られない

恩を受けた人に対して足を向けて寝るような失礼なことはできない。**補**恩人に対する感謝の気持ちを形容して言う。

▽経営に行き詰まって困っているときに資金援助をしてくれた山田さんには、足を向けては寝られない。

痛《いた》み入《い》る

人から寄せられた好意や親切に深く感謝する。

▽この度の格別のご配慮痛み入ります。

類恐れ入る

一言芳恩《いちごんほうおん》

一言声をかけてもらったことをありがたく思い、忘れないこと。**補**「芳恩」は他人から受けた恩を敬意をこめていう語。

▽一言芳恩の思いが強い。

恩《おん》に着《き》る

恩を受けたことをありがたく思う。**補**人にものを頼むときに用いることも多い。

▽授業をさぼったから期末テストが心配なんだ。君のノートを写させてくれないか。一生恩に着るよ。

対恩に着せる

御《おん》の字《じ》

十分にありがたい。自分が思っていた以上によい場合などにいう。補「御」は尊敬・丁寧の意を表す接頭語で、「御」の字をつけて感謝したいという意。

▽引越しの手伝いは三人もいれば御の字だ。

恐懼感激《きょうくかんげき》

ありがたさに恐れかしこまり、感動して心が奮い立つこと。補「恐懼」は、非常に恐れること、恐れかしこまること。「懼」も恐れる意。

▽陛下からお言葉を賜り、誠に恐懼感激に堪えない。

身《み》に余《あま》る

身分や能力などに不相応で、もったいないほどである。補表彰されたりほめられたりしたときなどに謙遜していう。

▽このような立派な賞をいただき、身に余る光栄です。

類過分である

冥利《みょうり》に尽《つ》きる

恩恵を受けてこの上なくありがたく思う。補「冥利」は知らず知らずのうちに受ける恩恵の意。「男冥利に尽きる（男として生まれてこれほどの幸せはない）」のように「…冥利に尽きる」の形で用いる。

類冥加に余る

あわれむ・同情

惻隠《そくいん》の情《じょう》

人をかわいそうに思い、同情する気持ち。あわれむ気持ち。

▽惻隠の情のかけらもない人とは付き合いたくない。

身《み》につまされる

相手の不幸が自分の身に起きたように感じて、つらくなる。他人事と思えなくて同情する。

▽彼女の苦労話は聞いているだけで身につまされた。

見《み》るに見兼《みか》ねる

ただ黙って見ているわけにはいかない。見過ごすことができない。

▽彼の窮状を見るに見かねて資金援助を申し出た。

安心・ほっとする

大船《おおぶね》に乗《の》ったよう

安心して頼りにすることのたとえ。補大きな船は沈む心配もないことから。

▽友人が仕事を手伝ってくれることになり、大船に乗ったような気分だ。

気《き》が休《やす》まる

ほっとして気持ちが落ち着く。心が安らぐ。

▽小さい子供を預かると気が休まるときがない。

愁眉《しゅうび》を開《ひら》く

出劉兼《りゅうけん》の詩「春遊《しゅんゆう》」

心配事がなくなってほっとする。補「愁眉」は愁いを帯びた眉のこと。故後漢のころ、都の洛陽で、女性がより美しく見せるために、化粧するとき愁いを帯びるように細く曲がった眉を描いたことから、そうした眉を「愁眉」といい、転じて、心配そうな顔つきのたとえにいう。

人心地《ひとごこち》がつく

生きていると実感してほっとする。

▽温かいコーヒーを飲んでようやく人心地がついた。

胸《むね》を撫《な》で下《お》ろす

心配事がなくなってほっとする。

▽迷子が見つかったと聞いて、ほっと胸を撫で下ろした。

意志・志・精神力

意志堅固《いしけんご》

物事をやりぬこうとする意志が強く、しっかりしていること。また、困難などに際して我慢強いこと。

対意志薄弱

意志薄弱《いしはくじゃく》

何かをしようという気力に欠けること。

▽子供のころから意志薄弱で一つのことを最後までやり遂げたことはあまりない。

対意志堅固

思《おも》う念力岩《ねんりきいわ》をも通《とお》す

どんなことでも思いをこめて行えば成し遂げることができるというたとえ。**故**『韓詩外伝《かんしがいでん》』や『史記《しき》』李《り》将軍伝《しょうぐんでん》にある、大きな石を虎と見間違えて必殺の矢を放ったところ、石に矢がささったという故事「石に立つ矢」に基づくことわざ。

類一念岩をも通す／精神一到何事か成らざらん

堅忍不抜《けんにんふばつ》

出蘇軾《そしょく》「鼂錯論《ちょうそろん》」

困難に我慢強く耐え忍び、心を動かさないこと。志や信念がきわめて堅固なことをいう。**補**「堅忍」は意志が強く、何事にも耐え忍ぶこと。「不抜」はぐらつかないこと。

▽堅忍不抜の精神を貫く。

鴻鵠《こうこく》の志《こころざし》

出『史記《しき》』

大人物の遠大な志。**補**「鴻鵠」は大人物のたとえ。「鴻」はコウノトリなどの大きな鳥の総称、「鵠」は白鳥のこと。**故**楚《そ》王の陳渉《ちんしょう》がまだ若く、日雇いの仕事をしていたころ、仲間に自分が将来富貴な身分になってもあなたたちのことは忘れないと言ったところ、仲間から日雇いの身で富貴になれるはずがないと嘲笑され、「燕雀《えんじゃく》安《いずく》んぞ鴻鵠の志を知らんや（小人物に大人物の遠大な志はわかるはずがない）」と嘆いたという故事による。「燕雀」はツバメとスズメのことで、小人物のたとえ。

志《こころざし》ある者《もの》は事竟《ことつい》に成《な》る　出『後漢書《ごかんじょ》』

やろうという強い意志のある者は、どんなに難しいことでも必ずやり遂げることができるということ。

志操堅固《しそうけんご》

自分の志や主義主張などを固く守り、変えないこと。補「志操」は志と節操。「堅固」はきわめて固いこと。

初志貫徹《しょしかんてつ》

はじめからの意志を貫き通すこと。補「初志」は最初に心にいだいた志。「貫徹」は貫き通すこと。

▽彼は初志貫徹して医者になった。

青雲《せいうん》の志《こころざし》　出『王勃《おうぼつ》』

立身出世して、高い地位に就こうとする気持ち。補「青雲」は青く晴れた、高い空の意で、高位高官のたとえ。

▽青雲の志を抱いて上京する。

精神一到何事《せいしんいっとうなにごと》か成《な》らざらん　出『朱子語類《しゅしごるい》』

どんなことでも心を一つに集中させれば成し遂げることができるということ。

類思う念力岩をも通す

鉄心石腸《てっしんせきちょう》　出蘇軾《そしょく》「李公択《りこうたく》に与《あた》うるの書《しょ》」

意志が鉄や石のように堅く、容易には動かせないこと。非常に堅固な精神や意志のたとえ。補「心」は心臓、「腸」ははらわたの意で、心や意志のたとえ。

為《な》せば成《な》る

やろうと思えばどんなことでも成し遂げることができるということ。やる気、意志の大切さを説くことば。

故戦国武将の武田信玄は「為せば成る為さねば成らぬ成る業を成らぬと捨つる人のはかなさ」と歌に詠み、江戸時代米沢藩主の上杉鷹山《ようざん》は「為せば成る為さねば成らぬ何事も成らぬは人の為さぬなりけり」と詠んで、家臣への教訓とした。

不撓不屈《ふとうふくつ》

困難にあっても決してくじけないこと。**補**たわんだり屈したりしない意。「撓」はたわむこと。

▽不撓不屈の精神。

陵雲《りょううん》の志《こころざし》　**出**『漢書《かんじょ》』

俗世間を超越した高い志。**補**「陵雲」は雲をしのぐほど高い意。「陵」は「凌」と同義で、しのぐこと。

▽陵雲の志を抱く。

疑う

痛《いた》くもない腹《はら》を探《さぐ》られる

何も悪いことはしていないのに、あらぬ疑いをかけられる。

▽上司の横領で、部下の僕まで痛くもない腹を探られるとは心外だ。

芋頭《いもがしら》が敵《てき》に見《み》える

疑う心があると何でもないものでも恐れることのたとえ。**補**敵を恐がるあまり、里芋まで敵に見える意。

類疑心暗鬼

疑心暗鬼《ぎしんあんき》　**出**『列子《れっし》』

いったん疑い出すと、何でもないことまで疑ったり、恐ろしく思えてくることのたとえ。**補**心に疑いを持っていると暗がりの中に実在するはずのない鬼が見えるの意。

▽疑心暗鬼に陥る。

類芋頭が敵に見える／幽霊の正体見たり枯れ尾花

七度尋《ななたびたず》ねて人《ひと》を疑《うたが》え　**出**『毛吹草《けふきぐさ》』

物がなくなったときなど、何度も探すことが大事で、むやみに人を疑ってはいけないということ。**補**「七度」は回数が多いこと。

対人を見たら泥棒と思え

人《ひと》を見《み》たら泥棒《どろぼう》と思《おも》え

他人は信用できないものであるから、まずは疑ってかかれということ。

対七度尋ねて人を疑え

眉《まゆ》に唾《つば》をつける

本当かどうか疑う。だまされないように用心する。

故眉に唾をつければ狐や狸にだまされないという俗信から。

幽霊《ゆうれい》の正体《しょうたい》見《み》たり枯《か》れ尾花《おばな》

恐い恐いと思っていると、何でもないものでも恐ろしく思えるということ。補幽霊がいるのかと恐ろしく思ったが、よくよく見れば枯れすすきだったの意。

類疑心暗鬼

恨む・恨み

恨《うら》み骨髄《こつずい》に入《い》る　出『史記《しき》』

恨みの感情が心の奥底までしみて激しい。恨みが非常に深いさまの形容。補「骨髄」は骨の内部の空洞を満たす組織で、転じて、心の底の意。

▽骨肉の争いによって生じた恨みは、まさに恨み骨髄に入るで、そう簡単なことでは消えない。

恋《こい》の遺恨《いこん》と食《く》い物《もの》の遺恨《いこん》は恐《おそ》ろしい

色恋と食べ物に関する恨みはあとあとまで尾を引いて恐ろしいものであるということ。

根《ね》に持《も》つ

心の中でいつまでも恨みに思う。

▽子供のころ友達から仲間外れにされたことをいまでも根に持っている。

人《ひと》を恨《うら》むより身《み》を恨《うら》め　出『淮南子《えなんじ》』

相手の冷たい態度や仕打ちを恨む前に、自分にその原因がなかったか反省せよということ。

人《ひと》を呪《のろ》わば穴二《あなふた》つ

恨んでいる相手を呪えば、自分もまた相手から呪われることになるというたとえ。補人を呪い殺そうとすれば、殺した相手の墓のほかに自分の墓の穴も掘らねばならないの意。

含《ふく》む所《ところ》がある

心の中に恨みや怒りなどを抱いている。

▽今回のことは、あなたに含む所があってしたことではない。

うらやむ・羨望

羨望嫉妬《せんぼうしっと》

うらやましく思い、ねたむこと。

▽美人で頭もいいなんて、彼女には羨望嫉妬を感じる。

他人《たにん》の卵《たまご》には黄身《きみ》が二《ふた》つある

とかく他人のものはよく見えて、うらやましく思うことのたとえ。故ブルガリアのことわざ。

類隣の芝生は青い

他人《たにん》の飯《めし》は白《しろ》い

とかく他人のものはよく見えて、うらやましく思うことのたとえ。

類隣の芝生は青い　対他人の飯には骨がある

隣《となり》の芝生《しばふ》は青《あお》い

隣の庭の芝生は、自分の家の庭のものと比べると青々しているように見える。とかく他人のものは何でもよく見えて、うらやましく思うことのたとえ。故西洋のことわざ。

▽隣の芝生は青く見えるもので、そんなに人をうらやむことはない。

類隣の花は赤い

怒る・怒り

青筋《あおすじ》を立《た》てる

こめかみに青筋をくっきり浮き出させて激しく怒る。

補「青筋」は皮膚の表面に青く透けて見える静脈。

頭《あたま》から湯気《ゆげ》を立《た》てる

ひどく興奮して怒る様子の形容。

▽審判の誤審に、監督は頭から湯気を立てて怒った。

怒《いか》り心頭《しんとう》に発《はっ》する

怒りが心の底からわきあがる。激しく怒ることの形容。補「心頭」は心の意。「発する」は生じる意で、「達する」というのは間違い。

▽政治家のあまりに無神経で失礼な態度に、怒り心頭に発した。

怒《いか》りは敵《てき》と思《おも》え

出 徳川家康《とくがわいえやす》「東照宮遺訓《とうしょうぐういくん》」

怒りは自分を見失い、判断を誤ることにもなるので、身を滅ぼす敵と思って慎めということ。

怒《いか》れる拳《こぶし》笑顔《えがお》に当《あ》たらず

出『五灯会元《ごとうえげん》』

怒ってなぐろうと拳を振り上げても、相手が笑顔だとなぐる気がなくなる。けんか腰だったり、高圧的な態度に出てきた相手には、逆に優しい態度で接するほうが効果があるということ。

類 笑う顔に矢立たず／尾を振る犬は叩かれず

色《いろ》をなす

怒りで顔色を変える。

▽計画の突然の変更に、彼は色をなして怒った。

類 血相を変える

勘気《かんき》に触《ふ》れる

親や目上の人を怒らせる。

▽弟子の身勝手な行動が師匠の勘気に触れ、しばらく出入り禁止となった。

逆鱗《げきりん》に触《ふ》れる

目上の人をひどく怒らせる。**故**「逆鱗」は竜のあごの下に逆さに生えたうろこのことで、それに触れると竜が怒ってその人を殺すという伝説による。天子を竜にたとえていうもので、本来は天子の怒りを買う意。**出**『韓非子《かんぴし》』

▽彼の不用意な発言が部長の逆鱗に触れたらしく、春の異動で転勤させられた。

怒髪天《どはつてん》を衝《つ》く

怒りが激しいこと、また、その形相の形容。**補**激しい怒りで天を突くくらい髪が逆立つ意。**故**中国戦国時代、秦《しん》の昭王《しょうおう》は趙《ちょう》の恵文王《けいぶんおう》の持つ名玉の璧《へき》を欲しがり、十五の都市と交換を迫った。そこで仕方なく恵文王は使いとして相如《しょうじょ》を昭王のところに赴かせたが、昭王に約束を守る意志がないことを知った相如は、いったん渡した璧を傷があると言って取り返すとそのまま後ずさり、柱を背にすると怒りのあまり髪の毛が逆立ち、冠を突き上げたという故事による。**出**『史記《しき》』

腹《はら》に据《す》えかねる

あまりにもひどくて、怒りが我慢できない。

▽彼女のわがままはどうにも腹に据えかねる。

腹《はら》の立《た》つことは明日《あす》言《い》え

腹が立つからといって、その場で言えば感情的になり、後で取り返しのつかないことになりかねない。当座よりも一晩寝れば感情も少しは和らいでいるので、相手に自分の気持ちをきちんと伝えることができる。腹が立っても、それをすぐに口に出すなということ。

類腹が立ったら百［十］数えよ

腹《はら》の虫《むし》がおさまらない

腹が立ってどうにも我慢できない。

▽一言文句を言わないと腹の虫がおさまらない。

腹《はら》は立《た》て損《ぞん》喧嘩《けんか》は仕損《しぞん》

腹を立てても何も得をすることもないし、喧嘩もするだけ損だということ。怒りはできる限り抑え、我慢することが大切だということ。

腸《はらわた》が煮《に》え繰《く》り返《かえ》る

激しい怒りが抑えられない。

▽彼のあまりに理不尽なやり方に腸が煮え繰り返った。

悲憤慷慨《ひふんこうがい》

世の中の不正や不義、自分の不運などに激しくいきどおって嘆くこと。補「悲憤」は悲しみいきどおる、「慷慨」はいきどおり嘆く意。

▽政府の無策に悲憤慷慨する。

仏《ほとけ》の顔《かお》も三度《さんど》

どんなに寛容な人でも、何度も不愉快な目にあえば腹を立てることのたとえ。補慈悲深い仏でも日に三度も顔をなでられれば腹を立てる意。

眦《まなじり》を決《けっ》する

怒りや決意を表して、目を大きく見開く。補「眦」は目尻、「決する」は裂く意。

▽記者は国会答弁に納得がいかず、眦を決して大臣に詰め寄った。

目《め》くじらを立《た》てる

些細なことに腹を立てる。補「目くじら」は目の端、目尻の意。

▽そんな小さなことにいちいち目くじらを立てるな。

烈火《れっか》の如《ごと》く

激しく燃える火のように、激しく怒るさま。

▽彼は親友の裏切りに烈火のごとく怒った。

恐ろしい・恐怖

生《い》きた心地《ここち》がしない

あまりの恐ろしさに生きている気がしない。

▽地震でエレベーターが止まって閉じ込められたときは、生きた心地がしなかった。
類 生きた空もない

恐《おそ》れをなす
恐怖心を抱く。恐れる。
▽父親のあまりの剣幕に恐れをなして、私と弟は早々に自分たちの部屋に退散した。

鬼《き》哭《こく》啾啾《しゅうしゅう》　出 杜甫《とほ》の詩「兵車行《へいしゃこう》」
非常に恐ろしいようす。不気味なようす。補「鬼」は死者の魂、亡霊。「哭」は大声で泣くこと。「啾啾」は弱々しく消え入るように泣くさま。成仏できない死者の魂がしくしくと悲しそうに泣いている意で、そこからの形容。

肝《きも》を冷《ひ》やす
危険な目にあってぞっとする。ひやっとする。
▽もう少しで自動車にひかれそうになって肝を冷やした。

恐怖《きょうふ》は常《つね》に無知《むち》から生《う》まれる
実体のわからないものに対しては不安や恐怖を感じるが、それが何であるかわかれば安心し恐怖心も消える。無知が必要のない恐怖心をもたらすということ。
故 ラルフ・W・エマーソンの言葉。

地震《じしん》雷《かみなり》火事《かじ》親父《おやじ》
この世で恐ろしいものを順番に並べて言うもの。地震と雷は天災、火事は人災で、いずれも人命にかかわる。これらに匹敵して恐ろしいのが父親ということ。

心胆《しんたん》を寒《さむ》からしめる
ひどく恐れさせる。補「心胆」は肝っ玉、心の意。
▽通り魔による無差別殺人という、町中の人々の心胆を寒からしめる事件が起きた。

背筋《せすじ》が寒《さむ》くなる
あまりの恐ろしさにぞっとする。

▽あのとき高台に逃げなかったら津波にのまれていたかもしれないと思うだけで、背筋が寒くなる。

鳥肌《とりはだ》が立《た》つ

恐怖や寒さなどで、皮膚が鳥の羽をむしったあとのようにぶつぶつになる。**補**強い刺激や衝撃を受けたときに、立毛筋が反射して起こる現象。近年、感動したり感激したときに用いることがある。

▽悲惨な事故現場を見て、鳥肌が立った。

風声鶴唳《ふうせいかくれい》

出『晋書《しんじょ》』

ささいなことに驚き恐れること。**故**敗走する兵士たちが、風の音や鶴の鳴き声にも敵の軍勢が追ってきたかとおびえた、という故事から。

類落ち武者は薄《すすき》の穂にも怖《お》ず

身《み》の毛《け》がよだつ

恐ろしさのあまり体中の毛が逆立つ。ぞっとする。

▽近所で殺人事件があったと聞いて、身の毛がよだった。

驚く・驚嘆

呆気《あっけ》に取《と》られる

思いがけないことに出会って、驚きあきれる。

▽彼の突然の心変わりにみんな呆気に取られてしまった。

あっと言《い》わせる

人が思ってもみないことをして、びっくりさせたり、感心させたりする。

▽演出家は奇抜な舞台装置で観客をあっと言わせた。

息《いき》を呑《の》む

非常に驚いたり、感動したりして、声も出ない。

▽山頂からの眺めのあまりの美しさに息を呑んだ。

意表《いひょう》を突《つ》く

相手が思いもしないことをして、驚きあわてさせる。

▽前半戦で点が取れなかったので、後半戦は相手の意表

を突く作戦に出た。

鬼面人《きめんひと》を驚《おどろ》かす

見せかけだけで人を驚かせ、恐れさせる。**補**鬼の面をつけて人を驚かす意。

▽鬼面人を驚かすような演出をしても、しょせん上辺だけのことだ。

肝《きも》を潰《つぶ》す

突然のことや予想もしなかったことが起きて非常に驚く。

▽前の車がいきなり車線変更したので肝を潰した。

類肝が潰れる

驚天動地《きょうてんどうち》

出白居易《はくきょい》「李白《りはく》の墓」

世間を大いに驚かすこと。**補**天を驚かし、地を動かす意。

▽人類が月に降り立つなんて、まさに驚天動地の出来事だった。

耳目《じもく》を驚《おどろ》かす

衝撃を与えて世間の人々を驚かせる。

▽その事件は世界中の人々の耳目を驚かせた。

度肝《どぎも》を抜《ぬ》く

予想もつかないことをして、ひどく驚かせる。**補**「度肝」は「肝」の強調語。

▽観客の度肝を抜く舞台装置。

寝耳《ねみみ》に水《みず》

突然の出来事を知らされてひどく驚くこと。

▽彼の移籍話はまったく寝耳に水だった。

類青天の霹靂《へきれき》

鳩《はと》が豆鉄砲《まめでっぽう》を食《く》ったよう

突然の事態に驚き、きょとんとするさま。

▽いきなりチームのリーダーに指名されて、彼は鳩が豆鉄砲を食ったような顔をしていた。

一泡吹《ひとあわふ》かせる

思いもよらないようなことをして相手を驚きあわてさせる。

▽いつも偉そうにしている彼に絶対答えられないような質問をして、一泡吹かせてやりたいものだ。

目《め》を白黒《しろくろ》させる

非常に驚いてあわてふためく。

▽あまりに高額な請求書に、彼は目を白黒させた。

覚悟・決心・決断

一念発起《いちねんほっき》

出『歎異抄《たんにしょう》』

思い立って、新たなことを成し遂げようと決心すること。補本来仏教語で、仏門に入り、悟りを開こうと決心すること。

▽定年後、一念発起して英会話の勉強を始めた。

意《い》を決《けっ》する

はっきり心に決める。

▽意を決して、上司に退社して独立するつもりであることを告げた。

清水《きよみず》の舞台《ぶたい》から飛《と》び降《お》りる

決死の覚悟で物事をするたとえ。補京都の清水寺本堂の舞台は懸崖に臨んで架けられていて、命の危険を承知でそこから飛び降りる意。

即断即決《そくだんそっけつ》

その場ですぐに判断して決めること。

▽社長の即断即決で、被災地に社員をボランティアとして派遣することになった。

たとえ火《ひ》の中水《なかみず》の中《なか》

物事をやり抜くためには火の中をくぐろうが、水におぼれようがかまわない。強い決意のたとえ。特に、相手への忠誠や愛情を示すために用いることが多い。
類水火《すいか》を辞せず

背水《はいすい》の陣《じん》
決死の覚悟で事にあたることのたとえ。故中国の漢の名将韓信《かんしん》が趙《ちょう》の軍と戦ったとき、川を背にして陣取るという、あえて不利な状況におくことで味方に決死の覚悟をさせ、敵に勝利したという故事による。 出『史記《しき》』

腹《はら》を括《くく》る
どういう状況・結果になっても動じないよう心を決める。覚悟を決める。
▽こうなったら最後までやるしかないと腹を括った。

腹《はら》を据《す》える
意を決し、どっしり構える。覚悟を決める。
▽アメリカとの外交交渉は腹を据えてかかる必要がある。

踏《ふ》ん切《ぎ》りが付《つ》かない
いろいろ迷って、思い切って決断できない。補「踏ん切り」は「踏み切り」の音便化。
▽会社を辞めたいが、なかなか踏ん切りが付かない。

がっかりする・落胆

開《あ》けて口惜《くや》しき玉手箱《たまてばこ》
期待が外れてがっかりすること。故浦島太郎が竜宮城から持ち帰った玉手箱を開けたら、中には何も入っていなくて、白い煙が立ち昇り、たちまち白髪の老人になったという伝説から。

意気消沈《いきしょうちん》
気持ちが落ち込んで元気がなくなること。がっかりすること。補「意気」は気持ち、気力の意。「消沈」は気力などを失ってふさぎ込む意で、本来は「銷沈」と書く。
類意気阻喪《そそう》 対意気軒昂《けんこう》／意気衝天《しょうてん》

肩《かた》を落《お》とす

がっかりして、うなだれる。補肩の力が抜けて、両腕がだらりと下がる様子から。

▽さよなら負けをして選手たちはがっくり肩を落とした。

気《き》を落《お》とす

物事がうまくいかず、がっかりする。気力をなくす。補動詞で「気落ちする」ともいい、「先発メンバーからはずされて気落ちする」のように用いる。

喪家《そうか》の狗《いぬ》

出『孔子家語《こうしけご》』

落胆してやる気をなくしている人、失意にある人のたとえ。また、元気がなくやつれた人のたとえ。補「喪家」は喪中の家。喪中で悲しみに沈んでいる家では飼い犬にえさをやるのを忘れてしまい、犬はやせ衰えることから。

力《ちから》を落《お》とす

失望したり、不幸な目にあって、元気をなくす。

▽息子さんを亡くされてさぞお力を落とされたことでしょう。

悲しい・悲しみ

悲《かな》しい時《とき》は身《み》一《ひと》つ

出『毛吹草《けふきぐさ》』『日本新永代蔵《にほんしんえいたいぐら》』

悲しい状況、苦境にあるときは、近づいてくる人はいなくて、だれも頼りにならない。どんなときも頼れるのは結局自分一人だということ。

断腸《だんちょう》の思《おも》い

出『世説新語《せせつしんご》』

はらわたがちぎれるほど悲しくてつらいこと。故中国東晋の武将桓温《かんおん》が舟で揚子江中流の三峡まで来たとき、従者が猿の子を捕まえ、舟に乗せた。母猿はずっと岸辺を追いかけてきて、ようやく舟に飛び乗ったが、力尽きて死んでしまった。その腹を裂いてみるとはらわたがずたずたに断ち切れていたという故事による。

▽けが人を残し、断腸の思いでその場を去る。

悲喜交交《ひきこもごも》

悲しみと喜びが代わる代わるやってくるということ。また、喜びと悲しみが入り混じること。**補**そのような状態になることを「悲喜交交至る」という。

我慢・堪忍・辛抱

石《いし》**の上**《うえ》**にも三年**《さんねん》

冷たい石の上でも、三年も座っていれば温かくなるように、どんなつらいことでも辛抱して努力すれば必ず報われるということ。辛抱の大切さをいう。

堪忍《かんにん》**は一生**《いっしょう》**の宝**《たから》

腹が立っても我慢ができる人は一生安らかな気持ちで幸福に過ごせるということ。

類堪忍辛抱は立身の力綱

堪忍袋《かんにんぶくろ》**の緒**《お》**が切**《き》**れる**

我慢の限界を越えて怒りを抑えられないことのたとえ。**補**「堪忍袋」は怒りをこらえて許す度量を袋にたとえていったもので、「緒」は袋の口を閉じるひものこと。

ならぬ堪忍《かんにん》**するが堪忍**《かんにん》　**出**『養草《やしないぐさ》』

もうこれ以上はどうにも我慢できない、許せないと思うところをぐっとこらえて耐えるのが本当の堪忍だということ。

類なる堪忍は誰でもする

かわいい

可愛《かわい》**可愛**《かわい》**は憎**《にく》**いの裏**《うら》

愛情が深いほど、何かのきっかけで憎しみの気持ちに変わりやすいものだということ。

対 憎い憎いは可愛の裏

可愛《かわい》さ余《あま》って憎《にく》さ百倍《ひゃくばい》

可愛いと思う気持ちが強ければ強いほど、一度憎いと思いはじめると憎しみが激しさを増すということ。

目《め》の中《なか》に入《い》れても痛《いた》くない

自分の子供や孫などを非常にかわいく思うさま。

▽彼は初孫が生まれたら目の中に入れても痛くないほどのかわいがりようで、家族にあきれられている。

感動・感慨

感慨《かんがい》に耽《ふけ》る

しみじみとした思いにひたる。

▽何十年ぶりかで母校を訪れ、しばし感慨に耽った。

感慨無量《かんがいむりょう》

しみじみとした思いで胸がいっぱいになること。

▽成人式に行く娘を見て、あんなに小さかった子がこんなにも立派な大人になったかと思うと感慨無量だった。

類 感無量

感極《かんきわ》まる

こらえきれないほど感動する。非常に感激する。補「極まる」は、これ以上はないという状態になる意。

▽結婚披露宴で両親への感謝の手紙を読むうち、花嫁は感極まって泣き出した。

感《かん》に堪《た》えない

深く感動するさま。

▽随分と困らされた生徒が卒業証書を受け取るのを見て、担任教師は感に堪えないふうだった。

琴線《きんせん》に触《ふ》れる

心があることに深く感動し共感する。補「琴線」は琴の糸のことで、心の奥底にある真情のたとえ。

心《こころ》を打《う》つ

人を感動させる。**補**受身形の「心を打たれる」で用いられることも多い。

▽難病に立ち向かう一人の少女のドキュメンタリー映画は多くの人々の心を打った。

類胸を打つ

多情多感《たじょうたかん》

感情が豊かで物事に感じやすいこと。

▽十八歳といえば多情多感な年ごろだ。

気が合う

意気投合《いきとうごう》

互いに考えや気持ちがぴったり合うこと。

▽彼とはお互いの趣味が一緒ということですっかり意気投合した。

馬《うま》が合《あ》う

互いに気が合うことのたとえ。**補**馬と乗る人の呼吸がぴたりと合うとうまく乗りこなせることから。

▽彼とは昔から不思議と馬が合う。

類波長が合う

反《そ》りが合《あ》わない

相手と気心が合わない。相性が悪い。**補**刀とそれを入れる鞘《さや》の反り具合が合わない意から。

▽先輩と反りが合わなくて部活をやめた。

気遣い・配慮

意《い》を用《もち》いる

気を配る。配慮する。**補**「意を致す」ともいう。

▽発言の際には被災者の心情にもっと意を用いるべきである。

痒《かゆ》い所《ところ》に手《て》が届《とど》く

相手がしてほしいと思っていることを細かなところまで察して、よく世話をすることのたとえ。

▽痒い所に手が届くような献身的な介護をする。

気《き》が置《お》けない

気を遣ったり、遠慮する必要がなく、互いに心から打ち解け合えるさま。補気を許すことができないという、反対の意味で用いるのは誤り。

▽学生時代の友達は気が置けなくていいものだ。

木目《きめ》が細《こま》かい

細部にまで心配りがゆきとどいているさま。補良い材木は木目《もくめ》が密で堅いことからのたとえ。

▽職人の仕事は実に木目が細かい。

気《き》を配《くば》る

落ち度がないようにあれこれ注意を払う。配慮する。

▽コース料理では客の食事の進み具合に気を配りながら、次の料理を出す。

気《き》を遣《つか》う

相手を思い、あれこれと心を働かせる。

▽思春期の子供と話すときは何かと気を遣う。

心《こころ》に掛《か》ける

ある人や物事を意識して忘れないようにする。

類心に留める

神経《しんけい》を使《つか》う

落ち度のないように、細かいところにまで注意を行き届かせる。補「気を遣う」より、緊張感が強い。

嫌う

嫌気《いやけ》が差《さ》す

いやだと思う気持ちが起こる。
▽毎日同じことの繰り返しに嫌気が差して転職を考えた。

自己嫌悪《じこけんお》

自分で自分がいやになること。
▽片付けるのが苦手で、散らかった部屋を見るたび自己嫌悪に陥る。

顰蹙《ひんしゅく》を買《か》う

言動が他の人に不快感を与えて、嫌われる。軽蔑される。**補**「顰蹙」は不快に思って顔をしかめたり、眉をひそめること。
▽レストランで大声で話すグループがいて、他の客の顰蹙を買った。

虫《むし》が好《す》かない

特にこれといった理由はないけれど、なんとなく気に入らない。生理的にいやだと思う。
▽初めて会ったときから、あいつはどうも虫が好かない。

くやしい・悔やむ・後悔

後悔先《こうかいさき》に立《た》たず

出『沙石集《しゃせきしゅう》』

事が終わってしまってからあれこれ悔やんでも取り返しはつかない。そうならないように、何事も慎重に行うべきだということ。
類後悔と槍《やり》持ちは先に立たず

鱓《ごまめ》の歯軋《はぎし》り

力のない者がいくらくやしがって、いきり立ってもむだなことのたとえ。**補**「鱓」はカタクチイワシを干したもので、小さいことからつまらない者、力のない者のたとえにいう。

地団太《じだんだ》を踏《ふ》む

ひどくくやしがって、地面や床を何度も踏みつける。**補**「地団太」は「地団駄」とも書き、足で踏んで空気を送るふいごの「地蹈鞴《じたたら》」の転。そのふいごを踏む動作に似ているところからいう。

▽ライバルに先を越されて、彼は地団太を踏んでくやしがった。

死《し》んでからの医者話《いしゃばなし》

病人が死んでしまってから、医者の話をしてもどうしようもないことで、すんでしまったことを後悔しても仕方がないことのたとえ。

類後悔先に立たず

切歯扼腕《せっしやくわん》

出『史記《しき》』

ひどくくやしがったり、残念がったりすることのたとえ。補歯軋りをし、自分の腕を強くつかむ意。

逃《に》がした魚《さかな》は大《おお》きい

釣りそこなった魚が実際より大きく見えるように、手に入れ損なったものはことさらよく見えて、くやしい思いがするということ。

臍《ほぞ》を噛《か》む

出『春秋左氏伝《しゅんじゅうさしでん》』

どうにもならないことを後悔すること。補「臍」はへそのことで、へそをかもうとしても口が届かないことからのたとえ。故鄧《とう》の祁侯《きこう》が鄧の地を通りかかった楚《そ》の文王をもてなしたとき、三人の部下が文王を殺すよう進言したが、祁侯はそれを聞き入れなかった。そこで三人は、いずれこの国を滅ぼす者は文王だろう、今殺さなければあとで臍をかむことになると言ったという故事による。

苦しむ・苦しみ・苦労

浮世《うきよ》の苦楽《くらく》は壁一重《かべひとえ》

この世の苦と楽は隣り合わせで、状況はくるくると変わるものだということ。

類楽は苦の種苦は楽の種

臥薪嘗胆《がしんしょうたん》

出『史記《しき》』『十八史略《じゅうはっしりゃく》』

目的を果たすためにあらゆる苦労や困難に耐えることのたとえ。補「臥薪」はたきぎの上に寝る、「嘗胆」は苦いきもをなめること。故中国春秋時代の呉王夫差《ふさ》は、越との戦いで父親が殺された恨みを忘れないように、たきぎの上に寝てわが身を苦しめ、ついに仇敵の越王勾践《こうせん》を会稽山《かいけいざん》の戦いで破って恨みを晴らした。一方、敗れた勾践は苦いきもをなめてはそのときの恥を忘れないようにし、十数年の後に夫差を破ったという故事から。

艱難辛苦《かんなんしんく》

困難な目に遭って苦しみ悩むこと。耐え難い苦労をすること。補「艱難」は苦しみ悩むこと、苦労の意。「辛苦」はつらく苦しい意。「艱難辛苦」と同類の語を重ねて、意味を強調する。

艱難汝《かんなんなんじ》を玉《たま》にす

人は多くの苦労や困難を乗り越えてこそ、成長し立派になるということ。補「艱難」は苦しみ悩むこと、苦労の意。「玉」は美しい宝石のこと。地中から掘り出された原石が磨かれて美しい宝石となるように、苦労が人を鍛錬し立派にする意。

苦髪楽爪《くがみらくづめ》

苦労しているときは髪が伸び、楽をしているときは爪が伸びるということ。補反対に「楽髪苦爪」ともいい、いずれにしても科学的根拠はないが、髪の手入れをおろそかにして伸びていたり、爪が伸びているのを人に見られたときなどの弁解に言うことが多い。

類苦髭《ひげ》楽爪　対楽髪苦爪

苦心惨憺《くしんさんたん》

あれこれと心を砕き、苦労すること。非常に苦労するさま、工夫するさまにいう。補「苦心」はあれこれと心を砕いて考えること、「惨憺」は心を悩ませ痛める意。

▽苦心惨憺してようやく作品を完成させた。

四苦八苦《しくはっく》

非常に苦しんだり、苦労したりすること。**補**仏教語で、人間を苦しめる根本原因のうち、「生苦《しょうく》」「老苦」「病苦」「死苦」の四つを「四苦」といい、それに「愛別離苦《あいべつりく》（愛する者と別れる苦しみ）」「怨憎会苦《おんぞうえく》（うらみ憎む者に会う苦しみ）」「求不得苦《ぐふとくく》（求めるものが得られない苦しみ）」「五陰盛苦《ごおんじょうく》（人間の心身を形成する五つの要素、色《しき》（物質・肉体）・受《じゅ》（感受）・想《そう》（表象）・行《ぎょう》（意志）・識《しき》（認識）がもたらす苦しみ）」を合わせて「八苦」という。

▽家計のやりくりに四苦八苦する。

七転八倒《しちてんばっとう》

出『朱子語類《しゅしごるい》』

激しい苦痛のためにのたうち回ること。また、ひどく混乱するさまのたとえ。**補**何度も転び、起き上がっては倒れる意で、「七」「八」は数が多いことを表す。「しってんばっとう」「しちてんはっとう」とも読む。

▽腹痛で七転八倒する。

七難八苦《しちなんはっく》

人間が受けるさまざまな災難や苦難。**補**仏教で、「七難」は火・水・羅刹《らせつ》・刀杖《とうじょう》・鬼・枷鎖《かさ》・怨賊《おんぞく》の七つの災難、「八苦」は人間が生きていく上での八種類の苦しみのこと。

櫛風沐雨《しっぷうもくう》

出『晋書《しんじょ》』

外で風雨にさらされながら苦労することのたとえ。また、世の中でさまざまな苦労をすることのたとえにいう。**補**「櫛風」は風で髪をくしけずる、「沐雨」は雨で髪を洗う意。

塗炭《とたん》の苦《くる》しみ

出『書経《しょきょう》』

非常な苦しみのたとえ。**補**「塗」は泥水、「炭」は炭火のことで、泥水にまみれ、炭火に焼かれるほどの苦しみの意。

▽塗炭の苦しみを味わう。

粒粒辛苦《りゅうりゅうしんく》

穀物の一粒一粒が農民の苦労の結晶であるということ。転じて、物事を成し遂げるためにこつこつと努力をし、苦労を重ねることのたとえ。

出 李紳《りしん》「農を憫《あわれ》む詩」

労《ろう》多《おお》くして功《こう》少《すく》なし

非常に苦労したわりにはあまり報われない。

▽好きでする仕事はたとえ労多くして功少なしであっても気にならないし、やりがいを感じるものだ。

若《わか》い時《とき》の苦労《くろう》は買《か》ってでもせよ

若いうちにする苦労は貴重な経験として将来必ず役に立つから、自分から進んででも苦労はしたほうがよいということ。

我《わ》が物《もの》と思《おも》えば軽《かろ》し笠《かさ》の雪《ゆき》

笠の上に積もった雪も、自分の物だと思えば軽く感じる。どんなにつらく苦しいことでも、自分のためになると思えばそれほどつらく感じないことのたとえ。

故 江戸時代の俳人、宝《たから》井《い》其《き》角《かく》の「我が雪と思えば軽し笠の上」に基づく。

恋う・恋しい

思《おも》い面瘡《おもくさ》思《おも》われ面皰《にきび》

顔にできるにきびは人を思ったり、人から思われている証拠だということ。からかって言うことが多い。

補「面瘡」はにきびやそばかすの類。単に「思われ面皰」ともいう。

思《おも》いを寄《よ》せる

異性に心を引かれ、恋心を抱く。

▽彼にはずっと以前から思いを寄せる人がいる。

里心《さとごころ》がつく

実家や故郷などが恋しくなって、帰りたいと思う。

▽姉妹で叔母の家に預けられていたころ、妹は里心がついてよく泣いたものだった。

身《み》を焦《こ》がす

激しい恋慕の情に堪えきれず、もだえ苦しむ。
▽かなうことはないと思いつつ、恋の炎に身を焦がす。
類胸を焦がす

恋慕《れんぼ》の情《じょう》

異性を恋い慕う気持ち。
▽先輩に淡い恋慕の情を抱く。

興奮

神経《しんけい》が高《たか》ぶる

あることのために神経が刺激されて興奮状態になる。
▽試合のあとは疲れているのに、神経が高ぶってよく眠れないことがある。

血《ち》が騒《さわ》ぐ

興奮して落ち着いていられない。
▽下町の人たちは祭りともなれば血が騒ぐらしく、商売そっちのけで準備に追われている。

血湧《ちわ》き肉躍《にくおど》る

感情が高ぶり、全身に活力や勇気がみなぎってくる。
▽オリンピック開催のファンファーレを聞いて、選手たちは血湧き肉躍る思いがした。

坩堝《るつぼ》と化《か》す

その場にいる人々が熱狂し、興奮状態になる。補「坩堝」は金属やガラスなどを溶かしたり、高温に熱するための耐熱性の容器のこと。転じて、大勢の人が熱狂し興奮する状態やそうした場のたとえ。また、さまざまなものが入り混じっている状態や場のたとえとして「ニューヨークは人種の坩堝だ」のように用いる。
▽コンサート会場は興奮の坩堝と化した。

心・感情

一寸《いっすん》の虫《むし》にも五分《ごぶ》の魂《たましい》

出『毛吹草《けふきぐさ》』

どんなに弱小の人間でもそれなりの意地や考えがあるものだから、弱小だからといってばかにしてはいけないということ。補一寸ほどの小さな虫でも体の半分ほどの魂を持っている意。

類金平糖にも角《つの》あり／小糠にも根性

意馬心猿《いばしんえん》

出『参同契《さんどうけい》』

人間の煩悩や情欲は抑えがたいものであるということ。補仏教語で、意のままに走り回る馬や騒ぎ立てる猿を制するのが難しいことからのたとえ。

思《おも》い内《うち》にあれば色外《いろそと》に現《あらわ》る

心の中に何か思っていることがあると、自然に態度や表情にそれが出てわかるものだということ。補「色」は様子や気配の意。

類思うことは顔に出る

外面如菩薩内心如夜叉《げめんにょぼさつないしんにょやしゃ》

姿かたちは菩薩のように美しく柔和だが、心の中は夜叉のように残忍であるということ。修行中の僧にとって女性は修行の妨げになるとして、女性の恐ろしさを説いて戒めとしたもの。補「外面《げめん》」は仏教語で、見た目、容貌のこと。

感情移入《かんじょういにゅう》

他人や物語の登場人物など、対象となるものに自分の感情を投影し、その対象との融合をはかること。

▽ヒロインに感情移入しながら映画を観る。

喜怒哀楽《きどあいらく》

出『中庸《ちゅうよう》』

喜びと怒りと悲しみと楽しみ。人間のさまざまな感情をいう。

▽芸術家というものは喜怒哀楽が激しいものだ。

虚心坦懐《きょしんたんかい》

心が素直で、先入観やこだわりをもたず、さっぱりしているさま。補「虚心」はわだかまりのない、素直な心。「坦懐」は好悪の情にとらわれない、平らかな心。「坦」は平ら、「懐」は胸の内、心の意。
▽お互い腹の探り合いをする状態が続いているが、ここは虚心坦懐に話し合ったほうがいい。
類虚心平気／虚静恬淡《きょせいてんたん》

純情可憐《じゅんじょうかれん》

心が素直で飾り気がなく、かわいらしいこと。また世慣れしていない、清らかでかわいらしい少女の形容に用いる。

純真無垢《じゅんしんむく》

心にけがれやいつわりがなく、清らかなこと。補「純真」は心が清らかで、自然のままであること。「無垢」はよごれやけがれのないこと。「純真」を「純心」と書くのは間違い。

類純情無垢／清浄無垢

情緒纏綿《じょうちょてんめん》

いくつもの感情がからまりあうさま。また、情が深くて離れないでいるさま。補「情緒」は物事に触れておこるさまざまな感情のことで、「じょうしょ」とも読む。「纏綿」はまとわりつくこと。

月日変《つきひか》われば気《き》も変《か》わる

人の心は月日がたてば自然に変わっていくものだということ。また、一時的な感情で行動してはいけないという戒め。

天衣無縫《てんいむほう》

出『霊怪録《れいかいろく》』

飾り気がなく、純真で無邪気なさま。補天女の衣服には人工的な縫い目がない意から。詩文などがわざとらしくなく、ごく自然に作られていてすばらしいことにもいう。

天真爛漫《てんしんらんまん》 出『輟耕録《てっこうろく》』

自然のままで、屈託のないさま。無邪気なさま。補「天真」は天から与えられた純真な心、「爛漫」は包み隠すことなくあらわれるさまで、生まれつきの純真な心がありのまま言動にあらわれるさまをいう。

測《はか》り難《がた》きは人心《ひとごころ》 出『史記《しき》』

人がどう思っているかを推測するのは難しい。相手の思いがけない行動や相手に裏切られたときなどに、その心の変わりようを嘆いていう。

人《ひと》の心《こころ》は面《おもて》の如《ごと》し 出『春秋左氏伝《しゅんじゅうさしでん》』

人それぞれに顔つきが違うように、人の心もひとりひとり違うということ。

人木石《ひとぼくせき》に非《あら》ず 出白居易《はくきょい》「新楽府《しんがふ》」

人間は木や石と違うのだから、喜んだり怒ったり悲しんだり楽しんだりと感情があるのは当然であるということ。

目《め》は心《こころ》の鏡《かがみ》 出『孟子《もうし》』

目はその人の心の中を映し出す鏡である。目を見れば、その人の心の状態がわかるということ。心が正しい人の目は澄んでいて、正しくなければ濁っているものである。

類目は心の窓／目は口ほどに物を言う

心残り・残念・未練

遺憾千万《いかんせんばん》

非常に残念に思うさま。特に、けしからんといった意味合いで、他人の行為やある状況に対して非難をこめて言うことが多い。補「遺憾」は思い通りにいかず、心残りなこと、「千万」は他の語の後についてその程度がはなはだしいさまを表す。

類残念至極

後《うし》ろ髪《がみ》を引《ひ》かれる

未練が残る。気持ちが残って、その場を去りがたいさまをいう。補「後ろ髪」は後頭部の髪の毛のこと。

▽家族を残して海外赴任しなければならず、後ろ髪を引かれる思いで任地に旅立った。

残念至極《ざんねんしごく》

これ以上ないほど心残りに思うさま。補「至極」はこの上もないの意で、他の語の後についてその程度がはなはだしいさまを表す。また、副詞的にも用いる。

▽楽しみにしていた行事が中止になり残念至極だ。

類遺憾千万／残念無念

嫉妬

角《つの》を出《だ》す

女性が焼き餅を焼く。故能楽で、嫉妬した女の生《いき》霊《りょう》が鬼になることからいう。

▽女房が角を出すといけないから、今日は早く帰ることにしよう。

焼《や》き餅《もち》焼《や》くとも手《て》を焼《や》くな

嫉妬するのもほどほどにしろということ。ほどほどの焼き餅は愛情の裏返しでもあり、まあまあ許されるとしても、度が過ぎると相手にも嫌われることになりかねない。

焼《や》き餅《もち》焼《や》くなら狐色《きつねいろ》

狐色にこんがり焼いた餅がおいしいように、嫉妬はしてもほどほどにしたほうがよいということ。

心境・境地

雲烟過眼《うんえんかがん》

出蘇軾《そしょく》「王君宝絵堂記《おうくんほうかいどうき》」

雲やけむりが目の前を通り過ぎていき心にはとどま

らないように、物事に執着せず、無欲でいるということ。補「雲煙」は雲と煙、「過眼」は目の前を通り過ぎる意。

行雲流水《こううんりゅうすい》

出『宋史《そうし》』

空を行く雲や流れていく水のように、物事へのこだわりを捨て、自然のままに悠々と生きること。故本来は中国北宋の詩人蘇軾《そしょく》が文章の作り方として記したことばで、「文を作るは行雲流水のごとし、初めより定質（決まり）無し」による。

心頭《しんとう》を滅却《めっきゃく》すれば火《ひ》も亦涼《またすず》し

心から雑念を払い無念無想の境地に至れば、火でさえ熱く感じない。どんな苦労や苦痛も心の持ちようでつらさを感じないものだということ。故杜荀鶴《とじゅんかく》「夏《か》日《じつ》悟空《ごくう》上人《しょうにん》の院《いん》に題する詩」より。天正十年（一五八二）、甲斐の恵林寺《えりんじ》が織田信長の焼き討ちにあった際、快川《かいせん》国師が山門に端座し、「心頭滅却すれば火自《おのずか》ら涼し」と唱えて焼死したことはよく知られる。

則天去私《そくてんきょし》

自然の摂理に従い、私心を捨てること。故自分自身へのこだわりを捨て、自然に身を任せて生きるという、夏目漱石が晩年に到達し、理想とした境地で、未完の小説『明暗』に示されている。「天に則《のっと》り私《わたくし》を去る」と訓読する。

無念無想《むねんむそう》

すべての想念を離れ、無我の境地に入ること。補仏教語で、「無念」は迷いの心がない、無心であること。「無想」は心に何も思わないこと。転じて、何の考えもない意にも用いる。「無想」を「夢想」と書くのは誤り。

明鏡止水《めいきょうしすい》

出『荘子《そうじ》』

心に邪心がなく澄み切っていて、落ち着いた静かな心境のたとえ。補一点の曇りもないきれいな鏡と、流れをとめ静かにたたえている水の意。

心配・悩み

気《き》が気《き》でない

心配で気持ちが落ち着かない。
▽地震で帰宅できなくなった娘から電話があるまで、気が気でなかった。

気《き》に病《や》む

心配して悩む。
▽そんな些細なことをいちいち気に病んでいたら、体がもたない。

後顧《こうこ》の憂《うれ》い

出『魏書《ぎしょ》』

自分がいなくなったり、やり残したりして、あとがどうなるか心配すること。補「後顧」は後ろを振り返る意。
▽部下に仕事をしっかり引き継いだので、後顧の憂いなく海外赴任できる。

頭痛《ずつう》の種《たね》

心配や悩み、苦労の原因となる物事。
▽目下の頭痛の種は息子の就職先が決まらないことだ。

他人《たにん》の疝気《せんき》を頭痛《ずつう》に病《や》む

自分には関係のない他人のことをあれこれ心配することのたとえ。よけいなお節介は焼くなということ。補「疝気」は漢方で、下腹部や腰が激しく痛む病気。他人の疝気を心配するあまり、自分の頭が痛くなる意。

輾転反側《てんてんはんそく》

出『詩経《しきょう》』

眠れなくて何度も寝返りを打つこと。また、心配事や悩みなどで眠れないこと。補「輾」は半回転する、「転」は一回転する、「反」はひっくり返る、「側」は傾く意。「輾転」を「転転」と書くのは誤り。

内憂外患《ないゆうがいかん》

出『春秋左氏伝《しゅんじゅうさしでん》』

国内における心配事と外国から受けるわずらわしい

問題。また、自分自身にも対外的にもいろいろと心配事や悩みを抱えていることのたとえ。**補**「憂」も「患」も思い悩む、心配する意。

眉《まゆ》を曇《くも》らせる

心配で眉を寄せ、暗い顔つきになる。

▽山の遭難事故のニュースに、彼は一瞬眉を曇らせた。

胸《むね》のつかえが下《お》りる

心配事や悩みなどがなくなって、気分が晴れやかになる。

▽先生に進学の悩みを打ち明けたら、胸のつかえが下りて楽になった。

胸《むね》を痛《いた》める

心を悩ませる。

▽不仲な両親を見ていて、子供ながらに小さな胸を痛めたものだ。

類心を痛める

推測・想像

推《お》して知《し》るべし

確かめなくても推測するだけでわかる。**補**「推す」は推し量る、推測する意。

▽あれだけ勉強をさぼって遊んだのだから、成績は推して知るべしだ。

思《おも》い半《なか》ばに過《す》ぎる　**出**『易経《えききょう》』

考えてみれば半分以上思い当たることがある。おおよそ理解できる。また、想像を超えていて感慨無量である。

▽定年を間近にして、思い半ばに過ぎるものがある。

察《さっ》しが付《つ》く

人の心の中や物事の事情などがほぼ想像できる。推察できる。

▽親なら子供が何を考えているかくらい察しが付く。

端倪《たんげい》すべからざる

成り行きを容易に推測できない。**補**「端」は山頂、「倪」は水のほとりで、物事の初めと終わりの意。

▽原発問題は端倪すべからざる状況にある。

好く・好む

好《す》きこそ物《もの》の上手《じょうず》なれ

出『菅原伝授手習鑑《すがわらでんじゅてならいかがみ》』

好きなことは熱心にやるので自然に上達するものであるということ。好きであることが上達に欠かせない条件である。

▽彼は日曜大工が大好きで、本棚も自分で作ったと言っていた。好きこそ物の上手なれで、このごろはどんどん腕を上げているらしい。

対下手の横好き

蓼食《たでく》う虫《むし》も好《す》き好《ず》き

辛い蓼の葉を好んで食べる虫もいるように、人の好みはさまざまであるということ。**補**この「蓼」はヤナギタデのことで、柳に似た葉に独特の辛みがあり、刺身のつまや蓼酢などに用いる。

下手《へた》の横好《よこず》き

下手にもかかわらず、好きで熱心にやること。

▽昔からジャズが好きで、休みの日には下手の横好きでトロンボーンを吹いている。

対好きこそ物の上手なれ

目《め》が無《な》い

思慮分別をなくすほど好きである。**補**「目」は物のよしあしを見分ける力、鑑定力のことで、あまりに好きで選別や評価をする力がない意。

▽彼女は甘い物には目が無い。

尊敬・敬意

一目置《いちもくお》く

相手の力量や人柄などが自分よりすぐれていることを認め、敬意を払う。補囲碁で、弱い方が最初に一目置くことからのたとえ。強調して「一目も二目も置く」という。

▽彼は若いわりには行動力や統率力があって、部内のみんなから一目置かれている。

後生畏《こうせいおそ》るべし 出『論語《ろんご》』

後進の能力は計り知れないものだから、畏敬《いけい》の念をもち、決してあなどってはならないということ。補「後生」はあとから生まれてきた者、後進、後輩の意。「畏る」は敬意を抱く、畏敬する意。

▽今年の新人は粒ぞろいでなかなかやるね。まさに後生畏るべしだ。

三尺《さんじゃく》去《さ》って師《し》の影《かげ》を踏《ふ》まず

師に随行するときは、三尺後ろに下がって師の影を踏んではならない。弟子は師を尊敬し、礼儀を尽くさなければならないということ。補「三尺」は「七尺」ともいい、影を踏まないだけの距離を示すが、心理的な距離の意味合いもある。一尺は約三〇・三センチメートル。

楽しい・楽しみ

楽《たの》しみ尽《つ》きて悲《かな》しみ来《きた》る 出『和漢朗詠集《わかんろうえいしゅう》』『平家物語《へいけものがたり》』

楽しい気持ちが最高潮に達したあとは、悲哀の気持ちが生まれてくるものである。楽しみは長く続かないということ。

目《め》の保養《ほよう》

美しいものやすばらしいものを見て楽しむこと。

▽友人に骨董の名品を見せてもらい、目の保養をさせてもらった。

類目の正月／目正月

楽《らく》あれば苦《く》あり

楽しいことがあれば、そのあとには苦しいこと、つらいことがある。続けて「苦あれば楽あり」といい、楽しいことと苦しいことは交互に訪れるものだということ。

類楽は苦の種苦は楽の種

楽《らく》は一日《いちにち》苦《く》は一年《いちねん》

一日怠けて楽をすると、あとの一年苦労することになる。勤勉に継続することが大切だという戒め。また、楽しいことはあっという間に終わるが、苦しいことは長く続くものだという意味にも用いられる。

ためらう・迷う

右《う》顧《こ》左《さ》眄《べん》

右を見たり左を見たりして、どうしようか考え悩む。周りを気にしすぎて、なかなか決断ができないことのたとえ。決断力や主体性のなさを批判していうことが多い。**補**「顧」は振り返る、「眄」は横目で見る意。

類左顧右眄

狐《こ》疑《ぎ》逡巡《しゅんじゅん》

疑い深くて、物事をするのに決心がつかず、ためらうこと。**補**「狐疑」は、狐のように疑い深くて決心がつかない意。「逡巡」はためらう、しりごみする意。

類遅疑《ちぎ》逡巡

首《しゅ》鼠《そ》両端《りょうたん》

どちらにしようか迷って決心がつかないこと。進退や去就など、身の振り方に迷うことのたとえにいい、どちらかといえば、形勢のよい方につこうとする意が含まれる。**補**「首鼠」は穴から首だけを出して外の様子を窺っているねずみのこと。「両端」は二心《ふたごころ》の意。

遅《ち》疑《ぎ》逡巡《しゅんじゅん》

ぐずぐずして決心がつかず、ためらうこと。補「遅疑」は疑い迷ってぐずぐずする意。

対迅速果断／即断即決

左見右見《とみこうみ》

どうしようか迷って様子見をすること。また、あちこちに気を配ること。補左を見たり右を見たりする意。

二《に》の足《あし》を踏《ふ》む

あることをしたいとは思うが、妨げとなることがあって、思い切って実行できずにどうしようか迷う。躊《ちゅう》躇《ちょ》する。補「二の足」は歩き出してから二歩目のことで、一歩目は踏み出したが、二歩目をどうしようかためらってその場で足踏みをする意。

直感・予感

第六感《だいろっかん》が働《はたら》く

物事を直感的に感じ取る。補「第六感」は五感（視覚・聴覚・嗅覚《きゅうかく》・味覚・触覚）とは別にあるとされる、物事の本質を鋭く感じ取る心の働きのことで、「勘」に同じ。使役で「第六感を働かせる」の形でも用いる。

類勘が働く／ぴんと来る

虫《むし》が知《し》らせる

実際には伝わるはずのないことが直感的に感じられる。ふつう、悪いこと、不吉なことについて用いられる。補「虫」はさまざまな意識や感情を起こすもととなるものをいう。

類虫の知らせ

泣く

今泣《いまな》いた烏《からす》がもう笑《わら》う

今まで泣いていたかと思うと、すぐに機嫌が直って笑い出す。小さい子供などの感情の変わりやすさ、屈託のない様子をいう。

血涙《けつるい》を絞《しぼ》る

激しい憤りや悲しみのために涙を流す。補「血涙」は涙がかれたあとに流す血のような涙の意で、非常な悲しみ、耐え難い苦しみのたとえ。

類血の涙を流す

紅涙《こうるい》を絞《しぼ》る

女性が涙を流す。補「紅涙」は美しい女性の流す涙の意。

▽恋人との別れに紅涙を絞るヒロインの演技は、真に迫っていた。

随喜《ずいき》の涙《なみだ》

心からありがたく思って流す涙。ありがた涙。また、うれしさのあまり流す涙。うれし涙。補「随喜」は仏教語で、他人の善事を見ることにより喜びの心を生じる意。転じて、心からありがたく感じる、大喜びすることをいう。

▽困窮しているとき、思いもよらない人からの援助に随喜の涙を流す。

泣《な》きの涙《なみだ》

涙を流してひどく泣くこと。悲嘆に暮れること。また、ひどくつらい思いをすること。

▽引越し先では飼うことができないので、かわいがっていた犬を泣きの涙で手放した。

泣《な》きべそをかく

顔をしかめて今にも泣き出しそうになる。補「べそ」は泣き顔のこと。

▽その子は父親にしかられて泣きべそをかいた。

涙《なみだ》に暮《く》れる

悲しみのあまり、泣いてばかりいる。また、ひどく悲しむさまをいう。

▽一人息子を事故で亡くして、彼女は涙に暮れた。

涙《なみだ》に咽《むせ》ぶ

のどを詰まらせるように泣く。むせび泣きをする。

▽彼女は私に何か話そうとしたが、涙にむせんで声にならなかった。

涙《なみだ》ほど早《はや》く乾《かわ》くものはなし

涙はその場の感情で流されることが多く、そんな涙はすぐに乾き、悲しみもすぐに忘れる。うそ涙ならなおさらのこと。本当の悲しみはそんなに簡単にはいやされない。故ローマの政治家・雄弁家マルクス・T・キケロの言葉とされる。

涙《なみだ》を禁《きん》じえない

涙が流れるのを止めることができない。泣くのをこらえられない。

▽一人娘の花嫁姿を見たとき、彼は涙を禁じえなかった。

涙《なみだ》を誘《さそ》う

同情して、泣くような気持ちにさせる。

▽震災で親兄弟を亡くし、一人ぼっちになった少女の姿は人々の涙を誘った。

不覚《ふかく》の涙《なみだ》を流《なが》す

泣くつもりはなかったのに思わず泣いてしまう。特に、ふだんは泣かないような人が泣くときにいう。

目頭《めがしら》が熱《あつ》くなる

感動して涙が出そうになる。

▽初めての運動会で、我が子が懸命に走る姿を見て目頭が熱くなった。

納得

合点《がってん》が行《い》く

納得できる。補「合点」は和歌や連歌、俳諧などを批評するときに、良いと思ったものの頭につけた印、また、回状などで、その内容に承知したという意味で自分の名前の肩につけた印のことで、「がてん」ともいう。

類得心が行く

百《ひゃく》も承知《しょうち》

人に言われるまでもなく、十分すぎるほどわかっているということ。補「百」は非常に多いこと、たくさんの意で、強調していう。

▽君が忙しいのは百も承知で頼みたいことがある。

憎む・憎しみ

憎《にく》い憎《にく》いは可愛《かわい》の裏《うら》

相手を憎いと思うのは可愛いと思う気持ちがあるからこそで、憎いというのは好きだという気持ちの裏返しである。男女の愛情表現はときに気持ちと裏腹であるということ。

対可愛可愛は憎いの裏

憎《にく》まれっ子世《こよ》に憚《はばか》る

人に憎まれたり嫌われたりする者ほど世間で幅をきかせ、のさばるものだということ。補「憚る」は幅をきかせる意。

不倶戴天《ふぐたいてん》

出『礼記《らいき》』

相手を殺してやりたいと思うほど、深い憎しみや恨みを持つこと。補一緒に同じ空の下で生きることはできないの意で、「倶《とも》には天を戴《いただ》かず」と訓読する。本来は、父の敵《かたき》のことをいった。

坊主《ぼうず》憎《にく》けりゃ袈裟《けさ》まで憎《にく》い

ある人に対して憎いという感情を持つと、その人に関係するすべてが憎いと思うようになるということ。

補坊さんが憎いと、着ている袈裟まで憎いと思う意。「袈裟」は僧侶が左肩から右わきの下にかけて衣を覆う布のこと。

目《め》の敵《かたき》

見るたびに憎らしく、やっつけてやりたいと思うこと。また、その相手。

▽彼は同期の田中を何かというと目の敵にしている。

願う・望む

己《おのれ》の欲《ほっ》せざる所《ところ》は人《ひと》に施《ほどこ》す勿《なか》れ　出『論語《ろんご》』

自分が人にしてほしくないことは他人も同じように思っているはずだから、それを他人にしてはならないということ。故孔子が弟子の子貢《しこう》に一生涯守るべきことを問われて答えたことば。

大願成就《だいがんじょうじゅ》

大きな願い事が望み通りかなうこと。補本来は仏教語で、仏が衆生を救済するための誓願のこと。「大願」は「たいがん」とも読む。

願《ねが》ったり叶《かな》ったり

物事が望んでいた通りになること。希望通りになること。

類願ってもない

はがゆい・もどかしい

隔靴掻痒《かっかそうよう》　出『景徳伝灯録《けいとくでんとうろく》』

思うようにならず、ひどくもどかしいことのたとえ。補はいている靴の上から足のかゆいところを掻く意。

▽言いたいことがあるのによい言葉が見つからなくて、隔靴掻痒の感がある。

喉《のど》の先《さき》まで出《で》かかる

ことばや名前などがもう少しで思い出せそうなのに思い出せず、もどかしいさま。

▽さっきからあの人の名前が喉の先まで出かかっている

のに出てこない。

恥ずかしい・恥

赤恥《あかはじ》をかく

人前でひどく恥ずかしい思いをする。補「赤恥」は「恥」を強調していう語で、「あかっぱじ」ともいう。

類大恥をかく

穴《あな》があったら入《はい》りたい

穴があったらそこに入って身を隠したいほど、ひどく恥ずかしい思いをする。

▽先生に叱られているところを彼女に見られてしまい、穴があったら入りたかった。

生《い》き恥曝《はじさら》しても死《し》に恥曝《はじさら》すな

生きていてかく恥はまだ耐えることができるが、死んだあとでは耐えようがない。死んでまでも恥が残るようなみっともないことはするなということ。

会稽《かいけい》の恥《はじ》

出『史記《しき》』

人から受けたひどいはずかしめ。故中国春秋時代、越王勾践《こうせん》は呉王夫差《ふうさ》と戦い、会稽山で屈辱的な条件で和睦を結び一命を取りとめた、そのときの恥をいう。

顔《かお》から火《ひ》が出《で》る

恥ずかしさのあまり、顔が真っ赤になる。

▽廊下で滑って転んだところを彼に見られて、顔から火が出そうになった。

肩身《かたみ》が狭《せま》い

世間に対して面目が立たず、恥ずかしい。引け目を感じる。補「肩身」は世間に対する面目の意。

▽子供にだけは相応の教育を受けさせ肩身の狭い思いはさせたくないというのが親心だ。

決《き》まりが悪《わる》い

人前で格好がつかず、恥ずかしい。補形容詞「決まり悪い」の形でも用いられる。
▽一人だけ場違いな服装で来てしまい、ちょっと決まりが悪かった。
類ばつが悪い

赤面《せきめん》の至《いた》り
非常に恥ずかしく思うこと。深く恥じ入ること。補「赤面」は恥ずかしさに顔が赤くなること。
類汗顔の至り

恥《はじ》の上塗《うわぬ》り
重ねて恥をかくこと。不名誉なことを重ねること。
▽失敗を挽回しようとそんなことをしても、恥の上塗りになるだけだ。

恥《はじ》も外聞《がいぶん》もない
恥ずかしいとも思わず、人からどう見られようとも気にしない。
▽震災後、人々は恥も外聞もなく水や日用品の買いだめに走った。

恥《はじ》を曝《さら》す
大勢の人の前で恥ずかしい思いをする。補「曝す」は多くの人々に見られるようにする意で、「恥を曝す」「醜態を曝す」のようによくないことに関して用いられる。

恥《はじ》を知《し》る
恥ずべきことと心得る。補「恥を知れ」のように命令形で用いることが多い。

ばつが悪《わる》い
恥ずかしかったり、体裁が悪かったりして、その場にいる人と顔を合わせていられない思いがする。補「ばつ」はその場の具合の意。
▽彼は知り合いと勘違いして私に声をかけてきたが、別人だとわかるとばつが悪そうにしていた。

類決まりが悪い

冷汗三斗《れいかんさんと》

冷や汗を大量にかくほど、非常に恥ずかしい思いをすること。また、非常に恐ろしい思いをする意にも用いる。補「三斗」は大量の意。

類冷や汗をかく

ひいき

依怙贔屓《えこひいき》

自分の気に入った者だけを不公平に引き立て目をかけること。

▽教師たるもの、どの子にも平等に接するべきで、決して依怙贔屓するようなことがあってはならない。

肩《かた》**を持**《も》**つ**

対立するものの片方に味方し応援する。

▽父親と喧嘩になったとき、祖母はぼくの肩を持ってくれた。

贔屓《ひいき》**の引**《ひ》**き倒**《たお》**し**

贔屓のし過ぎでかえってその人を不利にすること。

▽新人に期待して目をかけるのはいいけれど、ほどほどにしないと贔屓の引き倒しになるよ。

贔屓目《ひいきめ》**に見**《み》**る**

贔屓する立場で好意的に見る。

▽彼はどう贔屓目に見てもリーダーの器ではない。

判官贔屓《ほうがんびいき》

弱い者に同情し、味方すること。故源義経が検非違使《けびいし》の判官であったことからいう。平家討伐に甚大な働きをしたにもかかわらず、兄の頼朝にうとまれ、追討の命が下されて奥州に逃げ延びたが、その地で自刃した義経に同情して生まれたことばで、「はんがんびいき」ともいう。「判官」は律令制の四等官の第三位の役職で、「判官《じょう》」のこと。役所によって表記が違い、現在の警察に当たる検非違使では「尉《じょう》」と書く。

不機嫌

お冠《かんむり》

怒って機嫌が悪いこと。補「冠」は公家などが正装に用いた被り物のことで、機嫌を悪くすることを「冠を曲げる」といい、略して「お冠」の形で用いられる。

▽毎晩父の帰りが遅いので母はお冠だ。

風向《かざむ》きが悪《わる》い

相手の機嫌が悪い。

▽父に頼み事があるのだけれど、今日は風向きが悪そうだからまたにしよう。

不興《ふきょう》を買《か》う

目上の人の機嫌を損ねる。

▽不用意な発言で部長の不興を買ってしまった。

臍《へそ》を曲《ま》げる

機嫌を損ねてすねる。

▽弟は自分だけ仲間はずれにされたのでへそを曲げた。

類旋毛《つむじ》を曲《ま》げる

虫《むし》の居所《いどころ》が悪《わる》い

ひどく機嫌が悪く、怒りっぽくなっている。補「虫」は人の体の中にいて、気分や感情などを左右すると考えられているもの。

▽虫の居所が悪いのか、今日の彼はちょっとしたことでも妙にからんでくる。

不平・不満

意《い》に満《み》たない

満足できない。気に入らない。

▽この応募作品は残念ながら審査員の意に満たなかった。

口《くち》を尖《とが》らす

口をすぼめて前に出し、不平や不満を態度に表す。不平や不満を言う。

▽仕事帰りに買物を頼まれたくらいで口を尖らすことはないでしょう。

腹《はら》が膨《ふく》れる

不平や不満がたまって気分がすっきりしない。故『大鏡』序に「おぼしきこといはぬはげにぞはらふくるる心ちしける」とあるように、古くからある表現。

不平《ふへい》を鳴《な》らす

不平をあれこれ言い立てる。補「鳴らす」は強く言う、言い立てる意。

▽従業員たちは待遇の悪さに不平を鳴らした。

頬《ほお》を膨《ふく》らます

不満そうな顔つきをする。

▽校庭で遊んでいたら先生に早く家に帰るように言われて、子供たちは頬を膨らませた。

類膨れっ面をする

不愉快・不快

後味《あとあじ》が悪《わる》い

物事がすんだあとにいやな気分が残ってすっきりしない。

▽彼と別れ際にけんかして、後味が悪かった。

気《き》に障《さわ》る

不愉快な気分になる。

▽私の言ったことが気に障ったのなら謝ります。

気《き》を悪《わる》くする

感情を害して、不愉快になる。

▽彼女は私たちと一緒に映画に行くつもりだったらしいけど、誘わなかったから気を悪くしたかもしれない。

苦虫《にがむし》を噛《か》み潰《つぶ》したよう

非常に不愉快なときの苦々しい表情のたとえ。補「苦虫」は噛むと苦い味がするという架空の虫。

▽私が遅く帰宅すると、父は腕組みをし、苦虫を噛み潰したような顔をして待っていた。

鼻持《はなも》ちならない

人の態度や言動がいやみたらしくて不快である。補「鼻持ち」は臭気を我慢することで、臭くて耐えられない意からのたとえ。

反吐《へど》が出《で》る

非常に不愉快に感じる。補「反吐」は一度飲んだり食べたりしたものを吐くことで、そのときの不快感からのたとえ。

▽政府の言い分を代弁するだけの御用学者には反吐が出そうになった。

虫唾《むしず》が走《はし》る

非常に不愉快に感じる。補「虫酸」は消化不良で胃から口に逆流してくるすっぱい液のことで、それがこみ上げてくるときの不快感からのたとえ。

▽あの人の顔を見るだけで虫酸が走る。

胸糞《むなくそ》が悪《わる》い

不愉快で気持ちがすっきりしない。補「胸糞」は「胸」を強調していう語。

▽大臣の無責任な答弁を聞いていると胸糞が悪くなる。

欲しがる・欲望

虻蜂《あぶはち》取《と》らず

欲張ると結局損をすることのたとえ。補クモが巣にかかった虻と蜂の両方を捕ろうとして、どちらにも逃げられる様子からいう。
▽就職活動しながらミュージシャンを目指すなんて、結局は虻蜂取らずになるからどちらかにした方がいい。
類二兎を追う者は一兎をも得ず

私利《しり》私欲《しよく》

自分のためだけに利益をむさぼること。**補**「私利」は自分のためだけの利益。「私欲」は自分の利益だけを求める欲望のこと。
▽私利私欲に走る。
対無欲無私

垂涎《すいぜん》の的《まと》

人がたいそう欲しがって、手に入れたいと願うもの。
補「垂涎」は食べ物を欲しがってよだれを垂らすこと。
▽この機関車の模型は、マニアにとっては垂涎の的だ。

千石《せんごく》取《と》れば万石《まんごく》羨《うらや》む

千石取りになれば、今度は万石取りがうらやましくなる。人の欲望には限りがないことのたとえ。**補**「石《こく》」は大名や武士などの知行高を表す単位。
類隴《ろう》を得て蜀《しょく》を望む

大欲《たいよく》は無欲《むよく》に似《に》たり

出『徒然草《つれづれぐさ》』

遠大な欲望を抱いている者は目先の小さな利益にはとらわれないので、欲が無いように見える。また、欲の深い者は欲のために迷いが生じて損をすることになりがちで、結局は無欲と同じ結果になるということ。

無《な》い物《もの》ねだり

そこに無いものや手に入れることができないものを無理に欲しがること。また、できないことを無理にせがむこと。
▽都心で広い庭つきの家が欲しいだなんて、それは無い物ねだりというものだ。

二兎《にと》を追《お》う者《もの》は一兎《いっと》をも得《え》ず

欲張って同時に二つのことをしようとして、結局はどちらも失敗することのたとえ。補 一度に二匹の兎を捕まえようと追いかけても、結局はどちらも逃がしてしまう意から。
類 虻蜂《あぶはち》取らず

喉《のど》から手《て》が出《で》る

欲しくてたまらない様子のたとえ。
▽あの車は喉から手が出るほど欲しいけれど、高すぎて自分の給料では到底買えない。

一《ひと》つよければ又二《またふた》つ

出『自惚鏡《うぬぼれかがみ》』

一つうまくいくと、次々に欲が出てきて満足しない。人間の欲望には限りがないということ。
類 思う事一つ叶えば又一つ

無欲恬淡《むよくてんたん》

欲がなく、何事にも淡々としていること。補「恬淡」はあっさりしていて、物事にこだわらないこと。
▽彼は無欲恬淡としていて、世事にも疎い。

無欲無私《むよくむし》

自分の利益や欲を求めないこと。補「無私」は私心がないこと。自分の利欲を求める利己心がないこと。
対 私利私欲

欲《よく》の皮《かわ》が張《は》る

ひどく欲張りである。補「張る」は「突っ張る」ともいう。
▽欲の皮が張っているから、どんな小さなもうけ話も見逃さない。

隴《ろう》を得《え》て蜀《しょく》を望《のぞ》む

出『後漢書《ごかんじょ》』

人間の欲望には限りがないことのたとえ。故 後漢の光武帝が、すでに隴の地を手に入れたのに、今度は蜀の地が欲しくなったと自分の欲深さを部下に嘆いたという故事による。「望蜀《ぼうしょく》の嘆《たん》」ともいう。
類 千石取れば万石羨む

真心

気《き》は心《こころ》

わずかなものでも本人の真心の一端を表すものであるということ。補主に贈答の際などに用いられる。出『浮世床《うきよどこ》』

心《こころ》を込《こ》める

誠意や思いやりの気持ちを注ぎ込む。

▽家族のために心を込めて料理を作る。

心《こころ》がこもる

誠意や思いやりがあふれている。補「心のこもる」の形で形容詞的に用いる。

▽心のこもった贈り物をもらう。

真実一路《しんじついちろ》

うそ偽りのない、まことの心をもって、ひとすじの道をひたすら生きていくこと。補「真実」はうそ偽りのないこと、「一路」はひとすじの道の意。

誠心誠意《せいしんせいい》

うそ偽りのない、正直な心。真心。また、真心をもって物事をすること。補「誠心」「誠意」ともに、真心の意。両方合わせて強調表現となり、副詞的にも用いられる。

▽誠心誠意人に尽くす。

丹精《たんせい》を込《こ》める

真心を込める。補「丹精」は誠の心、真心の意。

▽父が丹精を込めて育てた野菜を送ってくれた。

貧者《ひんじゃ》の一灯《いっとう》

真心の尊いことのたとえ。補「長者の万灯より貧者の一灯」の略で、たとえわずかでも貧しい人の真心のこもった供え物は、金持ちの見栄を張った大量の供え物よりまさっているということ。故古代インドの阿闍《あじゃ》世王《せおう》が釈迦を招いてもてなし、帰りには宮殿から僧坊

出『阿闍世王受決経《あじゃせおうじゅけつきょう》』

までの道筋にたくさんの灯籠をともしたところ、貧しい老婆が自分も釈迦のためにと、なけなしのお金で一本の灯籠を求めてともした。王の灯籠は風で消えたり燃え尽きたりしたが、老婆の灯籠は朝まで消えず、明け方に釈迦の弟子目連《もくれん》が三度消そうとしたが、ますます明るく光ったという故事による。

満足

悦《えつ》に入《い》る

思い通りになって喜ぶ。補「悦」は喜びの意。

▽彼は骨董市で手に入れた壺を飽かずに眺め、一人悦に入っていた。

会心《かいしん》の笑《え》みを浮《う》かべる

すっかり満足して笑顔がこぼれる。補「会心」は心にかなう意。

▽でき上がった作品を前に会心の笑みを浮かべる。

心行《こころゆ》くまで

十分に満足するまで。

▽車窓の景色を心行くまで楽しむ。

ご満悦《まんえつ》の体《てい》

すっかり満足して喜ぶようす。

▽父は家族みんなに還暦を祝ってもらい、赤いちゃんちゃんこを着てご満悦の体だ。

満更《まんざら》でもない

必ずしもいやではない。まずまず満足である。

▽彼は後輩の女の子にお茶に誘われて、満更でもなさそうだった。

以《もっ》て瞑《めい》すべし

これで満足すべきである。補「瞑す」は安心して死ぬことで、もうこれで死んでもかまわない意。

▽競争率十倍という難関を突破したのだから、以て瞑す

べしだ。

我《わ》が意《い》を得《え》たり

相手の考えや気持ちが自分と同じであることに満足するさま。

▽彼は私の話に我が意を得たりとばかりにうなずいた。

憂鬱

浮《う》かぬ顔《かお》

心配事や気がかりなことなどがあって、晴れ晴れとしない顔つき。

▽彼が浮かぬ顔をしているので、わけを聞くとどうやら恋人とうまくいっていないらしい。

気《き》が重《おも》い

心に負担を感じたり、心配事などがあったりして、晴れ晴れした気持ちになれない。

▽もうじき期末テストだと思うと気が重い。

対気が軽い

気《き》が滅入《めい》る

ゆううつな気分になる。

▽このところ暗いニュースが多くて気が滅入ってしまう。

塞《ふさ》ぎの虫《むし》にとりつかれる

気分が晴れず、ゆううつな状態になる。**補**「塞ぎの虫」は気分が晴れない原因を虫にたとえていったもの。

▽弟は塞ぎの虫にとりつかれて暗い顔をしている。

愉快・快い

一服《いっぷく》の清涼剤《せいりょうざい》

気持ちをすがすがしくさせてくれるもののたとえ。

▽彼女の歌声は、日常の憂さをしばし忘れさせてくれる一服の清涼剤だ。

快哉《かいさい》を叫《さけ》ぶ
痛快な出来事に喜びの声をあげる。補「快哉」は「こころよきことかな」の意。
▽小笠原諸島の世界遺産登録決定に、地元の人々は快哉を叫んだ。

小気味《こきみ》がいい
痛快で胸がすっとする。補「小気味」は「気味」を強めていう語。形容詞は「小気味よい」。
▽プロの料理人の包丁さばきは、見ていて小気味がいい。

胸《むね》がすく
胸のつかえが取れて気持ちがすっきりする。
▽胸がすくような豪快なホームランを打つ。

溜飲《りゅういん》が下《さ》がる
不平や不満、恨みなどが解消して、気持ちがすっきりする。せいせいする。補「溜飲」は消化不良のために胃からのどもとまで上がってくるすっぱい液で、それが下がると胸がすっきりすることからのたとえ。
▽彼に言いたいことを言ったら溜飲が下がった。
類溜飲を下げる

油断

旨《うま》い物食《ものく》わす人《ひと》に油断《ゆだん》すな
ごちそうを食べさせて人を喜ばせようとする人は、何か下心があるものだから気をつけよという戒め。
類旨い事は二度考えよ／馳走終わらば油断すな／食わせておいて扨《さて》と言い／ほめる人には油断すな

気《き》を許《ゆる》す
相手を信頼して、警戒しない。油断する。
▽親切な人だからと思って気を許したら、実は詐欺師でひどい目にあった。
類心を許す／気を抜く

月夜《つきよ》に釜《かま》を抜《ぬ》かれる

すっかり油断してひどい目にあうことのたとえ。補月夜で明るいから誰も盗まないと思って外に出しておいた釜を盗まれる意から。出『西鶴織留《さいかくおりどめ》』

不覚《ふかく》を取《と》る

つい油断して失敗する。

▽格下のチーム相手に不覚を取り、思わぬ苦戦を強いられた。

油断大敵《ゆだんたいてき》

油断こそ最強の敵である。ちょっとした油断が大きな失敗や災難を招く原因となるから気をつけなければいけないということ。

▽将棋の相手がたとえ子供でも油断大敵だ。

喜ぶ・喜び

一喜一憂《いっきいちゆう》

状況が変わるたびに喜んだり心配したりすること。

▽試合が終盤に入り、緊迫した攻防戦に一喜一憂する。

有頂天《うちょうてん》になる

喜びや得意の絶頂にいて、我を忘れる。補「有頂天」は仏教で、三界（欲界・色界《しきかい》・無色界《むしきかい》）の最上位にある天のことで、最上位（頂）に上りつめることからのたとえ。

歓天喜地《かんてんきち》

大喜びすること。補天を仰いで歓《よろこ》び、地に伏して喜ぶ意。出『水滸伝《すいこでん》』

▽初孫の誕生に両親は歓天喜地の様子だった。

喜色満面《きしょくまんめん》

喜びが顔いっぱいにあふれているさま。補「喜色」はうれしそうな表情、「満面」は顔全体の意。

恐悦至極《きょうえつしごく》

大変喜ばしく思うこと。相手の厚意に対して自分の喜びを謙遜していう。補「恐悦」はつつしんで喜ぶ、「至極」はこの上ない意。

▽わざわざのご来場、恐悦至極に存じます。

欣喜雀躍《きんきじゃくやく》

大喜びすること。雀《すずめ》がぴょんぴょん跳ねるように、こおどりして喜ぶさまをいう。補「欣喜」は笑い喜ぶ、「雀躍」は雀が飛び跳ねる意。

▽息子の司法試験合格の知らせを聞いて、両親は欣喜雀躍した。

類狂喜乱舞

天《てん》**にも昇**《のぼ》**る心地**《ここち》

非常にうれしくて、浮き浮きする気持ち。

▽ずっと憧れていた人に声をかけてもらったときは、天にも昇る心地がした。

笑う・笑い

男《おとこ》**は三年**《さんねん》**に片頬**《かたほお》

男はむやみに笑うものではないということ。補男は三年に一度、片方の頬でちょっと笑うくらいでよいの意。

呵呵大笑《かかたいしょう》

出『景徳伝灯録《けいとくでんとうろく》』

大声で豪快に笑うこと。笑い飛ばすといった意味合いにも用いる。補「呵呵」はからからという大きな笑い声の形容。

相好《そうごう》**を崩**《くず》**す**

顔をほころばせ、いかにもうれしそうにする。補「相好」は顔かたち、表情の意。仏教で、仏の顔かたちには三十二相《そう》八十種好《しゅごう》あることにちなむ。

▽父はそれまで気難しい顔していたのに、孫の顔を見たとたんに相好を崩した。

破顔一笑《はがんいっしょう》

顔をほころばせて、にっこり笑うこと。補「破顔」は顔をほころばせる、「一笑」は軽く笑うこと。

▽かわいい赤ちゃんを見て破顔一笑する。

腹《はら》の皮《かわ》が捩《よじ》れる

笑い過ぎて腹の皮がよじれる意で、大笑いするさまのたとえ。

▽人気漫才師のぼけとつっこみの絶妙なやりとりに、客は腹の皮が捩れるほど笑った。

抱腹絶倒《ほうふくぜっとう》

腹を抱えてひっくり返りそうになるほど大笑いすること。補「抱腹」は腹を抱える意で、本来は「捧腹」と書く。「絶倒」は感極まって倒れる意。

▽余興で披露した彼のどじょうすくいに、一同抱腹絶倒した。

類腹を抱える

笑《わら》いは百薬《ひゃくやく》の長《ちょう》

笑うことはどんな薬よりも健康によいということ。

類笑いは人の薬

笑《わら》う門《かど》には福来《ふくきた》る

笑い声が絶えないような、みんなが仲良く暮らしている家には自然と幸福が訪れるということ。補「門」は家の意。

笑《わら》って暮《く》らすも一生《いっしょう》泣《な》いて暮《く》らすも一生《いっしょう》

笑っても泣いても同じ一生なら、笑って楽しく暮らしたほうがよいということ。

笑《わら》って損《そん》した者《もの》なし

いつもにこにこと笑顔でいれば、人に好感は持たれても敵意を持たれることはない。笑顔で得をすることはあっても、損をすることはないということ。

類笑う顔に矢立たず／怒《いか》れる拳《こぶし》笑顔に当たらず

二、人となり

明るい・ほがらか・陽気

快活明朗《かいかつめいろう》

明るく朗らかで、はきはきと元気がよいこと。

▽彼は快活明朗で周りの人に好かれている。

類 明朗快活

明朗闊達《めいろうかったつ》

明るくほがらかで、細かいことにこだわらず、おおらかなこと。補「闊達」は度量が大きくて、おおらかなこと。

類 闊達明朗／闊達豪放

飽きっぽい

熱《ねっ》しやすく冷《さ》めやすい

一つのことに興味を持つとしばらくは熱中するが、長続きせずすぐに飽きてしまう。

▽何事も熱しやすく冷めやすいのが彼の悪い癖だ。

三日坊主《みっかぼうず》

飽きやすくて長続きしないこと。また、そういう人をあざけっていう。補「三日」はきわめて短い期間のたとえ。

沸《わ》きが早《はや》いは冷《さ》めやすい

興味のあることにすぐに飛びつき熱中する人は、飽きるのも早いということ。

▽息子は沸きが早いは冷めやすいで困ったものだ。

陰気

陰《いん》に籠《こも》る

感情や態度などが外に出ないで、内にこもる。

▽あの人はどうも陰に籠っていて付き合いにくい。

しんねりむっつり
陰気で、うじうじして言いたいことも言えないさま。
▽彼はしんねりむっつりで、どうも好きになれない。

根《ね》が暗《くら》い
性格が陰気であるさま。略して、俗に「根暗」ともいう。補「根」は本来の気質。
▽弟は根が暗くて友達が少ない。

おおらか・寛大

寛仁大度《かんじんたいど》　出『漢書《かんじょ》』
心が広くて情け深く、度量の大きいこと。補「寛仁」は寛大で思いやりがあること、「大度」は度量が大きい、小さなことにこだわらないこと。

気宇壮大《きうそうだい》
心意気が盛んで、度量が大きいこと。補「気宇」は心の広さ、度量。
▽祖父から気宇壮大な気質を受け継ぐ。

豪放磊落《ごうほうらいらく》
心が広く快活で、小さなことにこだわらないこと。補「豪放」「磊落」共に、心が広くて小事にこだわらない意。

清濁併《せいだくあわ》せ呑《の》む
善も悪も一様に受け入れるだけの包容力があり、度量が広いことのたとえ。補大海は清流も濁流も区別なく受け入れることから。
▽きれいごとばかり言っていないで、ときには清濁併せ呑む度量も必要だ。
類大海は芥《あくた》を選ばず

天空海闊《てんくうかいかつ》
空や海が広いように、度量が大きくて、おおらかなこと。補「天空」は空がどこまでも晴れ渡って広いこと、「海闊」は海が広々として果てしないこと。「闊」は広い意。

臆病

犬《いぬ》の遠吠《とおぼ》え

臆病者が陰で虚勢を張ること。

▽本人に面と向かっていう勇気もなくて陰でこそこそと悪口を言うのは、犬の遠吠えにすぎない。

臆病風《おくびょうかぜ》に吹《ふ》かれる

臆病な気持ちになる。おじけづく。

▽スキーのジャンプ台に立ったとき、急に臆病風に吹かれて飛ぶことができなかった。

肝《きも》が小《ちい》さい

ちょっとしたことにもうろたえるさま。度胸がない。

▽あんなに肝が小さくてはリーダーは務まらない。

対肝が太い

小心小胆《しょうしんしょうたん》

気が小さくて、臆病なこと。補「小心」は気が小さいこと。「小胆」は肝が小さい、臆病なこと。また、度量が狭いこと。

尻《しり》の穴《あな》が小《ちい》さい

臆病で度量が狭い。補俗に「しり」は「けつ」ともいう。

▽あれくらいでびびるなんて、尻の穴の小さいやつだ。

おとなしい・温和・やさしい

温厚篤実《おんこうとくじつ》

穏やかで優しく、人情味があり、誠実なこと。補「篤実」は人情に厚く、誠実なこと。

類温柔敦厚／温和篤厚

鬼面仏心《きめんぶっしん》

鬼のような怖い顔をしているが、心は仏のように慈悲深くやさしいこと。

▽彼は外見がいかめしいので怖そうに見えるが、実際は見掛けと違ってとてもやさしい人で、鬼面仏心というところだ。

対人面獣心《じんめんじゅうしん》

心根《こころね》**がやさしい**

気持ちがやさしい。補「心根」は心の奥底。

▽あの子は心根のやさしい子だ。

春風駘蕩《しゅんぷうたいとう》

春風がそよそよと気持ちよく吹くさま。春の景色ののどかなさま。転じて、性格や態度が温和でゆったりしているさま。補「駘蕩」はのどかなさまの意。

対秋霜烈日《しゅうそうれつじつ》

多情仏心《たじょうぶっしん》

感受性が強くて気が変わりやすいが、心は仏のように慈悲深くやさしいこと。

▽彼女は多情仏心で時に振り回されることもあるが、本当はやさしい人だ。

虫《むし》**も殺**《ころ》**さない**

小さな虫さえも殺せないような、心がやさしいさま。

補一見やさしそうに見えて、実はそうではない場合に用いられることが多い。

▽虫も殺さないような顔をした人があんな残酷なことをするなんて信じられない。

勝ち気

外柔内剛《がいじゅうないごう》

外見はやさしそうに見えて、内面は強くてしっかりしていること。
▽彼は一見やさしくて弱そうに見えても実は外柔内剛で、交渉相手としてなかなか手強い人だ。

気《き》が強《つよ》い
気性が激しく、弱音を吐いたりくじけたりしない。
▽あの子は兄弟のなかで一番気が強い。
対 気が弱い

鼻《はな》っ柱《ぱしら》が強《つよ》い
気性が激しく、相手に負けまいと張り合う気持ちが強い。
▽彼は鼻っ柱が強くてちょっと付き合いにくい。

負《ま》けん気《き》が強《つよ》い
人に負けまいとする気持ちが強い。
▽この子の負けん気が強いのは父親譲りだ。
類 負けず嫌い

向《む》こう意気《いき》が強《つよ》い
相手に負けまいと張り合う気持ちが強い。補「向こう意気」は「向こう気」「向こうっ気」ともいう。
▽弟は向こう意気が強くてとかく人と張り合いたがる。
類 負けん気が強い

頑固・強情

老《お》いの一徹《いってつ》
老人の、いったん決めたことはどこまでも押し通そうとする頑固さ。
▽一人暮らしの父に自分たちと同居するようにさんざん説得したが、老いの一徹で耳を貸そうとしない。

我《が》が強《つよ》い
自分の考えに凝り固まっていて、他人の言うことに従わない。

▽彼は我が強くて協調性に欠ける。

堅《かた》い木《き》は折《お》れる

頑固な人ほど、いったん失敗したり、思うようにならないことがあると、急に気弱になったり、くじけてしまうことのたとえ。ふだん健康な人が急に病気で倒れることのたとえにもいう。補堅い木は一見丈夫そうに見えるが、実際はぽきっと折れやすいことから。

対柳に雪折れなし

頑固一徹《がんこいってつ》

頑固で意地っ張りなこと。

▽職人には頑固一徹の人が多い。

頑迷固陋《がんめいころう》

頑固で、見識が狭く、自分の考えにとらわれて正しい判断ができないこと。頑固でわからず屋なこと。補「頑迷」はかたくなで道理に暗い意で、「頑冥」とも書く。「固陋」はかたくなでものの見方が狭いこと、また、自分の考えに固執して人の意見を聞き入れず、正しい判断ができないこと。

▽年をとると頑迷固陋になりがちだ。

漱石枕流《そうせきちんりゅう》

出『晋書《しんじょ》』

自分の間違いや失敗を認めず、あれこれ言い逃れをすること。強情で負け惜しみの強いこと。補中国晋の孫楚《そんそ》が「石に枕し流れに漱《くちすす》ぐ」と言うべきところを「石に漱《くちすす》ぎ流れに枕す」と言ってしまい、間違いを指摘されると、石に漱ぐのは歯を磨くため、流れに枕するのは耳を洗うためだと屁理屈を言ってごまかしたという故事による。夏目漱石のペンネームはこれに由来する。

梃子《てこ》でも動《うご》かない

どんな方法を使っても動かない。どんなことがあっても信念や決意を変えない。

▽姉は強情っぱりで、いったんこうと決めたら梃子でも動かない人だ。

這《は》っても黒豆《くろまめ》

明らかに道理に合わないことでも自説を曲げず、頑固なさまのたとえ。**故**黒くて小さなものを見て、一人は黒豆だと言い、一人は虫だと言って、互いに譲らないでいたところ、それが這い出して虫だとわかった。しかし、黒豆と言った者はそれでも自分の主張を曲げなかったという話から。

気長・おっとり

気《き》が長《なが》い

せかせかしないで、おっとりしているさま。

▽来ない人をずっと待ち続けるなんて、あなたも気が長いね。

対気が短い

総領《そうりょう》の甚六《じんろく》

長男や長女は大事に育てられるので、弟妹に比べおっとりしていて、頭の働きが鈍くお人好しが多いということ。**補**「総領」は跡取り。「甚六」は愚か者を人名めかしていうもの。一説に、長子の意の「順禄《じゅんろく》」が変化した語ともいう。

気短・せっかち

気《き》が短《みじか》い

せっかちなさま。短気なさま。

▽父は気が短くて、信号が青になるかならないかのうちに横断歩道を渡り始めるのではらはらする。

対気が長い

短気《たんき》は損気《そんき》

気が短いと、よく考えもしないで事を進めて失敗したり、いらいらして人と衝突したりと、自分自身に対してても人に対してもうまくいかないことが多い。短気で得をするということはないということ。
類急いては事を仕損じる

気弱

意気地《いくじ》がない

物事をやり通そうとする気持ちや人に負けまいとする気力がない。
▽こんなことで弱音をはくなんて。からっきし意気地がないんだから困ったものだ。

内弁慶《うちべんけい》の外地蔵《そとじぞう》

家の中では強がっていばっているが、一歩外に出るとからきし意気地がないこと。補「内弁慶」は「陰弁慶」ともいう。
類内弁慶の外味噌／内で蛤《はまぐり》外では蜆《しじみ》

心臓《しんぞう》が弱《よわ》い

気が弱くて平然としていられない。
▽あんまり驚かさないでくれよ。こう見えても心臓が弱いんだから。
対心臓が強い

癖・習慣

雀百《すずめひゃく》まで踊《おど》り忘《わす》れず

小さいときに習い覚えたものは年を取っても忘れない。子供のころの習慣・習性はいつまでたってもなくならないということ。補スズメが死ぬまでぴょんぴょんと踊るように飛び跳ねることからのたとえ。

無《な》くて七癖《ななくせ》

人は癖が無いように見えても、探せばいろいろと癖をもっているものである。補「無くて七癖あって四十八癖」のようにもいい、「七」も「四十八」も実数ではなく、数が多い意で用いられる。

習《なら》い性《せい》となる

出『書経《しょきょう》』

習慣が身につくと、やがてその人が持って生まれた性質と同じになる。よい習慣にも悪い習慣にもいう。補「習い、性となる」と区切って読む。「習い性」と続けて読み、一語扱いするのは間違い。

類習慣は第二の天性なり

三《み》つ子《ご》の魂《たましい》百《ひゃく》まで

小さいころに培われた習性や性質は、年を取っても変わらないということ。三歳ころまでに人間としての基礎ができるので、それまでのしつけや教育が大切であり、いったん身についたものを直すのはなかなか難しい。

名馬《めいば》に癖《くせ》あり

名馬といわれる馬はどこかしら癖を持っていて、扱いにくいものである。同様に、人も優秀な人ほど癖を持っているということ。この場合の癖はほかの人とちがう強烈な個性の意味合いが強い。

病《やまい》は治《なお》るが癖《くせ》は治《なお》らぬ

病気は治療すれば治るが、癖は治らないものだということ。癖は本人が自覚していないこともあり、一度ついたらなかなか治るものではない。

類痩せは治って人癖は治らぬ

けち

吝《しわ》ん坊《ぼう》の柿《かき》の種《たね》

ひどくけちな人のこと。補けちな人は食べられない柿の種さえ捨てるのを惜しむ意で、あざけっていう。

出《だ》すことは舌《した》を出《だ》すのも嫌《きら》い

はなはだしくけちなことのたとえ。補けちなあまり、舌を出すことさえいやがる意。

▽叔父は出すことは舌を出すのも嫌いというくらい、ひ

どけちで有名だ。

類 袖から手を出すも嫌い／くれる事なら日の暮れるのもいや

下品

俗臭芬芬《ぞくしゅうふんぷん》

下品で、俗っぽさが強く感じられること。補「芬芬」は強い臭いが広まるさま。

▽彼の話は金銭にまつわることばかりで、俗臭芬々として耐え難い人物だ。

品性《ひんせい》下劣《げれつ》

性格や人格が著しく劣っていて卑しいこと。

▽あんな品性下劣な男とは関わりたくない。

根性

梅根性《うめこんじょう》

しつこくて、いったん思い込むとなかなか変えない性格のこと。補梅干しの酸っぱさは食べたあともしばらく残ることからいう。

▽彼はすぐに昔のことを持ち出しては難癖をつける。いつまでもしつこくて、梅根性は始末に悪い。

対 柿根性

柿根性《かきこんじょう》

状況に応じて対処できるような、柔軟な性格のこと。

補 渋柿がさわしたり干したりすると渋が抜けて甘くなることからいう。

対 梅根性

菊根性《きくこんじょう》

離れぎわが悪い、未練がましいことのたとえ。補菊の花は枯れても枝にしがみつくようにして散りぎわが悪いことから。

土性骨《どしょうぼね》
生まれつきの性格や根性。補変わることがなく強固なものとして強調して言う。また、どうしようもないものとしてののしって言う。
▽土性骨を叩きなおす。

ひがみ根性《こんじょう》
物事を素直に受け取ることができない、ひねくれた性格のこと。
▽どうせ誰も相手にしてくれないなんて、ひがみ根性もいい加減にしなさい。

正直・真面目・誠実

裏表《うらおもて》がない
うわべと内心に違いがない。
▽あの人は裏表がなくて信頼できる。

類陰日向がない

謹厳実直《きんげんじっちょく》
きわめて誠実で、正直なこと。補「謹厳」はつつしみ深く厳格なこと。「実直」はまじめで正直なこと。
▽父は謹厳実直で、曲がったことが大嫌いな人だ。

外連味《けれんみ》がない
はったりやごまかしがない。補「けれんみ」は歌舞伎で、俗受けをねらった演技のことで、「外連味」と書くのは当て字。

剛毅木訥《ごうきぼくとつ》
出『論語《ろんご》』
意志が強く、無口で飾り気がないこと。補「剛毅」は意志が強固でくじけないこと。「木訥」は飾り気がなく口数が少ないこと。

質実剛健《しつじつごうけん》
飾り気がなくまじめで、心が強くしっかりしていること。補家風や校風として掲げられることも多い。

素直・さっぱりしている

五月《さつき》の鯉《こい》の吹流《ふきなが》し

五月の端午の節句に空に泳ぐ鯉幟《こいのぼり》のように、腹の中に何もない、さっぱりした気質のたとえ。補古くは江戸っ子の気性について言った。

竹《たけ》を割《わ》ったよう

物事にこだわらず、さっぱりしているさま。補竹がまっすぐに割れることからのたとえ。

▽彼は竹を割ったような性格で付き合いやすい人だ。

ずる賢い

海千山千《うみせんやません》

世の中のことを知り尽くしていて、ずる賢く、一筋縄ではいかないこと。また、そういう人。故海に千年、山に千年住みついた蛇は竜になるという伝説から。

▽海千山千の商売人。

奸佞邪知《かんねいじゃち》

心がねじけていて、悪知恵を働かせて人にこびへつらうこと。また、そういう人。補「奸佞」は心がねじけていて、人にこびへつらうこと。「邪知」は悪知恵。

狡猾老獪《こうかつろうかい》

経験豊富で悪賢いこと。補「狡」「猾」「獪」はずるい意。「老獪」は経験を積んでいて悪賢いこと。

▽狡猾老獪な人を相手に丁々発止とやりあう。

煮《に》ても焼《や》いても食《く》えない

相手がしたたかで、どうにも始末に負えない。扱いきれない。

▽あいつは煮ても焼いても食えないワルだ。

抜《ぬ》け目《め》がない

ずる賢く、手抜かりがない。

▽彼女は希望していた部署に欠員ができたと聞くとすかさず部長に取り入って配置換えしてもらったらしい。まったく抜け目がないんだから。

要領《ようりょう》がいい

自分に都合がよいようにうまく立ち回るさま。

▽友達のノートを写させてもらって宿題をすますなんてまったく要領がいい。

対要領が悪い

怜悧《れいり》狡猾《こうかつ》

頭が切れて、悪賢いこと。補「怜悧」は頭が鋭く利口なこと。

長所・短所

渋柿《しぶがき》の長持《ながも》ち

欠点がかえって長所になることのたとえ。また、何の取り柄もない人や悪人などが長く生き延びることのたとえにもいう。補渋柿は実が崩れにくく、また、渋いので人に食べられることもなくて、枝に長く残ることからいう。

長所《ちょうしょ》は短所《たんしょ》

長所は時と場合によってはそれが災いして短所にもなるから気をつけよということ。

▽几帳面なのはいいことだが、長所は短所で、それが過ぎると人にけむたがれることもある。

目《め》で目《め》は見《み》えぬ

自分の欠点、短所は自分では気がつかないものであるということ。補自分の目は自分では見られない意。

▽目で目は見えぬというが、人に指摘されて自分の欠点に気づくことも多い。

のんき

極楽蜻蛉《ごくらくとんぼ》

何も考えずに気楽に過ごす、のんきな人のたとえ。補極楽を何の心配もなくすいすい飛び回るとんぼの意から。批判的に用いることが多い。

彼岸《ひがん》が来《く》れば団子《だんご》を思《おも》う

気楽でのんきなさまのたとえ。補彼岸が来ると先祖の供養よりもお供えの団子のことをまず考える意から。

人柄・人格

あの声《こえ》で蜥蜴《とかげ》食《く》らうか時鳥《ほととぎす》

うわべを見ただけではその人の性格や人柄はわからないものだというたとえ。補ホトトギスは哀れな声で鳴くのでやさしい鳥かと思いきや、トカゲを食べるとは驚きであるの意。

類人は見かけによらぬもの

威《い》あって猛《たけ》からず 出『論語《ろんご》』

威厳はあるが心は温かく、少しも偉ぶったところがない。補孔子を評して弟子たちが言ったことばで、人格者の条件とされる。

高潔無比《こうけつむひ》

比べるものがないほど気高く清らかであること。補「高潔」は気高く清らかなこと。「無比」は比べるものがないこと。

山高水長《さんこうすいちょう》 出『厳先生祠堂記《げんせんせいしどうのき》』

品性が高潔なことのたとえ。補山が高くそびえ、川が長く流れる意。

人品骨柄《じんぴんこつがら》卑《いや》しからぬ

人柄や品性が見るからに下品ではないさま。補「人品」は人柄、品性、人格。「骨柄」は骨格や人相から感じられる人柄。

二重人格《にじゅうじんかく》

同一人物において、時に正反対の人格が出現すること。また、異常性格の一種で、同じ人が別人のようにふるまうこと。

品行方正《ひんこうほうせい》

行いが正しくきちんとしているさま。

▽彼はいたって品行方正だから夜遊びなんかしない。

ひねくれる

旋毛《つむじ》が曲《ま》がっている

性質が素直でなく、ひねくれている。そういう人を「旋毛曲がり」という。補頭の旋毛が人とは違って反対に巻いている意から。

臍曲《へそま》がり

性質が素直でなく、ひねくれていること。また、そういう人。

▽あいつはへそ曲がりだから、いつも人の言うことと反対のことをする。

類旋毛曲がり

向こう見ず

直情径行《ちょくじょうけいこう》　出『礼記《らいき》』

周囲の思惑や状況などは考えずに自分の思ったとおりに行動すること。補「直情」はありのままの感情。「径行」はただちに行動すること。

猪突猛進《ちょとつもうしん》

向こう見ずにまっしぐらに突き進むこと。補「猪突」はいのししのように突進すること。「猛進」はすさまじい勢いで進むこと。

▽猪突猛進型の人。

暴虎馮河《ぼうこひょうが》　出『論語《ろんご》』

向こう見ずな行為、無謀な行為のたとえ。また、そのようなことをする人をたとえていう。補素手で虎に立ち向かい、黄河を徒歩で渡る意。「暴」は打つ、「馮」は歩いて川を渡ること。

無鉄砲《むてっぽう》

是非や結果などを考えずに行動すること。また、そういう人。補「無点法《むてんぽう》」あるいは「無手法《むてほう》」の変化した語とされ、「無鉄砲」と書くのは当て字。

▽本州から北海道に泳いで渡ろうなんて無鉄砲な人だ。

融通がきかない・堅物

石部金吉《いしべきんきち》

きわめて実直で物堅い人。堅物で、融通のきかない人。補石と金という硬いものを並べて、人名めかしていう。さらに輪をかけた堅物を石部金吉が鉄の兜をかぶっているという意味で「石部金吉金兜《かなかぶと》」ともいう。

▽父は昔から石部金吉で通っている。

株《かぶ》を守《まも》りて兎《うさぎ》を待《ま》つ　出『韓非子《かんぴし》』

昔からのやり方や習慣にこだわって融通がきかないことのたとえ。また、偶然の幸運をもう一度願うことのたとえ。故宋の農夫が田を耕していると、兎が走ってきて切り株にぶつかって死に、期せずして兎を手に入れた。それに味をしめた農夫はもう一度兎を得ようと働くことをやめ、毎日その株を見張っていたという故事による。

類守株待兎《しゅしゅたいと》／株を守《くいぜ》る

木仏金仏石仏《きぶつかなぶついしぼとけ》

融通のきかない人のたとえ。また、情に動かされない、特に男女の機微にうとい堅物のたとえにいう。

▽今度赴任してくる課長は評判の堅物で、木仏金仏石仏もいいところらしい。

四角四面《しかくしめん》

非常にまじめで、融通がきかないこと。きわめて堅苦しいこと。

▽役人生活が長かった父は、退職しても四角四面なところが抜けない。

冷酷・非情

人面獣心《じんめんじゅうしん》 出『漢書《かんじょ》』

人間の顔をしているが、心は獣のように冷酷であること。冷酷な者、また、義理や恩義を知らない者をののしっていう。

対鬼面仏心

血《ち》も涙《なみだ》もない

思いやりがなく人間らしい感情に欠けるさま。きわめて冷酷なさま。

▽借金取りの血も涙もないやり方に憤りを感じる。

人非人《にんぴにん》

人としての情愛を持たず、道に外れたことを平気でする人。また、そういう人をののしっても言う。補人であって人ではない意。

▽幼児虐待は人非人のすることだ。

類人でなし

冷酷無比《れいこくむひ》

きわめて思いやりがなく、心が冷たいこと。きわめて人情味のないこと。

▽今回の事件の犯人ほど冷酷無比な人間はいない。

三、容姿・身なり

容姿

薊《あざみ》の花《はな》も一盛《ひとさか》り

地味で見ばえのしない薊の花も美しく咲き誇る時期があるように、どんなに器量が悪い娘でも年頃になればそれなりに美しくなるものだということ。

類蕎麦の花も一盛り／鬼も十八番茶も出花

色《いろ》の白《しろ》いは七難隠《しちなんかく》す

たとえ器量が悪くても、色が白ければ欠点を覆い隠して美しく見えるということ。

出式亭三馬《しきていさんば》「浮世風呂《うきよぶろ》」

類米の飯と女は白いほどよい

美《うつく》しい花《はな》には刺《とげ》がある

美しい女性にはその美しさの反面、男性を惑わせる魔性の部分や危険が潜んでいることがある。美人には注意せよ、ということ。また、美しく魅惑的なものには、一方で危険性が潜んでいるというたとえ。

美《うつく》しいも皮一重《かわひとえ》

どんなに美人でも、美しいのは顔の皮一枚のことで、その皮を剝げば美人も醜い女も変わりはない。ましてや内面までは分からない。美しさだけで女性を評価したり、惑わされたりすることへの戒め。

類皮一枚剝げば美人も髑髏《どくろ》

鬼瓦《おにがわら》にも化粧《けしょう》

どんなに器量の悪い女性でも、化粧をすればきれいに見えるということ。補「鬼瓦」は屋根の棟の両端に置く鬼の顔をした瓦。魔よけのために置くもので、いかつくて醜い顔のたとえに用いられる。

出『毛吹草《けふきぐさ》』

鬼《おに》も十八番茶《じゅうはちばんちゃ》も出花《でばな》

醜い鬼も年頃になれば少しは美しくなるだろうし、番茶でもいれたてはおいしいように、どんなに器量が悪い娘でも年頃になればそれなりに美しくなるものだということ。

出『毛吹草《けふきぐさ》』『醒睡笑《せいすいしょう》』

傾城傾国《けいせいけいこく》

絶世の美女の形容。補あまりの美しさに心を奪われた君主が政治を顧みず、城を危うくし国を滅ぼす意。単独で「傾城」「傾国」でも用いる。また、「傾城」は遊女のこともいう。出『漢書《かんじょ》』

小股《こまた》の切《き》れ上《あ》がった

足がすらりと長く、きりりとひきしまった小粋な女性の形容。補「小股」の「小」は接頭語で、股の部分をいう。

霜《しも》を置《お》く

年を取って、頭髪や眉が白くなることのたとえ。

▽髪に霜を置く年になる。

立《た》てば芍薬《しゃくやく》座《すわ》れば牡丹《ぼたん》歩《ある》く姿《すがた》は百合《ゆり》の花《はな》

美人の形容で、立ち居振る舞いや姿を芍薬・牡丹・百合の花にたとえていう。補初夏に芍薬はすっくと伸びた枝の先に花を咲かせ、牡丹は短めの茎にふっくらと大ぶりの花を咲かせる。また、百合の花は清楚な趣がある。それぞれの花の咲きぶりからの形容。ちなみに、牡丹は中国ではその気品とあでやかさから「富貴花」「花王」「花神」などと呼ばれる。

花《はな》も恥《は》じらう

美しい花でさえ恥ずかしく思うほどに美しい。若く美しい女性の形容。

人《ひと》は見目《みめ》よりただ心《こころ》

人間は外見の美しさより心の美しさのほうが大事であるということ。補「見目」は見た目、外見、特に、女性の容姿のこと。出『諺苑《げんえん》』

類人は心が百貫目

水《みず》の滴《したた》るような

つややかで美しい、美男・美女の形容。補みずみずしくて、水気が滴り落ちてくるほどだという意から。

「水も滴る」ともいう。
▽あの役者は水の滴るようないい男だ。

見目麗《みめうるわ》しい

顔かたち、容姿が美しいさま。特に、女性について用いることが多い。補与謝野鉄幹の詩「人を恋ふる歌」にある「妻をめとらば才たけてみめ美《うる》わしく情ある」の一節がよく知られる。

見目《みめ》は果報《かほう》の基《もとい》 出『毛吹草《けふきぐさ》』

容姿が美しいということは幸せのもとだということ。
▽見目は果報の基で、美人はなにかと得をする。

明眸皓歯《めいぼうこうし》 出杜甫の詩「哀江頭《あいこうとう》」

瞳が澄んでいて、歯が白く美しいこと。美人の形容。補「眸」は瞳、「皓」は白い、の意。中国唐の詩人杜甫が詩の中で、絶世の美人で非業の死を遂げた楊貴妃を形容したことば。
類朱唇《しゅしん》皓歯

容姿端麗《ようしたんれい》 出『後漢書《ごかんじょ》』

姿、顔立ちが整っていて極めて美しいこと。特に女性について用いる。
▽コンパニオンの採用条件の一つに容姿端麗とある。
類眉目秀麗

容貌魁偉《ようぼうかいい》 出『後漢書《ごかんじょ》』

顔かたちがよく、体が大きくたくましいさま。補「魁」は大きく堂々としている、「偉」は並外れている、立派なさまの意。

夜目遠目笠《よめとおめかさ》の内《うち》 出『毛吹草《けふきぐさ》』

女性は夜薄暗い中で見るとき、遠くから見るとき、笠をかぶっていて顔がよく見えないときには、実際より美しく見えるものだということ。

顔立ち

瓜二つ《うりふた》

親子兄弟などの顔がそっくりなこと。補瓜を縦に二つに割ると、どちらも同じ形をしていることからのたとえ。

▽あそこの姉妹は瓜二つで、見分けがつかない位だ。

男《おとこ》**の目**《め》**には糸**《いと》**を張**《は》**れ**

男性の目は糸のように、細く真っ直ぐな切れ長が男らしくてよいということ。

対女の目には鈴を張れ

出『御伽草子《おとぎぞうし》』

女《おんな》**の目**《め》**には鈴**《すず》**を張**《は》**れ**

女性の目は鈴のように丸くて大きいのがよいということ。

対男の目には糸を張れ

出『御伽草子《おとぎぞうし》』

炭団《たどん》**に目鼻**《めはな》

真っ黒な炭団に目と鼻をつけたような、色が黒くてあまりかわいくない顔立ち。

対卵に目鼻

卵《たまご》**に目鼻**《めはな》

卵に目と鼻をつけたような、色が白くてかわいらしい顔立ち。補女性や女の子に対して用いる。

対炭団《たどん》に目鼻

眉目秀麗《びもくしゅうれい》

顔立ちが整っていて極めて美しいこと。補特に、男性について用いる。「眉目」はまゆと目のことで、転じて、顔立ち、容貌の意。

▽眉目秀麗の若者。

体格・体型

中肉中背《ちゅうにくちゅうぜい》

太りすぎでも痩せすぎでもなく、身長は高くも低くもない、程よい肉付きと身長であること。

▽中肉中背の男性。

長身痩軀《ちょうしんそうく》

背が高く、やせていること。補特に、男性について用いる。

▽長身痩軀の若者。

類痩軀長身

箸《はし》に目鼻《めはな》 出狂言「右近左近《うこんさこん》」

やせた人の形容。補細い箸に目鼻をつけたようなの意。特に、男性についていう。

▽あんな箸に目鼻のような男では力仕事はできない。

外見・身なり

人相風体《にんそうふうてい》

人の顔つきと身なり。補「風体」は姿かたち、身なりの意。

▽さっきから人相風体の怪しい男がこのあたりをうろついている。

風采《ふうさい》が上《あ》がらない

姿かたち、見かけがすぐれず、貧相なさま。

▽風采の上がらない中年の男が一人ベンチに座っていた。

蓬頭垢面《ほうとうこうめん》 出『魏書《ぎしょ》』

ぼさぼさの髪と垢《あか》だらけの顔。身なりに無頓着な様子のたとえ。補「垢面」は「くめん」とも読む。

類蓬髪《ほうはつ》垢面

馬子《まご》にも衣装《いしょう》

どんな人でも身なりを整えればそれなりに立派に見えるということ。補からかい気味に言うことが多い。「馬子」は粗末な身なりで馬に人や荷物を乗せて運ぶ馬方のこと。

▽今日はスーツでぴしっと決めて。馬子にも衣装だね。

四、人とのかかわり

親子

一姫二《いちひめに》太郎《たろう》

子供を持つなら、最初は女の子で次に男の子がよいということ。補女の子は育てやすいことからいうもので、女の子一人に男の子二人がよいという意味で用いるのは間違い。

▽一姫二太郎がいいといわれるけれど、こればっかりは思うようにはいかない。まずは元気に生まれてくることを願うのみだ。

いつまでもあると思《おも》うな親《おや》と金《かね》

親はいつまでも生きているわけではなく、いつかは死ぬ。金も使えばなくなるのは当然のこと。親にいつまでも甘えていないで自立し、倹約を心掛けよという戒め。

▽お父さんももう若くはないし、そうそう頼られても困る。いつまでもあると思うな親と金だ。

打《う》たれても親《おや》の杖《つえ》

親の杖に打たれても、愛情の気持ちがあるから少しも痛くない。愛情ゆえの厳しさは子供にも伝わるということ。

類打つも撫でるも親の恩

生《う》みの親《おや》より育《そだ》ての親《おや》

生んだだけの実の親より、育ててくれた親のほうにこそ親の愛情、恩義を感じるものだということ。

瓜《うり》の蔓《つる》に茄子《なすび》は生《な》らぬ

出『傾城色三味線《けいせいいろじゃみせん》』『比丘貞《びくさだ》』

平凡な親からは平凡な子しか生まれないことのたとえ。補瓜の蔓には瓜が、茄子の枝には茄子しかならない意。

▽子供に過剰な期待をしても瓜の蔓に茄子は生らない。

類蛙の子は蛙　対鳶が鷹を生む

生《う》んだ子《こ》より抱《だ》いた子《こ》

自分が生んだというだけで実際に育てなかった子より、他人の子でも自分の手で育てた子のほうが愛情がわき、かわいいということ。子供の側から言えば「生みの親より育ての親」ということになる。

老《お》いては子《こ》に従《したが》え

出『大智度論《だいちどろん》』

年を取ったら何事も子供に任せて、それに従ったほうがよいということ。補元来、仏教で女性に対して言うもので、「子供のときは親に従い、嫁しては夫に従い、老いては子に従う」という三従の教えによる。現在では女性に限らず用いられる。

親思《おやおも》う心《こころ》に勝《まさ》る親心《おやごころ》

子供が親を思う以上に、親は子供のことを思っているものだということ。親の慈愛の深さをいう。故幕末の志士、吉田松陰の辞世の一首「親思ふこころにまさる親心けふのおとづれ何と聞くらん」から。

親《おや》が親《おや》なら子《こ》も子《こ》

親がだめならその子供も同じようにだめだということ。補非難していうもので、よい意味では用いない。▽彼女は自分勝手な人で近所の人からうとまれているし、子供もわがままなので友達から嫌われている。親が親なら子も子だ。

類親が鈍すりゃ子も鈍する

親子《おやこ》は一世《いっせ》

親子の間柄はこの世だけのものであるということ。補続いて「夫婦は二世主従は三世」という。仏教で、「一世」は現世、「二世」は前世と現世、「三世」は前世、現世、来世を意味し、夫婦は前世と現世における関係で、主従は前世、現世、来世にわたる深い関係であるということ。

親《おや》に似《に》ぬ子《こ》は鬼子《おにご》

親に似ていない子供は人の子ではなく鬼の子であるということ。容姿や能力などが親より劣っている場合や、悪いことをしたときなどにいさめていう。

親《おや》の意見《いけん》と茄子《なすび》の花《はな》は千《せん》に一《ひと》つも無駄《むだ》はない

茄子の花にむだ花は一つもなくすべて実になるように、親の意見というものはすべて子供の役に立つということ。

類 親の意見と冷酒は後で利く

親《おや》の因果《いんが》が子《こ》に報《むく》う

親が犯した悪いことの報いが子供に及び、そのために子供が苦しむということ。補「因果」は仏教で、前世の悪い行いが現世の不幸となって現れることをいう。

親《おや》の心《こころ》子《こ》知《し》らず

出『義経記《ぎけいき》』『毛吹草《けふきぐさ》』

親がどんなに子供のことを思っているか子供は知らない。親の気持ちも知らないで子供は勝手なことをするものだということ。補こうしたことは親子ばかりでなく、上司と部下のような面倒を見る側と見られる側などの関係においても比喩として用いられる。

対 子の心親知らず

親《おや》の脛《すね》を嚙《かじ》る

子供が親の経済力に頼って、自立しないでいること。

▽いつまでも親の脛を嚙ってないで、仕事を見つけてちゃんと働きなさい。

親《おや》の七光《ななひかり》

親の社会的地位や名声などが高く、その威光によって子供は才能や実力がなくてもいろいろな恩恵を受けるということ。

▽親が大物俳優の彼は、親の七光でいい役をもらったと言われないように、人一倍稽古に励んでいる。

類 親の光は七光

親《おや》は無《な》くとも子《こ》は育《そだ》つ

出『世間胸算用《せけんむなざんよう》』

実の親がいなくても、周りの助けを借りて子供はなんとか育つものだということ。子供はたくましいものであるし、世の中も冷たいばかりではないから、それほど子供の行く末を心配することはない。

親《おや》を睨《にら》むと鮃《ひらめ》になる

親には逆らってはいけないということ。補親に反抗してにらんだりすると、次の世で鮃に生まれる、の意。

蛙《かえる》の子《こ》は蛙《かえる》

出『仮《か》名《な》手《て》本《ほん》忠臣蔵《ちゅうしんぐら》』

子供は親に似るということ。補おたまじゃくしは親の蛙とは似ても似つかない姿形をしているが、のちに親と同じになることからのたとえ。本来、平凡な親からは平凡な子が生まれる意で用いる。

▽親が芸人なので、彼も芸人の道を選んだらしい。蛙の子はやっぱり蛙だね。

対鳶《とんび》が鷹を生む

厳父慈母《げんぷじぼ》

父は厳しく、母は愛情が深くやさしいということ。

▽彼は厳父慈母のもとで育てられた。

子《こ》に過《す》ぎたる宝《たから》なし

出『保元物語《ほうげんものがたり》』『平家物語《へいけものがたり》』

子供は一番大切な宝であるということ。補『万葉集』巻五にある山上憶良《やまのうえのおくら》の歌「白銀《しろがね》も金《くがね》も玉もなにせむに勝れる宝子にしかめやも」はつとに知られる。

この親《おや》にしてこの子《こ》あり

親が立派だと、その親に育てられた子も立派になるということ。また反対に、親が悪いとその子まで悪くなるということ。

類子は親を映す鏡

子《こ》の心《こころ》親《おや》知《し》らず

出『世間母親容気《せけんははおやかたぎ》』

親は子供をいつまでも幼いものと思い、なんでも知っているつもりでいるが、子供は親が思う以上に成長しているもので、子供の気持ちを理解していないのは親のほうだということ。

対親の心子知らず

子《こ》は鎹《かすがい》

子供が夫婦の仲をつなぎとめる役目を果たすという

こと。補「鎹」は二つの材木をつなぎとめるための、コの字形の大きな釘のこと。

▽子供がいると思うと、たびたび夫婦喧嘩をしながらも別れずにやってきた。子は鎹とはよく言ったものだ。

子《こ》は三界《さんがい》の首枷《くびかせ》

親は子供を思う心に引かれて、一生自由を束縛されることのたとえ。補「三界」は仏教で、欲界・色界・無色界、すなわちこの世のこと。「首枷」は罪人の首にはめて拷問する道具。

▽子は三界の首枷というが、それでも子供はかわいい。

子《こ》を見《み》ること親《おや》に如《し》かず

出『曽我物語《そがものがたり》』

わが子のことは長所も短所も親が一番よく知っているということ。

子《こ》を持《も》って知《し》る親《おや》の恩《おん》

自分に子供ができ、子育てをしてはじめて、親の愛情やありがたさがわかるものだということ。

掌中《しょうちゅう》の珠《たま》

自分にとって最も大切なもの、最愛の子供や妻のたとえ。補てのひらの中の珠玉の意。

▽彼にとって娘は掌中の珠で、その娘が結婚することになってこのところさみしそうだ。

死《し》んだ子《こ》の年《とし》を数《かぞ》える

死んだ子のことはいつまでも忘れないもので、今ごろ生きていればいくつだったとつい数えてしまうということ。もう過ぎ去ったことでどうしようもないことをくよくよ思うことのたとえにもいう。

死《し》んだ子《こ》は賢《かしこ》い

親の記憶の中には死んだ子のよいところだけが残るものだということ。生きている子供の出来と比較していうもので、相手が死んでいては実際のところはわからない。

▽祖母はいつも早世した長男のことを死んだ子は賢いと

ばかりにほめるけれど、生きていれば喧嘩もしただろうし、理想的な息子になったとは限らないのにね。

父《ちち》の恩《おん》は山《やま》よりも高《たか》く 母《はは》の恩《おん》は海《うみ》よりも深《ふか》し

出『童子教《どうじきょう》』

父母から受けた恩はこの上もなく大きいものだということ。

▽自分が親になってはじめて、父の恩は山よりも高く母の恩は海よりも深しということがわかった気がする。

鳶《とんび》が鷹《たか》を生《う》む

平凡な親から優秀な子供が生まれることのたとえ。

補「とんび」は「とび」ともいう。

対鳶の子は鷹にならず／瓜の蔓に茄子はならぬ／蛙の子は蛙

生《な》さぬ仲《なか》

血のつながりのない、義理の親子の間柄。補「生さぬ」は産まなかったの意。

▽生さぬ仲とはいえ、養女をそれはそれはかわいがって育てた。

這《は》えば立《た》て立《た》てば歩《あゆ》めの親心《おやごころ》

赤ん坊が這うようになれば、早くつかまり立ちができることを願い、立てるようになれば早く歩けるようになることを願う。わが子が一刻も早く成長することを願う親の心情をいったもの。続けて「わが身に積もる老いを忘れて」という。

馬鹿《ばか》な子《こ》ほど可愛《かわい》い

親にとっては、出来の悪い子ほどふびんに思え、その分かわいいものだということ。賢い子というものは自立して親に頼らないところがあるが、不出来な子は何かと手がかかり、親にしてみると放っておけずに世話を焼いたり心配したりするものである。

娘三人《むすめさんにん》持《も》てば身代《しんだい》潰《つぶ》す

娘が三人もいると嫁入り支度にお金がかかって全財

産がなくなってしまうということ。【補】かつては婚家との関係や世間体もあり、また、なによりも娘が困らないようにとあれこれ持たせてやったもので、嫁入りさせるには大変な費用がかかった。昨今は結婚費用をすべて親が負担するという場合は減っており、娘を三人持った親が冗談まじりに言うことも多い。

娘《むすめ》の子《こ》は強盗八人《ごうとうはちにん》

娘を育て、嫁がせるまでには莫大な費用がかかるということ。【補】「強盗八人」は強盗に八回襲われたようなものだというたとえ。

【類】娘三人持てば身代潰す

焼《や》け野《の》の雉夜《きぎすよる》の鶴《つる》

【出】『発心集《ほっしんしゅう》』

親が子を思う深い愛情のたとえ。【補】「雉《きぎす》」はキジのこと。キジは巣のある野原を焼かれるとわが身の危険をかえりみずわが子を守ろうとし、巣籠りする鶴は霜の降りる寒い夜には自分の翼でひなを覆い温めるといわれることから。それぞれ単独で「焼け野の雉」「夜の鶴」の形でも用いられる。

兄弟

兄弟仲良《きょうだいなかよ》くともチーズは金《かね》を払《はら》う

たとえどんなに仲の良い兄弟でも、金銭に関してはきちんとすべきだということ。【故】アルバニア・ユーゴスラビア・マケドニアなどに伝わることわざ。

【類】金銭は親子も他人

兄弟《きょうだい》は他人《たにん》の始《はじ》まり

【出】『世話尽《せわづくし》』

仲良く育った兄弟であっても、それぞれが大人になり、結婚して家庭を持つようになると付き合いも疎遠になるものだということ。さらに利害がからめば、間柄は他人よりもやっかいなことになりかねない。

兄弟《きょうだい》二十日《はつか》孫《まご》二十日《はつか》

どんなに仲のよい兄弟でも、どんなにかわいい孫でも二十日も一緒に暮らせば嫌気がさす。人は飽きやすいものだというたとえ。補西洋にも「魚と客は三日経てば鼻につく」ということわざがある。

兄弟《きょうだい》は両《りょう》の手《て》

兄弟は両方の手のように仲良く助け合わなければいけないということ。

三矢《さんし》の教《おし》え

兄弟で結束することの大切さを説いた教訓。故戦国時代の武将毛利元就が三人の息子に自筆書状「三子教訓状」で、一本の矢なら弱いが三本の矢を束ねれば強固なものになるとして、兄弟で結束することを説いたことによる。

▽兄弟仲良く助け合うことの大切さは、三矢の教えを俟《ま》つまでもない。

夫婦

悪妻《あくさい》は百年《ひゃくねん》の不作《ふさく》

悪妻を持つと、自分ばかりでなく、子や孫の代にまで悪い影響が及ぶということ。

類悪妻は一生の不作／悪妻は家の破滅

姉女房《あねにょうぼう》は身代《しんだい》の薬《くすり》

年上の女房は家計のやりくりが上手だから財産が増えるということ。

類姉女房は蔵が立つ／一つ勝りの女房は金《かね》の草鞋《わらじ》で探しても持て／一つ姉は買うて持て

鴛鴦《えんおう》の契《ちぎ》り

夫婦仲が睦まじいことのたとえ。補「鴛鴦」はおしどりのことで、ガンカモ科の水鳥。雄は特に美しく、繁殖期にはイチョウの葉のような切り羽が目立つようになる。雌雄が仲良く一緒にいる習性があることからいうもの。

▽本日めでたく鴛鴦の契りを結ばれましたお二人に、心

からお祝いを申し上げます。

類おしどり夫婦

お前百《まえひゃく》までわしゃ九十九《くじゅうく》まで

夫婦ともに長生きして、仲むつまじく添い遂げることを願う俗謡で、あとに「ともに白髪の生えるまで」と続く。

偕老同穴《かいろうどうけつ》

出『詩経《しきょう》』

夫婦がそろって長生きをして、死ぬまで連れ添うこと。夫婦の契りが強固なことをいう。補「偕老」は共に老いる、「同穴」は同じ墓に葬られる意。

嬶天下《かかあでんか》

家庭内で、妻が夫より権力を持ち、いばっていること。補「嬶」は妻のことで、妻が天下を取る意。

対亭主関白

琴瑟相和《きんしつあいわ》す

出『詩経《しきょう》』

夫婦の愛情がこまやかで、仲むつまじいことのたとえ。補「瑟」は大形の琴のことで、琴と瑟を合奏すると音色がよく合う意。

形影一如《けいえいいちにょ》

物の形と影が一緒で離れないように、心と行動がぴったり合うこと。転じて、夫婦が仲むつまじいさまをいう。

類形に影の添う如し／影の形に添うよう

糟糠《そうこう》の妻《つま》

出『後漢書《ごかんじょ》』

結婚したばかりの貧しいころから長年苦労を共にしてきた妻のこと。補「糟糠」は酒かすと米ぬかのことで、転じて、粗末な食べ物の意。故中国後漢の光武帝が、未亡人の姉をすでに妻のいる家臣の宋弘《そうこう》と結婚させようとしたところ、宋弘が「糟糠の妻は堂より下さず」と言って断ったという故事から。

亭主関白《ていしゅかんぱく》

家庭内で、夫が絶対的な権力を持ち、いばっていること。補「関白」は平安時代中期に設置された、天皇を補佐し、政務を執行する最高の位で、権力や威力の強い者のたとえにいう。
対 嬶天下《かかあでんか》

亭主《ていしゅ》の好《す》きな赤烏帽子《あかえぼし》

どんなに非常識なことでも、主人の言うことはまかり通るということ。妻が仕方なく夫の好きにさせる意味でも用いられる。補烏帽子は昔、元服した男性がかぶった冠の一種。ふつう黒と決まっているが、一家の主人が赤が好きだと言えば家の者はそれに従うしかない意から。

出『御前義経記《ごぜんぎけいき》』

▽彼女はスポーティーな装いが好きだけれど、亭主の好きな赤烏帽子で、普段からドレッシーな格好をしている。

内助《ないじょ》の功《こう》

夫が外で十分な仕事ができるように、家をしっかり守って夫を支える妻の働き。一般に、内側からの援助の意にも用いる。

▽私が無事定年まで勤め上げることができたのはひとえに妻の内助の功のお陰と感謝している。

西風《にしかぜ》と夫婦喧嘩《ふうふげんか》は夕限《ゆうかぎ》り

西風が吹くのは夕方まで夜になると止むように、どんなに激しい夫婦喧嘩も夜になればおさまるものだということ。

二世《にせ》の契《ちぎ》り

あの世まで連れ添うという、夫婦の約束。⬇親子は一世（親子）95頁

▽親兄弟の反対を押し切って二人は二世の契りを結んだ。

似《に》た者夫婦《ものふうふ》

夫婦になる男女は性格や好みなどが似ているものだということ。また、長い間一緒にいるうちに夫婦が似てくること。

▽弟もお嫁さんもそろってどこか抜けていて、まったく

似た者夫婦で困ったものだ。

女房《にょうぼう》と畳《たたみ》は新《あたら》しいほうがよい

女房と畳は新しいほど新鮮で気持ちがよいということ。補畳はもちろん付け足しで、このことばの眼目は女房にある。

対女房と鍋釜は古いほどよい／女房と味噌は古いほどよい／女房と米の飯には飽かぬ

比翼連理《ひよくれんり》

出白居易《はくきょい》「長恨歌《ちょうごんか》」

夫婦の結びつきが強く、仲むつまじいこと。また、男女の深い愛情のたとえにもいう。補「比翼」は「比翼の鳥」のことで、雄も雌も目が一つ、翼が一つで、二羽が一体になって飛ぶという伝説の鳥。「連理」は「連理の枝」のことで、二本の木の幹や枝がつながって、木目が一つになっている木。

類比翼の鳥／連理の枝

夫婦喧嘩《ふうふげんか》は犬《いぬ》も食《く》わぬ

出『諺苑《げんえん》』

夫婦喧嘩はささいなことが原因で始まり、すぐに仲直りするものだから、他人があれこれ心配したり、仲を取り持ったりする必要はないということ。

夫唱婦随《ふしょうふずい》

出『関尹子《かんいんし》』

夫が言うことに妻が従うこと。妻が夫を立てることで夫婦仲がうまくいっているようすをいう。

▽我が家は夫唱婦随でうまくやってきたけれど、昨今は夫婦が逆転して婦唱夫随という家庭もあるようだ。

雌鶏《めんどり》歌《うた》えば家《いえ》滅《ほろ》ぶ

妻が夫を差し置いてあれこれ口出しをすると、家運が傾き、家が滅びるということ。補朝、時を告げて鳴くのは雄鶏《おんどり》で、雌鶏が雄鶏より先に鳴くのは不吉とされたことによる。『書経』にある「牝鶏晨《ひんけいあした》す」から出たことば。

類牝鶏晨《ひんけいあした》す

良妻賢母《りょうさいけんぼ》

夫に対しては良い妻であり、子に対しては賢い母であること。
▽明治生まれの祖母は典型的な良妻賢母で、その娘である私の母も当然そうなるように育てられた。

破《わ》れ鍋《なべ》に綴《と》じ蓋《ぶた》

出『毛吹草《けふきぐさ》』

夫婦は釣り合いがとれている者同士がよいということ。また、だれにでも似合いの相手がいるものだということ。補ひびが入ったり欠けた鍋にもそれに合う修繕した蓋があるの意。

類似た者夫婦

嫁・姑

秋茄子嫁《あきなすびよめ》に食《く》わすな

出『毛吹草《けふきぐさ》』

秋茄子はおいしいので、憎い嫁には食べさせるなということ。補嫁いびりの定番だが、秋茄子は体を冷やすので嫁の体を気遣って食べさせないとか、秋茄子は種が少ないので子種ができないことを心配して食べさせないといった説もある。「秋茄子」の代わりに、「秋魳《かます》」「夏蛸」「五月蕨《わらび》」などでも同様に言い、嫁いびりの類句は多い。

小姑《こじゅうと》は鬼千匹《おにせんびき》

「小姑」は夫の兄弟姉妹のこと。嫁にとっては夫の兄弟姉妹は鬼千匹にも匹敵するくらいで、これほどうるさく厄介なものはないということ。

姑《しゅうとめ》の仇《かたき》を嫁《よめ》が討《う》つ

嫁いで来て姑にいじめられた仇を今度は息子の嫁をいじめることで晴らすということ。立場が変われば自分も同じことをするわけで、嫁と姑の関係は永遠に繰り返すものなのかもしれない。

姑《しゅうとめ》の十七《じゅうしち》見《み》た者《もの》がない

姑は嫁に向かって小言を言うときには、私の若いころはああだったこうだったと自慢げに言うが、外から嫁いできた人なので若いころを知る人はなく、ましてやそれが事実かどうかなど知るよしもない。

▽姑が自慢話しても、姑の十七見た者がないんだから、話半分に聞いておけばいいのよ。

姑《しゅうとめ》は嫁《よめ》の古手《ふるて》

姑もかつては嫁だったということ。今は嫁でもやがて自分も年をとって姑になるわけで、そう思えば人生の先輩として尊敬もできる。

類 嫁が姑になる

嫁《よめ》の腹《はら》から孫《まご》が出《で》る

嫁との折り合いが悪く、どんなに憎らしいと思っていても、その嫁から孫が生まれる。嫁はさておき孫はかわいいものだということ。

類 嫁は憎いが孫は可愛い

男と女・恋愛

秋風《あきかぜ》が立《た》つ

男女間の愛情が冷めることのたとえ。補「秋」に「飽き」をかけていう。

▽しばらく前まではぴったり寄り添って歩く姿を見かけたが、最近の二人はどこかよそよそしい。どうやら秋風が立ち始めたようだ。

類 秋風が吹く

秋《あき》の扇《おうぎ》

男性に愛されなくなり捨てられた女性のたとえ。また、役に立たない物のたとえ。補「秋の扇」は「秋《しゅう》扇《せん》」ともいい、秋になると扇は不用になり捨てられることからのたとえ。ちなみに、この扇は折り畳み式の扇子ではなく、丸い団扇状のもので、古くは宮廷で女官が皇帝を煽ぐときなどに用いた。故前漢の成帝《せいてい》の官女、班婕妤《はんしょうよ》が人の告げ口で帝の寵愛を失ったとき、捨てられるわが身を秋の扇にたとえて嘆いたという故事による。

足駄《あしだ》をはいて首《くび》っ丈《たけ》

男性にすっかりほれ込んで夢中になること。単に「首っ丈」ともいう。補「足駄」は雨の日にはく歯の高い下駄のことで、足駄をはいていても首まで水につかる意から、深みにはまるたとえ。

東男《あずまおとこ》に京女《きょうおんな》

男は粋できっぷのよい江戸っ子、女はやさしくてしとやかな京都の女性がよいということ。補男女の取り合わせをいうもので、この類の組み合わせは各地にあり、「京男に伊勢女」「京女に奈良男」「伊勢男に筑紫女」「越前男に加賀女」「越後女に上州男」「南部男に津軽女」などともいう。

出『神霊矢口渡《しんれいやぐちのわたし》』

痘痕《あばた》も笑窪《えくぼ》

恋をすると相手の欠点も長所に見えることのたとえ。補「痘痕」は天然痘のあとが残ったもので、顔に凹凸ができてあまりきれいなものではないが、それがかわいい笑窪に見えるということ。
▽好きになると痘痕も笑窪で欠点など気にならない。
類惚れた欲目

磯《いそ》の鮑《あわび》の片思《かたおも》い

一方的に相手を恋することのたとえ。補鮑はミミガイ科の巻貝だが、殻の口が広く、二枚貝の片割れのように見えることから、「片貝」と片思いの意の「片恋」をかけていう。

一押《いちお》し二金《にかね》三男《さんおとこ》

女性をくどくのに必要な条件はまず第一に押しが強いこと、二番目に金があること、三番目に男前であること。

意中《いちゅう》の人《ひと》

心の中に思う人。特に、恋人のこと。故陶淵明《とうえんめい》の詩「周続之《しゅうぞくし》・祖企《そき》・謝景夷《しゃけいい》の三郎《さんろう》に示す」から。
▽どうやら彼女には意中の人がいるらしい。

色男《いろおとこ》金《かね》と力《ちから》はなかりけり

女性にもてる美男子というものはとかくお金はなく、腕力もないものであるということ。補もてない男が色男に対してやっかみ半分で言ったり、色男を自認しながらもてない男性が自嘲ぎみに言う。

縁《えん》は異《い》なもの味《あじ》なもの

⇩ 縁は異なもの味なもの（縁）265頁

屋烏《おくう》の愛《あい》　出『説苑《ぜいえん》』

人を愛するようになると、その人のすべてが好ましく思えるということ。補人を好きになると相手の家の屋根にとまったカラスまでいとおしく思えるの意。カラスは一般に嫌われるところからたとえていう。

類痘痕も笑窪

男心《おとこごころ》と秋《あき》の空《そら》

男というものは移り気で、愛情は秋の空のように変わりやすいということ。補同じことを女性に対しても言うが、古くは「男心と秋の空」と言われたようで、男性の浮気心をなじる言葉であった。

類女心と秋の空

男《おとこ》やもめに蛆《うじ》が湧《わ》き女《おんな》やもめに花《はな》が咲《さ》く

男やもめは家事や身の回りの世話をしてくれる妻がいなくなって、家の中も散らかり放題、身なりも不精でかまわなくなるが、女やもめは夫の世話をする必要がなくなって、その分自分のために時間が使えるようになり、身ぎれいになって男性にもてはやされるということ。補「やもめ」は、夫または妻を亡くした人のこと。

思《おも》うに別《わか》れて思《おも》わぬに添《そ》う

好きな人とは結婚できずに、好きでもない人と結婚する。恋はままならないものだということ。

女心《おんなごころ》と秋《あき》の空《そら》

女性の男性に対する愛情は秋の空のように変わりやすいということ。同じことを男性に対しても言う。

類男心と秋の空

女《おんな》の髪《かみ》の毛《け》には大象《たいぞう》も繋《つな》がる

どんなに身持ちの堅い男性でも女性の魅力にはひきつけられることのたとえ。補大きな象を女性の髪でつないで動けなくしたという、仏典から出た言葉。出『五句《ごく》章《しょう》句経《くきょう》』

恋《こい》に上下《じょうげ》の隔《へだ》てなし

恋をするのに身分の上下や貧富の差、年齢差などは関係ないということ。

▽好きになった人がたまたま名門の息子だったというだけで、恋に上下の隔てはない。

恋《こい》の鞘当《さやあ》て

二人の男性が一人の女性に恋し、その女性を巡って争うこと。補二人の武士が遊女を巡って意地を張り合い争う、歌舞伎の題材にちなむ。「鞘当て」は武士がすれ違うときにお互いの鞘が触れたのをとがめ立てすることをいい、転じて、たがいに意地を張って争うことをいう。

▽彼と友人は同じ女性が好きになって、激しい恋の鞘当てを演じた。

恋《こい》は思案《しあん》の外《ほか》

人を恋する気持ちは自然にわいてくるもので理屈ではないので、言葉や常識では説明はできない。また、恋は思ってもみない行動に出るなど、理性を失わせるものである。

類恋は盲目

秋波《しゅうは》を送《おく》る

女性が男性に色目を使う。目でこびる。補「秋波」は秋の澄み切った波の意で、美人の涼しげな目元を形容して言ったことから、女性の色っぽい目つき、流し目をいう。

▽彼女はパーティーで一人の男性に秋波を送った。

据《す》え膳《ぜん》食《く》わぬは男《おとこ》の恥《はじ》

女性のほうから情事に誘っているのに、応じないのは男ではないということ。補「据え膳」はすぐ食べられるように用意された食膳のこと。

相思相愛《そうしそうあい》

男女がお互いに恋し合い、愛し合うこと。

▽二人は相思相愛の理想的なカップルだ。

添《そ》わぬうちが花《はな》

結婚してみると、相手の欠点が目に付いたり、お互いに遠慮がなくなってつまらない喧嘩も増える。恋愛している間が楽しく幸せだということ。

類待つうちが花／祭りの日より前の日

多情多恨《たじょうたこん》

物事に感じやすくて、愛情も恨みも多いさま。特に恋愛感情の豊かなさまにいう。

▽多情多恨の人生を送る。

男女七歳《だんじょしちさい》にして席《せき》を同《おな》じうせず 出『礼記《らいき》』

男女は七歳になったら、みだりに慣れ親しんではいけないということで、儒教の教え。補「席」はむしろのこと。古く中国では住居には床はなく、土間にむしろを敷いて座っていたが、男女は七歳になると同じむしろに一緒に座らせなかったという。

遠《とお》くて近《ちか》きは男女《だんじょ》の仲《なか》 出『枕草子《まくらのそうし》』

男女というものは遠く離れているように見えても、案外結ばれやすいものであるということ。続けて「近くて遠きは田舎の道」という。

鳴《な》く蟬《せみ》よりも鳴《な》かぬ蛍《ほたる》が身《み》を焦《こ》がす 出『後拾遺集《ごしゅういしゅう》』

好きだのほれただのと言って騒ぐ人より、口には出さない人のほうがずっと思いが深いということ。

▽鳴く蟬よりも鳴かぬ蛍が身を焦がすような大人の恋を一度でもしてみたい。

惚《ほ》れて通《かよ》えば千里《せんり》も一里《いちり》

恋人に会いたい一心で行くのだから、どんなに遠かろうがいやだとも苦労だとも思わない。俗謡で、「逢わずに戻ればまた千里」と続く。

焼《や》け棒杭《ぼっくい》に火《ひ》がつく

前に恋愛関係があった男女は一度別れても、何かのきっかけで簡単に元に戻ることのたとえ。補燃えさしの杭は火がつきやすいことからいう。「棒杭」は「木杭」とも書く。

▽あの二人は三年前に別れたはずだけど、最近になって偶然再会して、焼け棒杭に火がついたみたいだ。

結婚・仲人

いとこ同士《どうし》は鴨《かも》の味《あじ》

いとこ同士の結婚はお互いが小さいときからよく知っているし、親戚同士ということもあって、仲むつまじくうまくいくということ。補鴨は秋から冬にかけての渡り鳥で、猟鳥。その肉がおいしいことからたとえていう。

華燭《かしょく》の典《てん》

結婚式の美称。補「華燭」は華やかなともしび、「典」は儀式の意。

▽お二人は三年の交際を経て、今日ここにめでたく華燭の典を挙げられることになりました。

月下氷人《げっかひょうじん》

出『続幽怪録《ぞくゆうかいろく》』『晋書《しんじょ》』

結婚の仲人。媒酌人。故共に仲人の意の「月下老」と「氷上人」を合わせた語。「月下老」は唐の韋固《いこ》が旅先で月明かりのもと大きな袋にもたれて本を調べている老人に出会い、何をしているかと問うと、老人は天下の婚姻について調べているところで、袋の中の赤い縄は夫婦となる者の足をつなぐ縁結びの糸だといって、韋固の未来の妻を告げ、十四年後、老人の言った通りの娘と結婚したという故事（『続幽怪録』）から。「氷上人」は晋の令狐策《れいこさく》という役人が氷の上に立って氷の下の人と話をしたという夢を見て、索紞《さくたん》という占い師に夢判断をしてもらったところ、氷の上と下は陽と陰で男女を表すもので、あなたが近く仲人をする前兆だと答え、その通りになったという故事（『晋書』）から。

結婚《けっこん》する前《まえ》は目《め》を開《ひら》き、結婚《けっこん》した後《あと》は目《め》を瞑《つむ》れ

結婚する前には相手がどんな人かしっかり見定め、結婚してからは少々の欠点があっても許す寛容さが大切だということ。故イギリスの詩人トーマス・フラーのことば。

小糠三合《こぬかさんごう》あったら婿《むこ》に行《い》くな

男は少しでも財産があったら、婿入りするなということ。封建時代には家長に絶対的権限があり、婿養子は義父母にも妻にも気兼ねして暮らさなければならないことからいったもの。補「小糠」は「粉糠」とも書く。

去《さ》り跡《あと》へ行《い》くとも死《し》に跡《あと》へ行《い》くな

相手が再婚の場合、離婚ならそれなりの理由があってのことなので未練はないが、死に別れの場合は思いが残っていることがあるので、そうした相手との結婚はやめたほうがよいということ。

三三九度《さんさんくど》

神前の結婚式で、夫婦の契りを固める献杯の儀式。大中小の三つ重ねの杯で、酒を三度ずつを三回、計九回飲み合う。古くは出陣や帰陣の際などにも行われた。

▽三三九度の杯を交わす。

玉《たま》の輿《こし》に乗《の》る

身分の低い女性が良縁に恵まれて富貴な人と結婚することのたとえ。単に「玉の輿」だけでも用いられる。

補「玉の輿」は貴人の乗る、美しくて立派な輿のこと。

▽彼女は資産家の御曹子に見初められ、玉の輿に乗った。

類 氏無くして玉の輿

釣《つ》り合《あ》わぬは不縁《ふえん》の基《もと》

結婚は互いの身分や家柄、境遇が違いすぎるとうまくいかず、離婚の原因になりやすいということ。

貞女《ていじょ》は二夫《にふ》に見《まみ》えず

貞淑な女性は生涯一人の夫に操を立てて、再婚はしないものだということ。

手鍋《てなべ》提《さ》げても

好きな男性と結婚できるのならどんな苦労もいとわないということ。

▽今まで独身できたのは、手鍋提げてもと思える男性にめぐり合わなかった、ただそれだけのことよ。

仲人口《なこうどぐち》は半分《はんぶん》に聞《き》け

仲人は結婚話をまとめようと相手のよいところばかり並べ立てて都合の悪いことは言わない。仲人の話はその通り受け取らないで、割り引いて聞いてちょうどよいということ。

類 仲人の嘘八百／仲人七嘘

一人口《ひとりくち》は食《く》えぬが二人口《ふたりくち》は食《く》える

一人暮らしは何かと不経済で、結婚して二人で暮らしたほうが生計が成り立つということ。独身者に結婚をすすめるときに言う。

一人娘《ひとりむすめ》と春《はる》の日《ひ》はくれそうでくれぬ

親にとって一人娘はことさらかわいいもので、手放すのが惜しくてなかなか嫁にやらないということ。補 春の日は長くなかなか暮れないことから、「呉れる」と「暮れる」をかけていう。

娘一人《むすめひとり》に婿八人《むこはちにん》

一人の娘に求婚者が何人もいること。転じて、一つしかないものに対して、それを欲しがる者が多すぎることのたとえ。

娘《むすめ》を見《み》るより母《はは》を見《み》よ

結婚するときは相手の女性よりも母親をよく観察せよということ。娘と母親は親子であるから似ているところがあるのは当然のことながら、娘は母親にしつけられ、また、母親を見て育っているから、母親の影響というものは非常に大きい。そこで、母親を見れば娘がわかるということになる。

親類・血縁

一族郎党《いちぞくろうとう》

一族とその配下にいる関係者。補「一族」は血縁関係にある者、「郎党」は本来「ろうどう」と読み、武家の家来、従者の意。

▽事業に失敗して一族郎党が路頭に迷う。

骨肉《こつにく》の争《あらそ》い

親子や兄弟など、血のつながる者同士が利害をめぐって対立し争うこと。補「骨肉」は、骨と肉は離れないところから、血のつながる者、肉親のたとえ。

▽祖父の遺産をめぐって、骨肉の争いが繰り広げられた。

類骨肉相食《は》む

親《しん》は泣《な》き寄《よ》り他人《たにん》は食《く》い寄《よ》り

困ったことや不幸があると親類はすぐに駆けつけ、あれこれ心配してくれるが、他人は振る舞われるごちそう目当てに集まってくる。特に、葬儀のときの親類と他人の心情や態度の違いをいう。

血《ち》は水《みず》よりも濃《こ》い

血縁関係にある者は他人より結びつきが強いということ。また、人の性質は遺伝によるもので、血筋は争えないというたとえ。故西洋のことわざ。

類血は争えない　対兄弟は他人の始まり

血《ち》を引《ひ》く

祖先・親からの血筋を引き継いでいる。
▽彼は徳川家の血を引いていて、世が世ならば殿様だったかもしれない。

血《ち》を分《わ》ける

親子・兄弟など、血縁関係にある。
▽そんなことでいがみあわずに、仲良くしなさい。血を分けた兄弟じゃないか。

遠《とお》くの親戚《しんせき》より近《ちか》くの他人《たにん》

出『五灯会元《ごとうえげん》』

遠くにいてたまにしか会わないような親戚よりも、近所に住む他人のほうが何かと頼りになるということ。近所づきあいの大切さをいう。
▽困ったときには遠くの親戚より近くの他人だ。

他人

赤《あか》の他人《たにん》

まったく血のつながりのない人。補「赤の」はまったくの、の意で、他人を強調していう。
▽これは家族の問題だ。あなたのような赤の他人にあれこれ言われるのは心外だ。

他人行儀《たにんぎょうぎ》

親しい間柄なのに他人に対するようによそよそしくすること。
▽何十年も付き合ってきた私とあなたの仲で、お礼だなんてそんな他人行儀なことはしないでほしい。

他人《たにん》の飯《めし》には刺《とげ》がある

他人の世話になれば何かと気苦労が多くつらいものだというたとえ。また、他人の親切には下心があるかも知れず、好意に甘えていると思いがけなく冷たい仕打ちにあうこともあるというたとえ。補よその家で食べるご飯は魚の骨や異物が入っているようで食べにくいの意。

類他人の飯には骨がある／他人の飯は強《こわ》い

人《ひと》の不幸《ふこう》は蜜《みつ》の味《あじ》

他人の不幸は内心優越感に浸れて、いい気分がするということ。反対に、他人の幸せはうらやましく、ねたましく感じるもので、どちらにしても人間の心というものはやっかいなものである。

類 隣の貧乏は鴨の味

友人・仲間・交友

一蓮托生《いちれんたくしょう》

結果に拘わらず、人と行動・運命を共にすること。特に、悪事に関して用いることが多い。補 本来仏教で、死後、極楽浄土で同じ蓮華の上に生まれることをいう。

▽何人かで共謀した不正がばれ、こうなったからには一蓮托生と覚悟を決めた。

牛《うし》は牛《うし》連《づ》れ馬《うま》は馬《うま》連《づ》れ

似た者同士は自然に集まるものだということ。また、似た者同士で物事をすればうまくいくというたとえ。

類 類は友を呼ぶ

益者三友《えきしゃさんゆう》　出『論語《ろんご》』

付き合って有益な三種類の友人。正直な人、誠実な人、見聞の広い人をいう。反対は「損者三友」といい、上辺だけで不正直な人、不誠実な人、口先だけ達者な人は友とすべきではない。

対 損者三友

同《おな》じ穴《あな》の狢《むじな》　出『毛吹草《けふきぐさ》』

利害関係を同じにする仲間のたとえ。ふつう、悪い仲間について用いる。補「狢」は穴熊のことで、これと毛が似ていることから狸のこともいう。「狢」のほかに「狐」とも「狸」とも言い、いずれにしても同じ穴の中で何頭かが悪だくみをする様子を想像して言ったもの。

▽情報を操作し、国民の関心を逸らそうとする点におい

ては役人も政治家も同じ穴の狢だ。

類 一つ穴の狢／同じ穴の狐／同じ穴の狸

同《おな》じ釜《かま》の飯《めし》を食《く》う

一緒に生活し、苦楽を共にした親しい仲のたとえ。

補 一つの釜で炊いたご飯を分け合って食べる意。

▽高校時代、あいつとぼくは野球部で寮も同じ部屋だった。いわば同じ釜の飯を食った仲というわけだ。

類 一つ釜の飯を食う／一つ屋根の下に暮らす

借《か》りる時《とき》は友《とも》、返《かえ》す時《とき》は敵《てき》

金を借りるときは友達でも、いざ返すときになると相手を憎らしく思う。催促されればなおさらである。

故 フランスのことわざ。イギリスでは「金を貸して友を失え」という。

肝胆相照《かんたんあいて》らす

出『故事成語考《こじせいごこう》』

お互いに心の中をすべて見せ合って、親しく交わる。

補 「肝胆」は肝臓と胆嚢《たんのう》のことで、心の中、心の奥底のたとえ。

▽彼とは大学からの親友で、どんなことでも言い合える肝胆相照らす仲だ。

管鮑《かんぽう》の交《まじ》わり

出『列子《れっし》』

利害によって変わることのない、非常に親密な友人関係のたとえ。故 中国の春秋時代、斉《せい》の管仲《かんちゅう》と鮑叔《ほうしゅく》は若いころから非常に仲が良く、二人で商売をしたとき、管仲が分け前を多く取ったが、鮑叔は彼が貧しいことを知っていたのでそのことを非難しなかった。鮑叔は常に管仲を理解し、いついかなるときも悪口を言わず、援助を惜しまなかった。そこで管仲は「我を生む者は父母、我を知る者は鮑叔」と言って、一生深い親交が続いたという故事から。

類 水魚の交わり

昨日《きのう》の友《とも》は今日《きょう》の敵《てき》

人は利害によって簡単に離合集散するものだということ。また、人の心は変わりやすく、あてにならないことのたとえ。補昨日まで親しかった友が今日は敵となって相対する意。
類昨日の敵は今日の友

臭《くさ》い物《もの》に蠅《はえ》たかる

腐って臭気が漂う物に蠅がたかるように、悪い者には悪い仲間が集まってくることのたとえ。
▽彼は何かと評判の悪い人物で、周りにいるのも臭い物に蠅がたかるように怪しげな連中ばかりだ。

四海兄弟《しかいけいてい》

出『論語《ろんご》』
相手を尊敬し、礼を尽くして交われば、世界中の人々が兄弟のように仲よくなれるということ。補「四海」は四方の海、転じて、天下、世界。
類四海同胞

爾汝《じじょ》の交《まじ》わり

お互いに「お前」と呼び合える親しい付き合い。補「爾」「汝」ともに、なんじ、お前の意。

蛇《じゃ》の道《みち》は蛇《へび》

自分と同類の者のすることはすぐわかることのたとえ。補「蛇《じゃ》」は大きな蛇、「蛇《へび》」は小さい普通の蛇のこと。大きい蛇が通った道は人にはわからないが、小さい蛇にはすぐわかる意。通常、良い意味合いでは用いない。
▽蛇の道は蛇で、あいつらがどんな手口で老人をだましたかは同業の自分には大体想像がつく。

朱《しゅ》に交《まじ》われば赤《あか》くなる

人は付き合う友達によって、良くも悪くもなるというたとえ。友達を選ぶことの大切さをいうもの。補朱は赤色の顔料で、ほんの少し触るだけでも赤く染まることから、影響力の強さにたとえられる。故中国晋代の『太子少傅箴《たいししょうふしん》』に「朱に近づけば必ず赤く、墨《ぼく》に近づけば必ず緇《くろ》し」とあり、ここから派生したとされる。
▽勉強もせず、遊んでばかりいるあんな連中と付き合っていると、朱に交われば赤くなるで、ろくなことはない。

水魚《すいぎょ》の交《まじ》わり

魚にとって水はなくてはならないことから、非常に親密な交際のたとえ。故中国の三国時代、蜀の王劉《りゅう》備《び》が新参者の諸葛孔明《しょかつこうめい》とあまりにも親密で、また厚遇するために、古参の部下たちが不満をもらしたとき、劉備は二人の間柄を「魚の水に有るがごとし」とたとえたという故事による。

出『三国志《さんごくし》』

類管鮑《かんぽう》の交わり

竹馬《ちくば》の友《とも》

子供のころからの親しい友人。幼友達。補一緒に竹《たけ》馬《うま》で遊んだ友の意。竹馬《たけうま》は子供の遊びで、古くは適当な長さに切った笹竹を馬に見立て、それにまたがって遊んだ。二本の竹に足がかりをつけてその上に乗り、竹の上部を持って歩くようになったのは江戸時代後期になってからとされる。

出『世説新語《せせつしんご》』

同病相憐《どうびょうあいあわ》れむ

同じ病気の者同士はお互いにその辛さがわかるので、同情の心が強いということ。また、同じ苦しみや悩みを持つ者同士はお互いに理解し合うことができ、いたわり合うものだというたとえ。

出『呉越春秋《ごえつしゅんじゅう》』

朋《とも》有り遠方《えんぽう》より来《きた》る

遠くに住む友人が訪ねてきてくれた喜びをいうこと ば。『論語』ではこれに続けて「また楽しからずや」といい、遠くから学友が訪ねてきてくれて、学問について語り合えることのたのしさを述べている。補「朋」は師を同じくする学友の意。

出『論語《ろんご》』

友《とも》と酒《さけ》は古《ふる》いほどよい

友人は長く付き合うほど気心が知れて、信頼感が増す。また、酒も長く寝かせるほど熟成しておいしくなるということ。故西洋のことわざ。

人《ひと》には添《そ》うてみよ馬《うま》には乗《の》ってみよ

人は親しくつき合ってみて初めてその人のことがわ

かる。また、馬も実際に乗ってみるとそのよしあしがわかる。人を見ただけで判断してはいけないということ。馬についていては引き合いに出して並べて言ったもの。

一人旅《ひとりたび》するとも三人旅《さんにんたび》するな

三人で旅をすると、二人は気が合って、もう一人が仲間はずれになることがある。旅に限らず、三人というのは何をしても二人対一人になりがちで、一人だけ損をすることのたとえにもいう。

類三人旅の一人乞食《こじき》

氷炭相容《ひょうたんあいい》れず　出『楚辞《そじ》』

性格がまったく反対で、お互いに協調することがないさま。補「氷炭」は氷と炭火のこと。

類水と油

刎頸《ふんけい》の交《まじ》わり　出『史記《しき》』

その人のためならたとえ首を切られても後悔しないほどの親しい交友のこと。補「刎頸」は頸《くび》を刎《は》ねる意。

水《みず》と油《あぶら》

二人の性格がまったく合わなくて、人間関係がうまくいかないことのたとえ。補水と油はまじわることがないことから。

▽あの二人は水と油で喧嘩ばかりしている。

類氷炭相容れず

無二《むに》の親友《しんゆう》

二人とはいない、かけがえのない親友。

▽彼とは学生時代以来の無二の親友だ。

友情《ゆうじょう》は人生《じんせい》の酒《さけ》である

友の存在は酒と同様に人生を豊かにしてくれるということ。故イギリスの詩人ヤング・エドワードの言葉。

誼《よしみ》を通《つう》じる

親しい付き合いをする。親しい間柄である。

▽二人は幼馴染で、長年誼を通じている。

類《るい》は友《とも》を呼《よ》ぶ

似たところがある者は自然に集まってくるものだということ。

▽類は友を呼ぶで、犬好きの彼女の周りには犬好きの人が集まってくる。

類 牛は牛連れ馬は馬連れ

和《わ》して同《どう》ぜず

人とは親しく交際しても、相手に合わせてむやみに同調することはしない。補『論語』に「君子は和して同ぜず、小人は同じて和せず」とあり、君子の交友のあり方を説くと共に、小人物はその反対であると述べている。

出『論語《ろんご》』

出会いと別れ

愛別離苦《あいべつりく》

出『大般涅槃経《だいはんねはんきょう》』

愛する者と別れるつらさや悲しみ。補仏教で、人間の八つの苦しみ（八苦）のうちの一つ。

▽子供に先立たれ、愛別離苦の悲しみを味わう。

会《あ》うは別《わか》れの始《はじ》め

出会った人とはいずれ必ず別れるときがくるということ。人と人との結びつきのはかなさ、人生の無常をいうことば。友人、男女の間のみならず、また、生死にかかわらず、人生にはさまざまな出会いと別れがある。

合《あ》わせ物《もの》は離《はな》れ物《もの》

出『毛吹草《けふきぐさ》』

合わせて作った物はいつかはもとのように離れ離れになるものだということ。特に、夫婦の離婚についていうことが多い。

一期一会《いちごいちえ》

一生に一度限りであること。また、一生にただ一度だけ出会うこと。故安土桃山時代の茶人で、千利休の弟子である宗二の著『山上宗二記《やまのうえそうじき》』にある「一期に一度の会」から出たことばで、どの茶会も一生涯に一度のものと思って、誠意を尽くして客をもてなすべきだとする、茶道の心得をいう。江戸時代末期の『茶湯《ちゃのゆ》一会集《いちえしゅう》』には「一期一会」のことばが見られる。「一期」は仏教語で、一生涯の意。

▽一期一会を大切にする。

去《さ》るものは日々《ひび》に疎《うと》し

出『文選《もんぜん》』

親しくしていた者同士でも遠く離れてしまうとしだいに忘れがちになる。また、死んでしまった者は月日が経つにつれて忘れられていくものだということ。

類遠ざかれば縁の切れ目

死《し》に別《わか》れより生《い》き別《わか》れ

死に別れはつらいものだが、死んだ人が生き返るわけもなくあきらめがつく。しかし、生き別れの場合は生きているのに会えないわけで、死に別れよりつらいものであるということ。

類悲しみは生別離《せいべつり》するより悲しきはなし

不和・仲たがい

角《かど》が立《た》つ

言い方や態度などがとげとげしくて、人間関係が円満にいかない。

▽先方に私が直接断ると角が立つから、君からそれとなく伝えてくれないか。

犬猿《けんえん》の仲《なか》

非常に仲が悪いことのたとえ。**補**犬と猿は仲が悪いとされることからいう。

▽二人は学生時代から犬猿の仲だ。

波風《なみかぜ》が絶《た》えない

もめごとがひっきりなしに起こる。

▽結婚して十年になるが、二人の間には波風が絶えない。

波風《なみかぜ》が立《た》つ

もめごとが起きて平穏な状態が乱される。
▽その一件で家庭内に波風が立つことは避けたい。

罅《ひび》が入《はい》る

親しくしていた人との関係がうまくいかなくなる。
補 陶器などに細かいひびが入ることからのたとえ。
▽友情に罅が入る

溝《みぞ》ができる

人と人の間に心のへだたりができる。
▽すれ違いの生活が続くうちに、二人の間にいつしか深い溝ができてしまった。

教育・子育て・しつけ

親《おや》の甘茶《あまちゃ》が毒《どく》になる

親が子供を甘やかすことは、子供にとってはためにならないということ。補「甘茶」はアマチャヅルの葉を乾燥させて、煮出して作る飲み物。甘茶が甘いことから、親が子に甘い意味をかけていう。

乳母日傘《おんばひがさ》

乳母《うば》に抱かれ、直接日光が当たらないように日傘を差しかけられる意で、子供が大切に育てられることのたとえ。また、過保護に育てられることにもいう。補「乳母《おんば》」は実の母親に代わって子供に乳を与え育てる女性のことで、「うば」が変化した語。
▽彼は乳母日傘で育てられたから、精神的にひ弱なところがある。

可愛《かわい》い子《こ》には旅《たび》をさせよ

そばに置いて甘やかさず、世間に出して苦労を経験させることが、結局はかわいいわが子のためになるということ。
▽子供をいつまでも手元に置いておきたい気持ちはわかるけれど、可愛い子には旅をさせることも必要だ。家を出て自活したいというなら、今がそのいい機会だ。

子供《こども》の喧嘩《けんか》に親《おや》が出《で》る

子供同士のたわいない喧嘩に、親が自分の子供かわいさにでしゃばること。そんなことをすれば親同士の喧嘩にもなりかねず、かえって事を面倒にする。つまらないことに口を出したり、おとなげない振る舞いをすることのたとえにもいう。

獅子《しし》の子落《こお》とし

我が子に厳しい試練を与えて、その力量を試すこと。
補獅子は産んだ子を深い谷に突き落とし、這い上がってきたものだけを育てるといわれることからのたとえ。

蝶《ちょう》よ花《はな》よ

子供、特に女の子を非常にかわいがり、大切に育てるさま。
▽彼女は小さいときから蝶よ花よと育てられた。

手塩《てしお》に掛《か》ける

みずから世話をして大切に育てる。
▽手塩に掛けて育てた娘を嫁にやる親の気持ちは複雑だ。

二度《にど》教《おし》えて一度《いちど》叱《しか》れ

子供を教育するときには、最初はよくわかるように言い聞かせ、それでも聞かなければ叱れということ。頭ごなしに叱るのでは子供はなぜ叱られているのかわからず、反発したり、萎縮したりしてしまう。まずは子供の目を見て教え諭すことが大切である。

祖母《ばば》育《そだ》ちは三百文《さんびゃくもん》安《やす》い

祖母に育てられた子供はひ弱だったり、わがままだったりして、しっかりしたところがない。祖母は親とは違って責任はさほどなく、どうしても孫可愛さから甘やかすので、教育やしつけの面では厳しさに欠けるところがある。

目《め》を剝《む》くより口《くち》を向《む》けよ

子供を叱るときは感情に任せて怒るのではなく、ことばで納得のいくようにさとすことが大切であるということ。これは相手が子供に限ったことではない。

出『列女伝《れつじょでん》』

孟母三遷《もうぼさんせん》の教《おし》え

子供の教育には良質な環境が大切だということ。故孟子《もうし》の母は最初墓地の近くに住んでいたが、我が子が葬式のまねをして遊ぶのを見て、市場の近くに引っ越した。そうすると今度は商人が客にこびて物を売るまねをして遊ぶようになり、これではいけないと学校の近くに引っ越したところ、祭りの供え物を載せる礼器を置き、両手を胸の前で組み合わせうやうやしく礼をするなど、礼儀作法のまねをするようになったので、ここが子供の教育にふさわしいところだと居を定めたという故事による。

孝行

家貧《いえまず》しくして孝子顕《こうしあらわ》る

出『宝鑑《ほうかん》』

家が貧しいと子供は家計を助けようとして働くなど自分でできることをしようとするもので、貧しい家からは孝行な子供が出るということ。また、人は逆境のときにこそ真価があらわれることのたとえ。

石《いし》に布団《ふとん》は着《き》せられぬ

死んでしまってから墓石に布団を掛けるわけにはいかない。親孝行は生きているうちにするものだということ。

類墓に布団は着せられぬ／孝行のしたい時分に親はなし

親《おや》に先立《さきだ》つは不孝《ふこう》

子供が親より先に死ぬのは一番の親不孝だということ。親が子供より先に死ぬのは自然のことだが、順序が逆の場合は逆縁といって、親にとってこれほど悲しくつらいことはない。

孝行《こうこう》のしたい時分《じぶん》に親《おや》はなし

出『誹風柳多留《はいふうやなぎだる》』

若いころは親のことを考えもしなかったが、それなりに年を取って親の気持ちがわかるようになり、いざ親孝行をしようと思うと親は死んでしまっていない。親孝行は親が生きているうちにせよということ。

類石に布団は着せられぬ

扇枕温被《せんちんおんぴ》

出『晋書《しんじょ》』

あれこれと気を配り世話をして、親孝行するたとえ。補夜ぐっすり眠れるように、夏は枕をあおいで涼しくし、冬は自分の体で布団を温める意。

風樹《ふうじゅ》の嘆《たん》

出『韓詩外伝《かんしがいでん》』

親孝行しようと思ったときには親はすでに亡くなっていて、孝行が果たせないという嘆き。補「風樹」は風に揺れる木のこと。木が静かになりたくても風が止まなければどうにもならないように、子が親孝行したいと思ってもすでに親は亡くなっていてはどうにもならないということ。

類風木《ふうぼく》の嘆

五、能力

賢い・有能

一《いち》を聞《き》いて十《じゅう》を知《し》る
出『論語《ろんご》』

物事の一端を聞いただけで、すぐに全体が認識・把握できる。才知があって、非常に賢いことの形容。

類目から鼻に抜ける

一頭地《いっとうち》を抜《ぬ》く
出『宋史《そうし》』

他の人より一段と優れている。補頭一つ分、他の人より抜け出ている意。

▽彼のデザインは斬新で、一頭地を抜いている。

鶏群《けいぐん》の一鶴《いっかく》
出『晋書《しんじょ》』

多くの凡人の中に一人だけとび抜けて優れた人物がいるということ。補鶏の群れの中に鶴が一羽まじっている意。鶴はとびきり優れた人や美しい人のたとえ。

類掃き溜めに鶴

才気煥発《さいきかんぱつ》

頭の働きが鋭くて、それが表にあふれ出るさま。補「才気」は物事をすばやく理解し的確に判断する能力、才知の働き。「煥発」は才能などが表に輝き出ること。

才子《さいし》才《さい》に倒《たお》れる

才能のある人は自分の才能を過信しすぎて、かえって失敗することがある。

▽彼は頭が切れるが、才子才に倒れるきらいがある。

類策士策に溺れる

才子多病《さいしたびょう》
出『雪中梅《せっちゅうばい》』

才能のある人はえてして体が弱く病気がちだということ。

▽彼は優秀な社員だが、才子多病で健康面が心配だ。

類知恵の早すぎる子は長生きしない

才色兼備《さいしょくけんび》

女性がすぐれた才能と美貌を備えていること。
▽彼女は才色兼備で、おまけに気立てがいい。

山椒《さんしょう》は小粒《こつぶ》でもぴりりと辛《から》い

体は小さいが非常に有能で、侮れない人のたとえ。

補山椒の果実は独特の辛味があり、佃煮にしたり香辛料にしたりと古くから珍重される。

類小さくとも針は呑まれぬ　対独活の大木／大男総身に知恵が回りかね

出藍《しゅつらん》の誉《ほま》れ

出『荀子《じゅんし》』

弟子が教えを受けた師より優れた者になることのたとえ。補「青は藍より出でて藍より青し」から出た言葉で、青色の染料はタデ科の植物である藍の葉から採るが、もとの藍よりさらに青い色をしていることから。
▽教え子がノーベル賞を受賞し、先生はまさに出藍の誉れと喜んだ。

栴檀《せんだん》は双葉《ふたば》より芳《かんば》し

出『平家物語《へいけものがたり》』『毛吹草《けふきぐさ》』など

将来大成する人は子供のころからすでに人並みはずれて優れていることのたとえ。補「栴檀」は白檀《びゃくだん》のこと。香木の白檀は芽生えたときからよい香りを放つ意。

類梅花は莟《つぼ》めるに香《か》あり／実の成る木は花から知れる

千慮《せんりょ》の一失《いっしつ》

出『史記《しき》』

どんなに賢い人が考えたことでも中には一つくらい失策があるということ。知恵がある人の思わぬ失敗をいう。補「千慮」はいろいろ思い巡らす意。

対千慮の一得

大賢《たいけん》は愚《ぐ》なるが如《ごと》し

きわめて賢い人は自分の才能や知識をひけらかすことがないので、一見愚か者に見えるということ。

類能ある鷹は爪を隠す

多士済済《たしせいせい》

出『詩経《しきょう》』

すぐれた人物が大勢いること。補「済済」は数が多く盛んなさまの意で、「さいさい」とも読む。

▽パーティーには各界から多士済済の顔ぶれがそろった。

能《のう》ある鷹《たか》は爪《つめ》を隠《かく》す

本当に有能な人は自分の才能をひけらかさないものだということ。

類 鼠捕る猫が爪隠す　対 能無し犬の高吠え

嚢中《のうちゅう》の錐《きり》

出『史記《しき》』

才能のある優れた人は自然にそれが外に現れるということ。補「嚢」は袋のこと。錐は先端が尖っているので袋の中に入れても外に突き出ることからたとえていう。

白眉最良《はくびさいりょう》

出『三国志《さんごくし》』

多くの優れた人の中で、ひときわ優れている人のこと。単に「白眉」ともいう。補「白眉」は白いまゆの意。故 中国の三国時代、蜀に優秀な五人兄弟がいて、中でも長男の馬良《ばりょう》は抜きん出て優秀で、まゆに白い毛が混じっていたことによる。

深《ふか》い川《かわ》は静《しず》かに流《なが》れる

深い川が音も立てず、静かにゆったり流れるように、思慮深い人はゆったり構え、落ち着いて行動するということ。

対 浅瀬に仇波《あだなみ》

目《め》から鼻《はな》に抜《ぬ》ける

非常に聡明で、物事を理解し判断するのが早い。

▽彼女は目から鼻に抜けるような人だから、事情はいちいち説明しなくてもわかってくれるだろう。

和光同塵《わこうどうじん》

出『老子《ろうし》』

賢い人がその才知を隠し、世間の人々に交じって目立たないように暮らすこと。

▽知識をひけらかすことなく和光同塵を心掛ける。

愚か・無能

空樽《あきだる》は音《おと》が高《たか》い

考えが浅く中身のない者ほど、余計なおしゃべりが多いということ。補 中身の入った樽は叩けばずしんと重い音がするが、空っぽの樽は高くていかにも軽い音がすることからのたとえ。

浅瀬《あさせ》に仇浪《あだなみ》

考えの浅い者ほど、うるさく騒ぎ立てるものだということ。補 川の流れの浅い所は深い所に比べると、いたずらに波が立つことからのたとえ。故 和歌の「底ひなき淵やは騒ぐ山河の浅き瀬にこそあだ浪は立て」から出たことば。　出『古今和歌集《こきんわかしゅう》』

対 深い川は静かに流れる

一《いち》を知《し》りて二《に》を知《し》らず

一つのことだけを知っていて、そのほかのことを知らない。知識・見識の浅薄さ、応用力のなさのたとえ。　出『荘子《そうじ》』

類 馬鹿の一つ覚え／井の中の蛙《かわず》大海を知らず　対 一を聞いて十を知る

烏合《うごう》の衆《しゅう》

カラスの群れのように、規律も統制もとれていない群衆のこと。　出『後漢書《ごかんじょ》』

▽ただ集まって好き勝手なことを言っている、あんな烏合の衆など相手にする必要はない。

独活《うど》の大木《たいぼく》

体ばかり大きくて役に立たない人のこと。補 独活の若芽は食用になるが、すぐに伸びて大きくなった茎は柔らかくて用途がないことからのたとえ。

類 大男総身に知恵が回りかね／大きな大根辛くなし

対 山椒は小粒でもぴりりと辛い

大男総身《おおおとこそうみ》に知恵《ちえ》が回《まわ》りかね

体ばかり大きくて頭が働かない、愚かな男をあざけっていうことば。

類 独活の大木

千慮《せんりょ》の一得《いっとく》

愚かな者でもたまには一つくらい名案が浮かぶということ。補「千慮」はいろいろ思い巡らす意。　出『史記《しき》』

対千慮の一失

東西《とうざい》を弁《べん》ぜず

物事を分別する能力がない。物の道理をわきまえない。補東も西も区別ができないの意から。「東西を弁《わきま》えず」ともいう。

▽素人が東西を弁ぜず、生意気な口を利くものではない。

鳥《とり》なき里《さと》の蝙蝠《こうもり》

優れた者がいないところで、つまらぬ者が幅をきかせることのたとえ。補鳥のいない山里では、蝙蝠が鳥をきどって飛び回る意。蝙蝠は鳥と同じように飛ぶが鳥の仲間ではない。洞窟などにすみ、昼間は岩に逆さにぶら下がり、夜になると活動することから、古くから不気味な生き物として鳥と比較され、より劣ったものとして扱われる。　出『毛吹草《けふきぐさ》』

能無《のうな》し犬《いぬ》の高吠《たかぼ》え

才能のない人に限って、大口をたたいたり、自分を誇示したがるものだということ。

類能無し犬は昼吠える　対能ある鷹は爪を隠す

迷《まよ》う者《もの》は路《みち》を問《と》わず

道に迷うような者に限って人に正しい道を尋ねないものである。愚か者ほど賢い人に教えを受けたほうがよいのに、そういう人に限って教えを受けようとしないことのたとえ。　出『荀子《じゅんし》』

大人物・第一人者

国士無双《こくしむそう》

国中で二人といない大人物。補「国士」は国中で一番優れた人、「無双」は並ぶもののない意。　出『史記《しき》』

類天下無双／古今《ここん》無双

泰山北斗《たいざんほくと》

その道の権威。第一人者。略して「泰斗」ともいう。出『新唐書《しんとうじょ》』

補「泰山」は中国の山東省にある名山。「北斗」は北斗七星のことで、古くから人々は天を仰ぎ、その柄の方向で時刻を知った。ともに人々に仰ぎ見られることからたとえていう。

▽彼女の祖父は歌壇の泰山北斗として知られる。

斗南《となん》の一人《いちにん》

天下で並ぶ者のない第一人者。出『新唐書《しんとうじょ》』

補「斗南」は天空の極点である北斗七星の南の意で、転じて、天下のこと。

▽斗南の一人とうたわれる脳外科医。

呑舟《どんしゅう》の魚《うお》

大人物のたとえ。出『荘子《そうし》』『列子《れっし》』

補舟を呑み込んでしまうほどの大きな魚の意。善悪の別なく用いる。

▽経済界で彼ほどの呑舟の魚はいない。

優劣

いずれ菖蒲《あやめ》か杜若《かきつばた》

どちらも優れていて優劣がつけがたく、選択に迷うたとえ。出『太平記《たいへいき》』

補アヤメとカキツバタはともにアヤメ科で、よく似ていて区別が難しいことからいう。

兄《けい》たり難《がた》く弟《てい》たり難《がた》し

二人のどちらも優れていて、甲乙をつけ難いことのたとえ。出『世説新語《せせつしんご》』

故中国漢の時代、陳元方《ちんげんほう》と陳季方《きほう》兄弟のそれぞれの息子、長文《ちょうぶん》と孝先《こうせん》がどちらの父親が優れているか言い争ったが決着がつかず、祖父の太丘《たいきゅう》に尋ねたところ、「元方を兄とすることも、季方を弟とすることも難しい」と答えたという故事による。

人後《じんご》に落《お》ちる

人より劣る。補多く、否定形で「人後に落ちない」の形で、誰にも負けない意で用いる。

▽家族を愛する気持ちだけは人後に落ちないつもりだ。
類引けを取る

団栗《どんぐり》の背比《せいくら》べ

どれも似たり寄ったりで、たいして能力に差がなく、抜きん出て優れた人がいないことのたとえ。補団栗はブナ科のカシ・クヌギ・ナラなどの実の総称。形や大きさに多少の差はあるが、ほとんどが似たようなものであることからいう。

伯仲《はくちゅう》の間《かん》

出『典論《てんろん》』

どちらも同じくらいで、優劣がつけがたい。補単に「伯仲」、また、「伯仲する」ともいう。「伯」は長兄、「仲」は次兄で、両者の年齢が近いことからたとえていう。ちなみに兄弟の三番目は「叔」、四番目は「季」。
▽二人の経営者としての実力は伯仲の間というところだ。
類兄《けい》たり難く弟《てい》たり難し

右《みぎ》に出《で》る者《もの》はいない

出『史記《しき》』

ある分野や能力において、その人より優れている者はいないということ。補中国の漢代の制度で、左より右を上位としたことによる。
▽美術品の目利きで彼の右に出る者はいない。

才能・力量・天分

一升徳利《いっしょうどっくり》に二升《にしょう》は入《はい》らぬ

一升用の徳利に二升入れようとしても入るわけはない。人の能力や力量には限界があり、それ以上努力してもどうにもならないというたとえ。

鰻《うなぎ》は滑《すべ》っても一代《いちだい》鯊《はぜ》は跳《と》んでも一代《いちだい》

鰻がどんなにのた打ち回ろうと、鯊がどんなに跳びはねようと、その一生に変わりはないように、人には持って生まれた天分があってそれ以上のことはできないというたとえ。

類蝦《えび》踊れども川を出でず

大《おお》きい薬缶《やかん》は沸《わ》きが遅《おそ》い

器の大きい人、大人物というのは大成するのに時間がかかることのたとえ。

類大器晩成　対小鍋は直に熱くなる

蟹《かに》は甲羅《こうら》に似《に》せて穴《あな》を掘《ほ》る

蟹がそれぞれ自分の甲羅の大きさに合わせて穴を掘ってすみかとするように、人も自分の力量にあった言動をするものだということ。

小鍋《こなべ》は直《じき》に熱《あつ》くなる

器の小さい人、小人物というのは何をしてもすぐに能力の限界に達してしまうことのたとえ。また、度量の小さい人はすぐに怒ることのたとえにもいう。

対大きい薬缶は沸きが遅い

大器晩成《たいきばんせい》　出『老子《ろうし》』

器の大きい人、大人物というのは大成するのに時間がかかるということ。

▽この子はのんびりとわが道を行く風で大器晩成型だ。

類大きい薬缶は沸きが遅い

天《てん》は二物《にぶつ》を与《あた》えず

神様は一人の人間にいくつもの才能や長所を与えることはない。

▽彼は頭はいいが容姿が今一つで、天は二物を与えずってところだ。

人の価値

棺《かん》を蓋《おお》いて事定《ことさだ》まる　出『晋書《しんじょ》』

人は死んではじめてその人の本当の価値が決まるもので、生きている間はさまざまな感情や利害関係などがからみ、正当に評価を下すことはできないということ。補「棺を蓋う」とはひつぎに蓋《ふた》をすることで、死ぬ意。

腐《くさ》っても鯛《たい》

出『毛吹草《けふきぐさ》』『親仁形気《おやじかたぎ》』

本来優れているものは盛りが過ぎたり落ちぶれるなど悪条件におかれても、その価値を失わないということ。補鯛は魚の王様と呼ばれる高級魚で、たとえ腐ってもその価値に変わりはない意。批判的に、また、からかって言うことも多い。

類襤褸《ぼろ》でも八丈／破れても小袖

山高《やまたか》きが故《ゆえ》に貴《たっと》からず

出『実語教《じつごきょう》』

山は高いからではなく、樹木が繁っているからこそ価値がある。同様に、人も知識や教養があり、人格がすぐれていてこそ立派な人といえる。姿かたち、外見より中身が大事ということ。

知恵・知識

一知半解《いっちはんかい》

出『滄浪詩話《そうろうしわ》』

少しは知っているが、十分には理解していないこと。なまかじりなこと。

▽一知半解な知識では何の役にも立たない。

類半可通

井《い》の中《なか》の蛙《かわず》大海《たいかい》を知《し》らず

出『荘子《そうじ》』

一人よがりで考えや見識が狭いこと。また、世間知らずのたとえ。略して「井の中の蛙」ともいう。補小さな井戸の中にいる蛙にとってはそこがすべてで、外には大きな海があることを知らないの意。

薀蓄《うんちく》を傾《かたむ》ける

自分の持つ学識や技能を存分に発揮する。補「薀蓄」は『春秋左氏伝《しゅんじゅうさしでん》』にあることばで、積み蓄える意。

下種《げす》の後知恵《あとぢえ》

利口でない者は必要なときには考え付かずに、事がすんでからよい考えが浮かぶということ。

類下種の後思案

三人寄《さんにんよ》れば文殊《もんじゅ》の知恵《ちえ》

凡人でも三人も集まって相談すればよい知恵が出るということ。補「文殊」は知恵をつかさどる文殊菩薩のこと。

出『世話尽《せわづくし》』

知《し》って知《し》らざれ

知っていても知らない振りをする、知ったかぶりをしないのが本当に賢い人であるということ。物事を深く知っている者ほど軽々しくその知識を口にしたりしないものである。

類知る者は言わず言う者は知らず

造詣《ぞうけい》が深《ふか》い

学問や芸術、技芸などの分野において、知識や理解が深いさま。

▽彼は仏像に造詣が深い。

知《ち》恵《え》出《い》でて大偽《たいぎ》あり

出『老子《ろうし》』

人間は知恵が発達してくると、とかく悪いことに頭が回るようになったり、うそやいつわりが幅を利かせるようになるということ。

博覧強記《はくらんきょうき》

物事を広く見知っていて、またそれをよく記憶していること。知識が豊富なこと。補「博覧」は広く書物を読んで、物知りであること。「強記」は記憶力がすぐれていること。

▽彼の博覧強記には舌を巻く。

類博学多識

無《む》知《ち》蒙昧《もうまい》

知恵や知識がなく、愚かなこと。補「蒙昧」は愚かで道理をわかっていないこと。「蒙」も「昧」も暗い意。

葦《よし》の髄《ずい》から天井《てんじょう》覗《のぞ》く

自分の狭い知識や経験だけで、大きな問題について勝手に判断することのたとえ。**補**葦の細い茎の穴から天をのぞいて、天空すべてを見たつもりでいるの意。「葦《よし》」は葦《あし》のことで、「あし」が「悪《あ》し」に通じることを忌み嫌って「よし（善し）」と言い換えたもの。

類針の穴から天を覗く

識別・鑑賞能力

先見《せんけん》の明《めい》

将来のことを見通す見識。

▽ネットによる通販は今や大きな市場となっているが、いち早く始めた彼には先見の明があった。

耳《みみ》が肥《こ》えている

音楽や話芸などを多く聴いていて、鑑賞能力がすぐれている。

▽彼は耳が肥えているから、素人の域を出ない演奏には手厳しい。

見《み》る目《め》がある

物事や人の価値、能力などを見抜く力がある。識別能力がある。

▽彼は人を見る目がある。

対見る目がない

目《め》が肥《こ》える

よい物を見慣れていて、物のよしあしがわかる。

▽目が肥えた客を相手にする。

目《め》が高《たか》い

物のよしあしや価値を見分ける能力がすぐれている。

▽それが名工の茶碗とお分かりとはさすがお目が高い。

類目が利く

読《よ》みが深《ふか》い

物事に対する理解や洞察力が緻密《ちみつ》ですぐれている。

▽円高を見越して商売するなんて読みが深い。

六、行為・行動

会う

お目《め》に掛《か》かる

お会いする。補人に会うことの丁寧な言い方。人以外にも、「こんな上等な品にお目にかかったことはない」のように、からかい気味に物やある状況に出会う場合にも用いられる。

▽こんなところでお目にかかれるとは奇遇ですね。

顔《かお》を合《あ》わせる

対面する。また、共演する。対戦する。

▽彼とは会議で何度か顔を合わせたことはあるが、個人的な付き合いはない。

謦咳《けいがい》に接《せっ》する

尊敬する人に直接会う。補「謦」「咳」ともに咳払いの意。

▽思いがけず先生の謦咳に接することができて、こんなうれしいことはありません。

あおる

駆《か》け馬《うま》に鞭《むち》

出『毛吹草《けふきぐさ》』

勢いづいているものにさらに勢いを加えることのたとえ。補走っている馬に鞭を当てて、さらに早く走らせる意から。

火《ひ》に油《あぶら》を注《そそ》ぐ

勢いがあるものにさらに勢いを加えることのたとえ。補燃えている火に油を注ぐとさらに火の勢いが増すことから。

▽政府への不信感が増す中での不用意な大臣の発言は、火に油を注ぐようなものだ。

吠《ほ》える犬《いぬ》にけしかける

感情がたかぶっている者をさらにあおりたてること

のたとえ。また、勢いのあるものにさらに勢いを加えることのたとえ。補吠えている犬をけしかけてさらに吠えるようにすることから。

集まる

顔《かお》が揃《そろ》う

集まるはずの人がすべて集まる。
▽全員の顔が揃ったところで、重大な発表をする。
類顔を揃える

同気《どうき》相求《あいもと》める　出『易経《えききょう》』

気の合うもの同士は自然に求め合って集まるものだということ。補「同気」は同じ気質、また、気の合う仲間のこと。

類類は友を呼ぶ

役者《やくしゃ》が揃《そろ》う

何かをするのに必要な人物がすべて集まる。
▽役者が揃ったところで大事な相談をする。

寄《よ》ると触《さわ》ると

人が集まるとその度ごとに。折さえあればいつでも。
▽社員の間では寄ると触るとそのうわさで持ち切りだ。

操る

陰《かげ》で糸《いと》を引《ひ》く

裏で人を自分の思い通りに操る。補人形遣いが人の見えないところで糸を操って人形を動かすことから。

舵《かじ》を取《と》る

舵を操作して船を動かす。また、物事をよい方向に進むように導くことのたとえ。補舵を取ること、また、その人を「舵取り」といい、「彼は舵取りがうまい」のように用いる。

手玉《てだま》に取《と》る

相手を自由に操る。補曲芸師がお手玉を操るようにもてあそぶ意から。

▽犯人は警察を手玉に取り、海外に逃亡した。

謝る

泣《な》きを入《い》れる

泣いて謝ったり、哀願したりする。

▽取引先には泣きを入れて納期を延ばしてもらった。

不徳《ふとく》の致《いた》す所《ところ》

物事がうまくいかなかったときなどに、自分が至らなかったせいだとして、反省や謝罪の意を表すことば。

補「不徳」は徳が足りない意。

▽この度の息子の不祥事は父親である私の不徳の致す所で、なんとも申し訳ございません。

平身低頭《へいしんていとう》

体をかがめ、頭を下げて、恐縮すること。

▽迷惑をかけた客に平身低頭して謝る。

詫《わ》びを入《い》れる

自分の非や過ちを認めて相手に謝罪する。

▽怪我をさせてしまった相手に詫びを入れて許してもらった。

争う・競う

蝸牛角上《かぎゅうかくじょう》の争《あらそ》い 出『荘子《そうじ》』

小さくてつまらないことで争うことのたとえ。故「蝸牛」はかたつむりのこと。かたつむりの左の角《つの》にある触氏の国と右の角《つの》にある蛮氏の国が領土争いで追いつ追われつの戦いの末、双方に多数の戦死者を出し、帰国したという寓話から。

妍《けん》を競《きそ》う

美しさやあでやかさを張り合う。補「妍」は女性が美しい意。

▽パーティーでは着飾った女性たちが妍を競っていた。

鎬《しのぎ》を削《けず》る

負けまいとして激しく争うこと。補「鎬」は刀の刃と峰の間で高くなった部分のことで、激しく斬り合ったときに互いの鎬が強くこすれて削れることからたとえていう。

角突《つのつ》き合《あ》わせる

仲が悪くて衝突する。

▽あの兄弟は仲が悪くていつも角突き合わせている。

鍔迫《つばぜ》り合《あ》いを演《えん》じる

互角の力を持つ者同士が激しく競い合う。補「鍔迫り合い」はお互いに鍔で相手の刀を受け止め、押し合うこと。

▽駅伝で、二校の最終走者がゴール寸前まで鍔迫り合いを演じた。

類デッドヒートを演じる

覇《は》を争《あらそ》う

競技などで、優勝を争う。覇権を争う。補「覇」は武力で天下を治めること。転じて、優勝すること。

▽ラグビーの大学選手権で、東西の強豪校が覇を争った。

火花《ひばな》を散《ち》らす

互いが対立して激しく争う。補刀で斬り合うとき、お互いの刀がぶつかって火花が散ることからのたとえ。

▽ライバル同士が火花を散らす。

類鎬を削る

向《む》こうに回《まわ》す

相手として争う。敵とする。

▽ベテランの検事を向こうに回して、若手弁護士は堂々

と論陣を張った。

竜虎相搏つ《りゅうこあいうつ》

実力の伯仲した二人が勝敗を争う。補「竜虎」は竜と虎の意で、実力の伯仲した二人の強者のたとえ。

あわてる・うろたえる

慌《あわ》てる乞食《こじき》は貰《もら》いが少《すく》ない

人より先に少しでも多くもらおうとする物乞いは、かえって少ししかもらえない。何事もあわてて急ぎすぎると失敗するから、落ち着いて行動しろというたとえ。あわて者を戒めていう。

類慌てる蟹は穴に入れぬ

右往左往《うおうさおう》

混乱してどうしてていいかわからず、右に行ったり左に行ったりと落ち着きがないさま。ひどくうろたえるさま。

▽駅構内で火災が発生したというアナウンスに、人々は右往左往するばかりだった。

挙措《きょそ》を失《うしな》う

突然の出来事にどうしていいかわからず、取り乱す。

補「挙」は上げる、「措」は置く意で、「挙措」は立ち居振る舞いの意。

周章狼狽《しゅうしょうろうばい》

思いがけないことに出合って非常に驚きあわてること。あわてふためくこと。うろたえること。

▽抜き打ち検査に周章狼狽する。

言う・言葉

言《い》い得《え》て妙《みょう》

うまく言い当てていてすばらしいさま。

▽小柄で有能な人を小さな巨人とは、言い得て妙だ。

言《い》いたいことは明日《あす》言《い》え

言いたいことがあってもその場では言わずに、時間をおいてよく考えてから言えということ。感情に任せた言動を戒めていう。

類腹の立つことは明日《あす》言え

言《い》うに事欠《ことか》いて

もっとほかに言うことがあるのに、そうしないでひどいことを言うさま。補「事欠く」は不足する意。

▽言うに事欠いて卑怯者呼ばわりするなんてひどい。

言《い》うは易《やす》く行《おこな》うは難《かた》し　出『塩鉄論《えんてつろん》』

言うだけなら簡単だが、言ったことを実行することはむずかしいということ。

異口同音《いくどうおん》　出『宋書《そうしょ》』

大勢の人が口をそろえて同じことを言うこと。多くの人々の意見が一致すること。補「異口」は大勢の異なる人々の口、「同音」は同じことばを発する意。

▽消防士の勇敢な行為をみな異口同音にほめたたえた。

一言《いちごん》も無《な》い

相手から言われたり責められたりしたことに対して言い返す言葉がない。反論や弁解の余地がない。

▽安全管理の怠慢を鋭く指摘されて、担当者としては一言も無かった。

類ぐうの音も出ない

曰《いわ》く言《い》い難《がた》し　出『孟子《もうし》』

簡単には言うことができない。なんとも言葉では説明のしようがない。故孟子が弟子の公孫丑《こうそんちゅう》に浩然《こうぜん》の気とはどういうものか問われたとき、「曰く（孟子が言うことには）、言い難し」と答えたという故事による。

言《い》わずもがな

言わないほうがよい。また、わかりきっていて、今更言う必要がない。言うまでもない。**補**「もがな」は古語で、願望を表す終助詞。

▽彼は言わずもがなのことを言って友達を怒らせた。

言《い》わぬが花《はな》

はっきり口に出して言わないほうが趣があるということ。また、言わないでおくほうが差しさわりがないということ。

類沈黙は金雄弁は銀

言《い》わぬことは聞《き》こえぬ

こちらが言わなくても相手がわかっているだろうと思って、黙っていたのでは相手に伝わらない。言いたいことがあればきちんと言うべきであるということ。

売《う》り言葉《ことば》に買《か》い言葉《ことば》

相手がしかけてきた暴言や悪口に対して自分も暴言や悪口を言い返すこと。

▽売り言葉に買い言葉で喧嘩になる。

得《え》も言《い》われぬ

どうにも言い表しようがないほどすばらしいさま。**補**「得も」は下に打ち消しの語を伴って、どうにも…することができない意で用いる。

▽日本海で見た夕陽は得も言われぬ美しさだった。

類名状しがたい

奥歯《おくば》に物《もの》が挟《はさ》まったよう

はっきりと言わないで、思わせぶりな言い方をするさま。

▽奥歯に物が挟まったような言い方をする。

対歯に衣着せぬ

開口一番《かいこういちばん》

言い始める最初に。口を開くやいなや真っ先に。

▽彼は私の顔を見ると、開口一番、家族の安否を尋ねた。

口《くち》が酸《す》っぱくなるほど

相手がうんざりするほど、同じことを何度も繰り返して言うさま。

▽子供には人に迷惑をかけるようなことはするなと口が酸っぱくなるほど言ってきた。

口《くち》が滑《すべ》る

言ってはならないことをうっかり言ってしまう。

▽つい口が滑って余計なことを言い、彼女を怒らせてしまった。

口《くち》が減《へ》らない

相手の言うことにひるむことなくあれこれ言い返したり、負け惜しみを言ったりする。

▽ああ言えばこう言うで、まったく口が減らないやつだ。

類 減らず口を叩く

口《くち》から出《で》れば世間《せけん》

いったん口に出したことはすぐに世間に広まり、取り返しがつかないことにもなりかねないので、話すときは慎重にしなければいけないということ。

口《くち》は禍《わざわい》の門《かど》　出『宝鑑《ほうかん》』

何気なく言ったことがわざわいを招く原因になることがあるので、ことばには注意せよという戒め。補「門」は「もん」とも読む。

類 口は禍の元／舌は禍の根

巧言《こうげん》令色《れいしょく》鮮《すくな》し仁《じん》　出『論語《ろんご》』

ことばがたくみで、人に取り入ろうと愛想のよい人は仁の心に欠けるということ。補「巧言」はことばがたくみなこと。「令色」は人に気に入られようとして顔の表情をつくろい飾ること。「仁」は儒教で人として守るべき道徳の一つで、思いやりの心のこと。

言葉《ことば》の綾《あや》

取り繕った巧みな言い回し。ことばの飾り。補「綾」は「文」とも書く。

▽それはちょっとしたことばの綾に過ぎない。

舌先三寸《したさきさんずん》

口先で言うだけで、ことばに心や中身が伴っていないさま。

▽彼は舌先三寸で人を丸め込む詐欺師だ。

駟《し》も舌《した》に及《およ》ばず

出『論語《ろんご》』

ことばは厳に慎まなければならないというたとえ。**補**「駟」は四頭立ての馬車のことで、一度口から出たことばは馬車よりも速く人に伝わる意から。

針小棒大《しんしょうぼうだい》

おおげさに言うこと。**補**針のように小さいことを棒のように大きく言う意。

▽彼はなんでも針小棒大に言うくせがある。

大言壮語《たいげんそうご》

偉そうに大きなことを言うこと。豪語すること。**補**「大言」はおおげさに言うこと、「壮語」は強がっておおげさに言うことば。

類大口を叩く

単刀直入《たんとうちょくにゅう》

出『景徳伝灯録《けいとくでんとうろく》』

前置きや遠回しな言い方はしないで、直ちに話の本題に入ること。**補**一振りの刀を持ち、ただ一人で敵陣に斬り込む意から。「単刀」を「短刀」と書くのは間違い。

▽大臣に今後の経済の見通しについて単刀直入に聞く。

沈黙《ちんもく》は金雄弁《きんゆうべん》は銀《ぎん》

黙って多くを語らないほうが雄弁よりよいということ。**故**西洋のことわざ。かつてヨーロッパでは英国を除いて銀本位制であったことから、雄弁のほうが沈黙より評価が高いのが本来の意味であるが、のちに金本位制に移行してもそのままの形で伝えられ、英国経由で日本に入ってきたとき、日本では沈黙をよしとするところから意味に逆転が生じたとされる。

類言わぬは言うにまさる

問《と》うに落《お》ちず語《かた》るに落《お》ちる

人から問われると用心して言わないが、話をしているうちについ本当のことを言ってしまう。補 略して「語るに落ちる」ともいう。

馬鹿《ばか》も休《やす》み休《やす》み言《い》え

ばかげたこと、つまらないことを言うのはいい加減にしろ。補 「休み休み」はよく考えて、適度に、の意。

歯切《はぎ》れが悪《わる》い

言い方が明確でないさま。

▽聞いたことにはっきり答えず、どうも歯切れが悪いところを見ると、彼は何かを隠しているのではないか。

歯《は》に衣着《きぬき》せぬ

包み隠さず、思ったことを率直に言うさま。

▽彼の歯に衣着せぬところが私としては好感が持てる。

対 奥歯に物が挟まったよう

武士《ぶし》に二言《にごん》はない

武士は信義を重んじるので、自分の言ったことには責任を持つということ。補 「二言」は前に言ったことと違うことを言うこと。男性が相手に言ったことに対して、絶対うそではないと断言する場合などに用いる。

妄言多謝《もうげんたしゃ》

自分の妄言を深くわびること。補 「妄言」は出まかせに言うことば。批判文や手紙などで、自分の率直な意見や考えを述べたあと、相手に失礼がなかったかとわびるために添えることば。「妄言」は「ぼうげん」とも読む。

物言《ものい》えば唇寒《くちびるさむ》し秋《あき》の風《かぜ》

言わなくてもよいことを口にすると思わぬわざわいを招くことになるということ。補 略して「物言えば唇寒し」の形でも用いる。故 松尾芭蕉の句で、前書きに「人の短《たん》をいふ事なかれ。己《おの》が長をとく事なかれ（人の短所を言ってはいけない。自分の自慢をしてはいけない)」とあり、本来は、人の短所を言ったり自慢話をしたりすると、なんとなくさみしい気分になる、の意。

物《もの》も言《い》いようで角《かど》が立《た》つ

同じことを言うのでも、ことばの選び方や話し方によっては相手を怒らせるなど、支障が出るということ。

補「角が立つ」は事が荒立つ意。

行く・歩く

足《あし》が向《む》く

特に意識することなく、自然にある方向に行く。補気ままに歩くことは「足の向くまま気の向くまま」と形容する。

▽気がつくと、昔住んでいた家へと足が向いていた。

足《あし》に任《まか》せる

気ままに歩く。また、歩ける限り歩く。

▽足に任せてその辺をぶらぶら散歩する。

類足の向くまま気の向くまま

足《あし》を取《と》られる

酒に酔っていたり、足場が悪かったりして、思うように歩けない。

▽雪道に足を取られて転んでしまった。

足《あし》を延《の》ばす

予定していた所より遠くに行く。

▽東京に来たついでに箱根まで足を延ばす。

足《あし》を運《はこ》ぶ

ある場所に自ら出かける。出向く。

▽こんな不便な所にわざわざ足を運んでいただいて、ありがとうございます。

足《あし》を棒《ぼう》にする

疲れて足が棒のようになるまであちこち歩き回る。
▽手に入れたい本があって、足を棒にして古本屋を何軒も探し回ったが、結局見つからなかった。

土《つち》を踏《ふ》む

その土地に行く。
▽念願かなって南アフリカの土を踏むことができた。

急ぐ

急《いそ》がば回《まわ》れ

急いで危険を冒すより、遠回りになっても安全な道を行ったほうがよい。また、急ぐと気持ちが焦ってなにかと失敗するものであるから、急ぐときこそ、ゆっくりと落ち着いてやるのがよいということ。補「急ぐ道は回れ」ともいう。故連歌師宗長の歌「もののふの矢ばせの舟ははやくとも急がばまはれ勢田の長橋」から。かつて、東海道五十三次の草津宿から大津宿へは琵琶湖沿岸の矢橋《やばせ》の渡しから船で湖上を行くのが便利で早いが、比叡山から吹き降ろす突風のために大変危険で、陸路を歩いて勢田の唐橋を渡ったほうが安全とされたことにちなむ。

押《お》っ取《と》り刀《がたな》で駆《か》けつける

大急ぎで駆けつける。補「押っ取り刀」は武士が緊急のとき刀を腰に差すひまもなく、勢いよく手でつかみ取ることで、「押っ」は接頭語で意味を強める。「押っ取り」をゆったり、のんびりの意と取り、そのように用いるのは間違い。
▽警官は押っ取り刀で事故の現場に駆けつけた。

取《と》る物《もの》も取《と》り敢《あ》えず

持つべき物も持たずに、とにかく大急ぎで。補「敢えず」は動詞の連用形に付いて、…できないで、…しきれないで、の意。
▽母が急病と聞いて、取る物も取り敢えず実家に駆けつけた。

偽る・嘘

嘘《うそ》から出《で》た実《まこと》
嘘で言ったつもりが、偶然本当のことになること。
補「実」は「誠」とも書く。
類瓢箪《ひょうたん》から駒が出る

嘘吐《うそつ》きは泥棒《どろぼう》の始《はじ》まり
嘘ばかりついていると、嘘が悪いことだという認識が薄れ、やがて人の物を盗んでも悪いとは思わなくなる。嘘はついてはいけないという戒め。

嘘八百《うそはっぴゃく》を並《なら》べる
次から次へと嘘を言う。
▽人をだますにしても、よくもまあそんなに嘘八百を並べられるものだ。

嘘《うそ》も方便《ほうべん》
嘘をつくことは悪いことだが、事と次第によっては嘘をつくことも許されるということ。**補**「方便」は本来仏教語で、仏が衆生を救い導くために用いる便宜的な手段の意。
類嘘を吐かねば仏にはなれぬ／嘘も追従も世渡り

看板《かんばん》に偽《いつわ》りあり
看板に書いてあることと実際が違う。見かけと実際が違うことのたとえ。
▽立派な公約をいくつも掲げておきながら、一つも実行されていない。これでは看板に偽りありだ。
類羊頭狗肉 **対**看板に偽りなし

口《くち》と腹《はら》とは違《ちが》う
言うことと思っていることが違う。
▽あの人はほめるのが上手だけれど、口と腹とは違うから気をつけなさい。

心《こころ》にもない

本当は思っていない。本心ではない。補多くは人をほめたりお世辞を言う場合の形容に用いる。
▽心にもないことを言って上司の機嫌を取る。

二枚舌《にまいじた》を使《つか》う

前と後で食い違うことをいう。嘘を言う。
▽政治家はえてして二枚舌を使うので、言うことをそのまま信じるわけにはいかない。

羊頭狗肉《ようとうくにく》

出『無門関《むもんかん》』

見かけは立派でも実質が伴わないことのたとえ。補「羊頭を掲げて狗肉を売る」の略で、店頭の看板に羊の肉を掲げておきながら、実際は犬の肉を売る意。

類看板に偽りあり

打ち明ける・告白・白状

肝胆《かんたん》を開《ひら》く

心の底を打ち明ける。補「肝胆」は肝臓と胆嚢《たんのう》のことで、人間にとって大事な部分であることから、転じて、心、心の底の意。

胸襟《きょうきん》を開《ひら》く

心の中を打ち明ける。補「胸襟」は胸とえりのことで、転じて、胸のうちの意。
▽友人と胸襟を開いて語り合う。

口《くち》を割《わ》る

隠していたことを話す。白状する。
▽容疑者は事件の首謀者について口を割らなかった。
類泥を吐く

腹《はら》を割《わ》る

思っていることを包み隠さず打ち明ける。
▽この際ざっくばらんに腹を割って話そうじゃないか。
類肝胆を開く／胸襟を開く

腹蔵《ふくぞう》ない

思っていることを包み隠さない。遠慮のない。

▽皆様の腹蔵ないご意見をお聞かせ下さい。

本音《ほんね》を吐《は》く

本当の気持ちを打ち明ける。

▽強がってみせているけれど、本音を吐くととても不安なんだ。

裏切る

しょい投《な》げを食《く》う

それまで信頼してきた相手に最後のところで裏切られて、ひどい目にあうことのたとえ。補「しょい投げ」は「背負《せお》い投げ」ともいい、柔道の技の一つ。

煮《に》え湯《ゆ》を飲《の》まされる

信頼していた者に裏切られて、ひどい目にあうことのたとえ。補「煮え湯」は煮えたった湯、熱湯のこと。

▽友人に頼まれて連帯保証人になったのはいいが、とんだ煮え湯を飲まされてしまった。

寝返《ねがえ》りを打《う》つ

味方を裏切り、敵側につく。寝返る。

▽ダム建設反対派から推進派に寝返りを打つ。

背信行為《はいしんこうい》

信義にそむく行為。裏切り行為。

▽社外に情報をもらすのは会社への背信行為に当たる。

選ぶ

白羽《しらは》の矢《や》が立《た》つ

多くの人の中から特に選ばれる。故神が人身御供《ひとみごくう》にする少女の家の屋根に白羽の矢を立てたという伝説に基づくもので、本来はいけにえを選ぶ意。
▽聖火ランナーの一人として、彼に白羽の矢が立った。

二者択一《にしゃたくいつ》

二つのうちどちらか一つを選ぶこと。
▽二者択一の試験問題。

篩《ふるい》に掛《か》ける

多くのものの中からよいものや基準を満たすものだけを選ぶ。選別する。補「篩」は丸や四角の枠の底に網を張った道具で、粉や砂などを入れて振り、粗いものと細かいものをより分けるのに用いる。
▽五千人の応募者の中から篩に掛けられて最終審査には十人が残った。

教える

教《おし》うるは学《まな》ぶの半《なか》ば

人にものを教えるということは、そのことに自分も熟知していなければならない。生半可な知識では到底教えることはできず、しっかり理解するために前もって調べたり準備したりするので、自分の勉強にもなるということ。
▽教師になって、教うるは学ぶの半ばを実感した。

教鞭《きょうべん》を執《と》る

教師として勉強を教える。教職にある。補「教鞭」は教師用の鞭《むち》。
▽今春から母校で教鞭をとることになった。

二度《にど》教《おし》えて一度《いちど》叱《しか》れ

⇩二度教えて一度叱れ（教育・子育て・しつけ）124頁

蒙《もう》を啓《ひら》く

無知で愚かな人を教え導く。啓蒙する。補「蒙」は道理にくらい意。
▽一冊の書物が彼の天文学への蒙をひらいた。

おだてる

おだてと畚《もっこ》には乗《の》りやすい

人はとかくおだてには乗りやすいものだということ。補「畚」は「もっこう」ともいい、藁筵《わらむしろ》や藁縄《わらなわ》を編んだものの四隅に縄をつけたり、左右の端に棒をわたしたりして、土などを運ぶ道具。江戸時代には死刑囚を刑場に運ぶために用いたため、「おだてと畚には乗りたくない」と言ったが、のちに乗り物の意となり、現在のように言うようになった。

おだてに乗《の》る

おだてられてその気になる。

▽そんなうまいことを言って。おだてには乗らないよ。

神輿《みこし》を担《かつ》ぐ

人をおだてて祭り上げる。補祭礼で、神体を安置した神輿を氏子がわっしょいわっしょいと担ぐことから、人を祭り上げることのたとえにいう。

▽みんなで神輿を担いで彼を今度の市長選に出馬させることにした。

おどす・威圧する

圧力《あつりょく》を掛《か》ける

自分の思うようにするため、相手を威圧しておさえつける。

▽新聞社に記事を差し止めるよう圧力を掛ける。

居丈高《いたけだか》

いきりたって、人を威圧するような態度を取るさま。補「居丈」は座高のこと。「居丈高」は座高を高くそびやかす意で、上から人を見下ろすような態度をいう。「威丈高」とも書く。

▽彼の居丈高な態度に反感を覚え、離れていった人は数知れない。

凄《すご》みを利《き》かせる

相手を恐ろしい顔つきや態度などで威圧してこわがらせる。

▽不良たちはサラリーマン風の男に凄みを利かせながら近づき、金を出せとおどした。

大上段《だいじょうだん》に構《かま》える

おおげさで居丈高な態度を取る。**補**「大上段」は剣道で、刀を頭の上に振りかぶり、相手を威圧する構えのこと。

▽そんなに大上段に構えた物言いをすれば、相手は萎縮してしまうだろう。

訪れる・訪問

お百度《ひゃくど》を踏《ふ》む

神仏に願をかけるときに、社寺の一定の場所を百回往復して、そのたびに拝む。転じて、頼みごとをするために同じところを何度も訪れる。

顔《かお》を出《だ》す

人の家を訪れる。また、会合などに出席する。

▽仕事の帰りに実家に顔を出す。

類顔を見せる

門前市《もんぜんいち》を成《な》す　**出**『漢書《かんじょ》』

権威や権勢のある人を慕って訪れる者が多いことのたとえ。**補**大勢の訪問者で門の前が市場のようににぎやかである意から。

▽有名な脳外科医のところに全国から患者が押し寄せ、門前市を成すありさまだ。

門前雀羅《もんぜんじゃくら》を張《は》る　**出**『史記《しき》』

訪れる人が少なくさびしいさまのたとえ。**補**門前に網を張って雀を捕まえることができるほど、訪問者が少ない意。

帰る

帰《かえ》りなん、いざ

出陶淵明「帰去来辞《ききょらいのじ》」

さあ、帰ろうの意。騒がしい都会や俗世間を離れて自然の中で自由に暮らすことを求めていうもの。故中国東晋の詩人、陶淵明《とうえんめい》が役人生活をやめて故郷に帰ったときの詩の一節「帰りなん、いざ、田園将《まさ》に蕪《あ》れんとす、胡《なん》ぞ帰らざる」から。

踵《きびす》を返《かえ》す

もと来た道を戻る。引き返す。補「きびす」はかかとのことで、「くびす」ともいう。

▽用事を思い出した彼は、急にきびすを返した。

帰路《きろ》につく

行った先から帰る。

▽出張先での仕事をすべて済ませて、最終便で帰路についた。

書く

金釘流《かなくぎりゅう》

まるで金釘のようにぎくしゃくとしていて下手な筆跡のこと。補流派になぞらえ、あざけっていう。

特筆《とくひつ》に値《あたい》する

特にとりたてて書くだけの価値がある。

▽震災時の日本人の沈着冷静な態度は特筆に値する。

禿筆《とくひつ》を呵《か》す

下手な文章を書く。補「禿筆」は穂先のすり切れた筆、「呵す」は息を吹きかけることで、穂先のすり切れた筆に息を吹きかけて字を書く意。自分の文章を謙遜していう。

筆《ふで》が滑《すべ》る

書くべきではないことや書かなくてもよいことをう

っかり書く。
▽担当する雑誌のコラムでつい筆が滑ってしまって、関係者を怒らせてしまった。

筆《ふで》を擱《お》く

文章を書くのをやめる。また、書き終える。擱筆《かくひつ》する。補「擱く」はやめる意で、「置く」とも書く。

筆《ふで》を走《はし》らせる

すらすらと文章を書く。
▽思いのままに筆を走らせる。

魯魚《ろぎょ》の誤《あやま》り

文字の書き誤り。補「魯」と「魚」は字形が似ていて間違えやすいことからいう。同様に似た字を並べて「章草《しょうそう》の誤り」「焉馬《えんば》の誤り」「烏焉《うえん》の誤り」などともいう。また、「魯」「魚」のほかに、ともにいのししの意の「亥」と「豕」も似ていることから「魯魚亥豕《ろぎょがいし》」ともいう。

隠す・隠れる

頭隠《あたまかく》して尻隠《しりかく》さず

悪事や欠点の一部だけを隠して全部を隠したつもりでいても、肝心なところが隠しきれていなくて、実際は人に知られてしまっていること。そのことに気づかない愚かさをあざけっていう。補キジが追われたとき、草むらに頭を突っ込んで隠れるが、長い尻尾は見えていることからのたとえ。

類柿を盗んで核《さね》を隠さず／団子隠そうより跡隠せ

臭《くさ》い物《もの》に蓋《ふた》をする

悪事や都合の悪いことなど、人に知られたくないことを一時的に隠す。補悪臭を放つ物に蓋をして、臭いがもれないようにすることからのたとえ。

地下《ちか》に潜《もぐ》る

非合法の活動家などが表立ったところから身を隠す。

▽当局の弾圧を逃れて地下に潜る。

身《み》を潜《ひそ》める

世間や人目につかないように姿を隠す。

▽彼はスキャンダルが発覚したあと友人宅にじっと身を潜めていた。

確認する

駄目《だめ》を押《お》す

ほぼ間違いないことをさらに確かめる。「駄目押しをする」ともいう。補「駄目」は囲碁で、双方の境にあってどちらの地《じ》にもならない空所のことで、勝っているのにあえて確認のために駄目に石を置いて詰めることからのたとえ。

念《ねん》を押《お》す

間違いがないように相手に十分に確かめる。

▽生徒たちに絶対に遅刻しないよう念を押した。

からかう

玩具《おもちゃ》にする

人を思うように扱う。いい加減な気持ちでもてあそぶ。補子供がおもちゃで遊ぶように扱う意から。

茶茶《ちゃちゃ》を入《い》れる

冗談を言ったり冷やかしたりして、相手の話の邪魔をする。茶化す。

▽まじめに話しているんだから茶々を入れないでくれ。

半畳《はんじょう》を入《い》れる

他人の言うことやすることをからかったり、まぜっかえしたりする。補「半畳」は芝居小屋で観客が敷く半畳ほどのござのことで、役者の演技に不満な観客がそのござを舞台に投げ入れたことから転じていう。

野次《やじ》を飛《と》ばす

人の言動にからかいや非難の言葉を浴びせる。また、はやしたてて相手の言動を妨害する。補「野次」は当て字。

▽国会で大臣の答弁に野党の議員たちは野次を飛ばした。

考える

頭《あたま》を捻《ひね》る

いろいろ工夫をめぐらし考える。また、納得がいかず、疑問に思う。

▽いくら頭を捻っても名案は浮かばない。

一計《いっけい》を案《あん》じる

ある目的を達成するために一つの策略を考え出す。

▽娘の一人旅は心配なので、一計を案じて、弟をついて行かせることにした。

一考《いっこう》を要《よう》する

改めて一度考えてみる必要がある。

▽この企画書は予算の面で一考を要する。

沈思黙考《ちんしもっこう》

だまって深く物事を考えること。

▽これは沈思黙考の末得た結論だ。

類千思万考／三思九思

人間《にんげん》は考《かんが》える葦《あし》である　出『パンセ』

人間は一本の葦のようにか弱い存在であるが、考えることができるという点において、なにものにも勝って崇高であるということ。故フランスの数学者・物理学者・哲学者のパスカルのことば。

下手《へた》の考《かんが》え休《やす》むに似《に》たり　出『浮世風呂《うきよぶろ》』

知恵のない者があれこれ考えるのは時間の無駄で何の役にも立たないということ。補本来将棋や囲碁で、下手な者はどんなに長時間考えてもよい手が思い浮かぶはずがなく、ただ何もしないで休んでいるようなものだという意で、長考する相手をからかっていう。

干渉する

お節介《せっかい》を焼《や》く

余計な世話を焼く。

▽自分のことは自分で決めるから、これ以上お節介を焼くのはやめてほしい。

嘴《くちばし》を入《い》れる

人のすることに余計な口出しをする。容喙《ようかい》する。

▽後任人事に嘴を入れる。

類 嘴を挟む

口《くち》を出《だ》す

はたから余計なことを言う。

▽父は息子に代を譲っておきながら、未だに店の方針にまで口を出す。

類 口出しをする／口を挟む

首《くび》を突《つ》っ込《こ》む

興味や関心から、あることにかかわる。また、必要以上に深入りする。

▽他人の問題にあまり首を突っ込まないほうがいい。

ちょっかいを出《だ》す

わきから余計な手出しや口出しをする。補「ちょっかい」は猫などがたわむれや確認のために前足でちょっと物をかき寄せたり、軽く触ったりすること。

水《みず》を差《さ》す

余計なことを言ったりしたりして邪魔をする。

▽大臣の不用意な発言が、それまでの良好な両国の関係に水を差す形になった。

横槍《よこやり》を入《い》れる

人のすることや話に横から口を出して邪魔をする。**補**戦闘で両軍が戦っているときに、別の一隊が横合いから槍で突きかかることからのたとえ。

▽まとまりかけた話に横槍を入れる。

聞く

聞《き》きしに勝《まさ》る

程度が話に聞いて想像していた以上である。**補**よい場合と悪い場合のどちらでも用いる。

▽彼は聞きしに勝るワンマン社長だ。

聞《き》き捨《ず》てならない

聞いたことをそのまま忘れるわけにはいかない。

▽人の物を盗《と》っただなんて、聞き捨てならないことを言うじゃないか。

聞《き》き耳《みみ》を立《た》てる

耳に手を当てて声や音の方向に向ける。よく聞こうとして神経を集中させる。

▽二人の話にそっと聞き耳を立てた。

類耳をそばだてる

聞《き》くは一時《いっとき》の恥《はじ》、聞《き》かぬは一生《いっしょう》の恥《はじ》

知らないことを人に聞くのはそのときは恥ずかしい思いをするが、聞かないでいれば一生知らないままで、無知をさらけ出すことになるということ。**補**略して「聞くは一時の恥」の形でも用いられる。「一生の恥」は「末代の恥」ともいう。

聞《き》く耳《みみ》を持《も》たない

相手の言うことをまったく聞こうとしない。**補**文語表現では、「聞く耳持たぬ」という。

▽いくら病院に行くように説得しても、父は聞く耳を持たなかった。

小耳《こみみ》に挟《はさ》む

偶然聞く。ちらりと聞く。

▽彼女がアメリカに行くって小耳に挟んだんだけれど本当かな。

耳目《じもく》に触《ふ》れる

聞いたり見たりする。

▽初めての海外旅行で、耳目に触れるものすべてが新鮮だった。

馬耳東風《ばじとうふう》

人の意見や批評に耳を貸さず、聞き流すこと。補「東風」は春風のこと。気持ちのよい春風がそよそよと馬の耳に吹いても、馬はまったく無関心であることからいう。故李白《りはく》の詩「王十二《おうじゅうに》の寒夜独酌《かんやどくしゃく》して懐《おも》ひ有《あ》るに答《こた》ふる」から。

▽彼には何を言っても馬耳東風で、言うだけむだだ。

類馬の耳に念仏／柳に風と受け流す

百聞《ひゃくぶん》は一見《いっけん》に如《し》かず

人から百回聞くよりも、自分の目で一度見たほうがより確実でよくわかるということ。出『漢書《かんじょ》』

類聞いた百より見た一つ

右《みぎ》の耳《みみ》から左《ひだり》の耳《みみ》

聞いたことをつぎつぎに忘れること。また、都合の悪いことを聞き流すさま。

▽息子にいくら説教しても右の耳から左の耳で、少しも効き目がない。

耳《みみ》が痛《いた》い

他人のことばが自分の弱点を指摘していて、聞くのがつらい。

▽子供に大人は自分勝手だと言われて、はなはだ耳が痛かった。

耳《みみ》が早《はや》い

噂や情報などをすばやく聞きつける。

▽もうそんなことを知っているなんて耳が早いですね。

耳《みみ》に入《い》れる

聞いて知る。また、内緒で人に聞かせる。

▽商談の前にちょっとお耳に入れたいことがあります。

耳《みみ》にする

聞きつける。たまたま聞く。

▽彼に関するよからぬうわさを耳にした。

耳《みみ》に胼胝《たこ》ができる

同じことを何度も聞かされてうんざりすることのたとえ。

▽その話は耳に胼胝ができるほど聞いた。

耳《みみ》につく

物音や声が気になって耳から離れない。また、聞き飽きる。

▽川の音が耳についてよく眠れなかった。

耳《みみ》に入《はい》る

聞こえる。また、聞いて知っている。

▽二人が来年結婚するという話はすでに私の耳にも入っている。

耳《みみ》を疑《うたが》う

聞いたことが信じられない。聞き間違いではないかと思う。

▽友達が急死したという知らせに耳を疑った。

耳《みみ》を貸《か》す

人の話を聞く。また、相談に乗る。

▽息子は親の言うことに一切耳を貸さない。

耳《みみ》を傾《かたむ》ける

熱心に聞く。傾聴する。

▽彼女の身の上話に耳を傾ける。

耳《みみ》を澄《す》ます

声や音をよく聞こうとして神経を集中させる。

▽耳をよく澄ますと、遠くで小鳥がさえずっているのが聞こえた。

休息・くつろぐ

息抜《いきぬ》きをする

仕事や緊張から解放されてしばらく休む。気分転換する。

▽そんなに仕事ばかりしていないで、たまには息抜きをすることも必要だ。

命《いのち》の洗濯《せんたく》

日常の苦労やわずらわしさから解放されて、心身ともにくつろぐこと。

▽高原でのんびり過ごし、命の洗濯をした。

英気《えいき》を養《やしな》う

事に備えて十分に休養し、気力を充実させる。

▽大仕事を前にして、海の近くの別荘で英気を養った。

鬼《おに》の居《い》ぬ間《ま》に洗濯《せんたく》

こわい人がいない間に息抜きをして、のんびり休養したりくつろいだりすること。補この「洗濯」は命の洗濯をする意。

類猫の留守に鼠が踊る

羽《はね》を伸《の》ばす

束縛されていたものから解放されて、のびのびと振る舞う。

▽久しぶりの海外旅行ですっかり羽を伸ばした。

一息入《ひといきい》れる

途中で少し休む。

▽長時間の作業で疲れたから、ここらで一息入れよう。

類 一休みする

協力する

一致団結《いっちだんけつ》

全員が心を一つにして協力し合うこと。

▽生徒全員が一致団結して学園祭を盛り上げた。

打《う》って一丸《いちがん》となる

全員が一つにまとまって事にあたる。

▽オリンピック出場をかけて、チームは打って一丸となって最終予選を戦った。

片棒《かたぼう》を担《かつ》ぐ

いっしょに仕事をする。協力する。特に、悪事に加担することをいう。補「片棒」は駕籠《かご》などを担ぐときの二人のうちの一人のこと。

▽銀行強盗の片棒を担ぐ。

共存共栄《きょうそんきょうえい》

異なるものが助け合って互いに存在し、互いに繁栄すること。補「共存」は「きょうぞん」とも読む。

▽商店街と大型スーパーの共存共栄の道を探る。

呉越同舟《ごえつどうしゅう》　出『孫子《そんし》』

敵対する者同士が場所や境遇を共にすること。また、敵対する者同士が共通の困難に対して協力し合って立ち向かうこと。故中国の春秋時代、長年の宿敵であった呉と越の人が同じ舟に乗り合わせたが、舟が転覆しそうになると互いに助け合ったという故事にちなむ。

上下一心《しょうかいっしん》　出『淮南子《えなんじ》』

身分の上の者と下の者が心を合わせること。補「上下心を一《いつ》にす」と読み下す。「上下」は「じょうげ」とも読む。

▽上下一心にして難局に立ち向かう。

類 一致団結

大同団結《だいどうだんけつ》

いくつかの団体や政党などが同じ目的のために、それぞれの立場や小さな意見の違いを越えて一つにまとまること。故明治二十年代の自由民権運動の末期、各派の再結集をめざして後藤象二郎らが提唱したことば。

手《て》を携《たずさ》える

一緒に行動する。互いに協力し合う。

▽二人手を携えて幸せな家庭を築いていってください。

手《て》を結《むす》ぶ

共通の目的のために協力し合うことを約束する。同盟を結ぶ。

▽国内の業界一位と二位の会社が手を結べば、世界市場では恐いものなしだ。

二人三脚《ににんさんきゃく》

二人で協力し合って事を行うこと。

▽この店は妻と二人三脚でここまで大きくしてきた。

持《も》ちつ持《も》たれつ

互いに助けたり助けられたりするさま。

▽彼とは持ちつ持たれつの関係にある。

工夫する

趣向《しゅこう》を凝《こ》らす

面白みを出すために工夫する。

▽宴会で趣向を凝らした芸が次々と披露された。

手《て》が込《こ》む

さまざまに工夫がされて、手間がかかっている。また、物事が込み入っていて複雑である。

▽この透かし彫りは手が込んでいてすばらしい。

手《て》を替《か》え品《しな》を替《か》え

いろいろな方法や手段を試してみる。さまざまな工夫をする。

▽野菜嫌いの子供に手を替え品を替えして野菜を食べさせる。

類あの手この手

目先《めさき》を変《か》える

趣向を変えて見た目を一新する。また、考え方や視点をいつもとは違うようにする。

▽表紙はたまには目先を変えてモノトーンでいこう。

けなす

けちを付《つ》ける

欠点をあげて悪く言う。また、縁起でもないことを言う。

▽人のやることにいちいちけちを付ける。

類難癖を付ける

襤褸糞《ぼろくそ》に言《い》う

何の値打ちもないものとして、ひどくけなす。

▽僕の字が下手だからってそんなにぼろくそに言わなくてもいいじゃないか。

喧嘩する

喧嘩《けんか》は降《ふ》り物《もの》

喧嘩は雨や雪が降るのと同じで、いつ身に降りかかるかわからない。喧嘩は防ぎようがないということ。

類喧嘩に被る笠は無し

喧嘩両成敗《けんかりょうせいばい》

喧嘩をした場合、理由の如何や是非は問わず、両方が悪いとして、両方ともに処罰すること。

▽兄弟喧嘩をしたら、喧嘩両成敗で二人ともおやつをもらえなかった。

喧嘩《けんか》を売《う》る
相手に喧嘩をしかける。
▽ちんぴらが喧嘩を売ってきたので、僕たちは恐くなって逃げた。
対喧嘩を買う

喧嘩《けんか》を買《か》う
しかけられた喧嘩に応じる。
▽売られた喧嘩を買ったまでで、自分に非はない。
対喧嘩を売る

こじつける

詭弁《きべん》を弄《ろう》する
無理やりこじつける。補「詭弁」は一見もっともらしく見えるが道理に合わない弁論。
▽彼は自分を正当化しようとやたら詭弁を弄する。

牽強付会《けんきょうふかい》
道理に合わないことを自分の都合のいいように無理やりにこじつけること。補「牽強」「付会」ともに、こじつけること。
▽牽強付会の説を述べる。

堅白同異《けんぱくどうい》
こじつけの論理。詭弁。故石を見ると、色が白いことはわかるが、堅いことはわからない。手で触ってみると、堅いことはわかるが、色が白いことはわからないという、中国の戦国時代、趙《ちょう》の公孫竜《こうそんりゅう》が唱えた詭弁から。
出『史記《しき》』

鷺《さぎ》を烏《からす》
道理と反対のことを無理やりにこじつけること。補白い鷺を黒い烏と言い張る意から。
▽鷺を烏と言いくるめる。
類鹿を馬／白を黒／雪を墨

白馬《はくば》は馬《うま》にあらず　出『列子《れっし》』

詭弁を弄することのたとえ。補「白馬」は白い馬であって、「馬」そのものではないという論理だが、白馬も馬に違いないことから、詭弁のたとえにいう。

断る・拒否・拒絶

首《くび》を横《よこ》に振《ふ》る

首を左右に振って、否定や不承知の意を表す。

▽出資話に友人は首を横に振った。

対首を縦に振る

肘鉄砲《ひじてっぽう》を食《くら》わす

相手の誘いや申し出を強くはねつける。補「肘鉄砲」は肘の先で相手をどんと突くこと。略して「肘鉄」ともいう。

▽彼女に交際を申し込んだが、みごとに肘鉄砲を食わされた。

難色《なんしょく》を示《しめ》す

そうすることは難しいとして、不承知の態度を表す。

▽校庭を一般開放することに学校側は強く難色を示している。

門前払《もんぜんばら》いを食《く》う

面会に行って、会えずに追い返される。また、にべもなく拒絶される。

▽地元の有力者のところに嘆願書を持って行ったが、門前払いを食った。

問答無用《もんどうむよう》

話し合ってもむだであること。話し合う必要がないこと。特に、一方的に相手との話し合いを拒む場合をいう。

▽市長に発言の撤回を申し入れたが、問答無用と取り合ってもらえなかった。

こびる・へつらう

阿諛追従《あゆついしょう》

相手に気に入られようとしておもねりへつらうこと。

補「阿諛」はおもねりへつらうこと。「追従」はこびへつらうこと。おべっかを言うこと。

▽彼は人に阿諛追従して恥じるところがない。

類阿諛迎合／阿諛曲従《きょくしょう》／阿諛便佞《べんねい》

意《い》を迎《むか》える

相手の意向に添って気に入られるようにする。迎合する。

▽近頃は評論家の意を迎えるような小説が多い。

お愛想《あいそ》を言《い》う

相手に取り入ろうとして必要以上にほめたり、喜ぶことを言ったりする。お世辞を言う。

▽心にもないお愛想を言ってお客の機嫌を取る。

おべっかを使《つか》う

口先だけのこびへつらうことばを言う。

類おべんちゃらを言う／追従《ついしょう》を言う

歓心《かんしん》を買《か》う

相手の機嫌を取って気に入られようとする。補「歓心」は人の心を喜ばせること。

▽彼女の歓心を買うためにあれやこれや策を練る。

媚《こ》びを売《う》る

相手に気に入られようとへつらう。

▽人に媚びを売ってまで出世したくない。

胡麻《ごま》を擂《す》る

他人にへつらって自分の利益になるようにする。補胡麻を擂り鉢で擂ると、擂り鉢にくっつくことからのたとえ。

▽担当者に便宜を計ってもらおうと胡麻を擂る。

類味噌を擂る

尻尾《しっぽ》を振《ふ》る

相手に気に入られようと取り入る。補犬がえさをくれる人に尻尾を振るところからのたとえ。

▽あいつは誰にでも尻尾を振るやつだ。

鬚《ひげ》の塵《ちり》を払《はら》う　出『宋史《そうし》』

権力者や目上の人にこびへつらう。故宋の副宰相丁謂《ていい》が会食中に自分が仕える寇準《こうじゅん》の鬚に吸い物がついたのでそれをふきとったところ、寇準から副宰相ともあろう者がそんなことをしなくてもよいと言われたという故事から。

ごまかす

煙幕《えんまく》を張《は》る

巧みな言動で、こちらの真意がわからないようにする。補「煙幕」は戦場で味方の軍勢や武器を隠すために幕のように立ちこめさせる煙のこと。

▽彼は商売上の話になると煙幕を張って手の内を見せようとしなかった。

お茶《ちゃ》を濁《にご》す

いい加減なことを言ったりしたりして、その場をごまかす。補茶道を知らない者が適当にお茶を点ててとりつくろうことからのたとえ。

煙《けむ》に巻《ま》く

おおげさなことや理解できないようなことを言って相手をはぐらかしたり、とまどわせる。

▽冗談か本気かわからないことを言って人を煙に巻く。

鯖《さば》を読《よ》む

自分の都合のいいように数をごまかす。故一説に、魚市場で傷みの早い鯖を急いで数える際、数をごまかしたことによる。

▽彼女は本当は五十歳だが、鯖を読んで五歳若く言っている。

左右《さゆう》を顧《かえり》みて他《た》を言《い》う 出『孟子《もうし》』

返答に困ったときなどに、関係のないことを言ったり、話をそらしたりしてごまかす。また、当面の問題を回避することのたとえ。補略して「顧みて他を言う」ともいう。

こらしめる

灸《きゅう》を据《す》える

悪いことをした相手をこらしめるために厳しくしかったり、罰を与えたりする。補本来は患部にもぐさを置き、火をつけてその熱で治療することで、子供が悪さをしたときにこらしめに灸を据えたことから。

鉄槌《てっつい》を下《くだ》す

厳しく処罰する。制裁を加える。補「鉄槌」は鉄のかなづち、ハンマーのこと。

▽談合行為のあった会社に業務停止の鉄槌が下された。

目《め》に物見《ものみ》せる

痛い目にあわせて、思い知らせる。

▽今度という今度は、あいつに目に物見せてやる。

焼《や》きを入《い》れる

緩んだ気持ちを引き締めるために厳しくこらしめる。制裁を加える。補刃物を火で熱した後、水に入れて冷やすことを繰り返し、硬く鍛えることからのたとえ。

▽たるんでいる部員に焼きを入れる。

殺す

息《いき》の根《ね》を止《と》める

相手の命を断つ。殺す。また、相手が二度と活動できないように徹底的にやっつける。補「息の根」は呼吸、また、命の意。

類止めを刺す

一服盛る《いっぷくもる》

人を殺すために毒薬を調合して、食べ物や飲み物などに入れる。また、毒薬を飲ませて殺す。毒殺する。

手に掛ける《てにかける》

自分の手で殺す。

▽どんな事情があるにせよ、わが子に手を掛けるようなことがあってはならない。

止めを刺す《とどめをさす》

生き返ることがないように、相手に致命傷を与える。また、再起できないように最後の一撃を加えて、徹底的にうちのめす。

亡き者にする《なきものにする》

人を殺す。補古風な言い方。「亡き者」は死んだ人、死者の意。この世にいない者の意で、「無き者」とも書く。

捜す

金の草鞋を履いて捜す《かねのわらじをはいてさがす》

根気よくあちこちを捜し回る。補「金」は鉄のことで、鉄でできた草鞋はいくら歩いてもすり減らないことから。

▽昔から、一つ年上の女房は金の草鞋を履いても捜せと言われる。

鉦や太鼓で捜す《かねやたいこでさがす》

大騒ぎをしてあちこち捜し回る。必死になって捜す。補「鉦」は撞木《しゅもく》で打ち鳴らす、小さな金だらい状の楽器・仏具。昔、迷子を捜すのに鉦や太鼓を鳴らしたことからいう。

▽こんな上等な品物は、鉦や太鼓で捜してもそうそうはないだろう。

草《くさ》の根《ね》を分《わ》けても捜《さが》す

あらゆる所を見逃すことなく徹底的に捜す。どんなことをしてでも捜す。

▽犯人は草の根を分けても捜し出してみせる。

先んじる

機先《きせん》を制《せい》する

相手より先に行動を起こして、相手の動きを封じたり気勢をそいだりする。補「機先」は物事がなされようとする寸前、矢先の意。

類先手を打つ

先《さき》を争《あらそ》う

人より先になろうと順番を争う。

▽開店と同時に、客たちは先を争ってバーゲン会場に向かった。

先《さき》を越《こ》す

人より先に事を行う。補「先」は「せん」とも読む。

▽母親の誕生日に花を贈ろうと思っていたら弟に先を越された。

先《さき》んずれば人《ひと》を制《せい》す 出『史記《しき》』

人より先に事を行えば、有利な立場に立つことができるということ。

類先手必勝 対急いては事を仕損じる

先陣争《せんじんあらそ》いをする

一番乗りをしようと競う。補「先陣」は、戦で本陣の前に配置された陣のこと。転じて、敵陣への一番乗りの意。

先手必勝《せんてひっしょう》

人より先に事をしかけたほうが勝つということ。**補**囲碁・将棋で後手より先手のほうが有利とされることから。

類先んずれば人を制す

先鞭《せんべん》を付《つ》ける

人より先に着手する。**補**戦場で人より先に馬に鞭打つ意から。

▽ハイブリッド車の開発で先鞭をつける。

探る

顔色《かおいろ》を窺《うかが》う

顔の様子、表情を見る。機嫌の善し悪しを探る。

▽彼はいつも上司の顔色を窺っている。

類顔色を見る

鎌《かま》を掛《か》ける

こちらが知りたいことや本当のことを話すように相手にうまく問いかける。

▽友達に彼のことをどう思っているか、鎌を掛けて聞いてみた。

虎視眈眈《こしたんたん》

出『易経《えききょう》』

虎が獲物をねらって鋭く目を光らせるように、すきがあればつけ入ろうと機会をうかがうさま。

▽次期社長の座を虎視眈眈とねらう。

探《さぐ》りを入《い》れる

相手の気持ちや事情など、それとなく聞いて様子をうかがう。

▽彼に結婚する気があるかどうか探りを入れてみたが、今のところはそんな気はなさそうだ。

腹《はら》を探《さぐ》る

相手の気持ちや考えをそれとなく知ろうとする。

▽交渉の場でお互いの腹を探る。

誘う

お座敷《ざしき》が掛《か》かる

芸者や芸人などが宴席に呼ばれる。また、出席や出場などを要請される。

▽文学賞を取って以来、講演のお座敷がよく掛かるようになった。

類お声が掛かる

声《こえ》を掛《か》ける

人に呼びかける。何かを一緒にしようと誘う。

▽同僚に、今度の日曜日にハイキングに行かないかと声を掛けた。

袖《そで》を引《ひ》く

そっと誘う。また、そっと注意する。補ほかの人に気づかれないように相手の袖を引っ張る意から。

▽うまいもうけ話があるからと袖を引いてみたけれど、相手は乗ってこなかった。

引《ひ》く手数多《てあまた》

誘う人が多いこと。

▽就職の際、理工系の学生は引く手数多だ。

類引っ張りだこ

水《みず》を向《む》ける

相手の関心があることに向くように誘いをかける。また、こちらが知りたいと思っていることを相手が話しはじめるように仕向ける。

▽彼に春の人事異動のことで何か聞いているかと水を向けたが、うまくはぐらかされた。

妨げる・邪魔をする

足《あし》を引《ひ》っ張《ぱ》る

人の成功や出世の邪魔をする。また、物事の順調な進行を妨げる。

▽僕のエラーがチームの足を引っ張ってしまった。

好《こう》事《じ》魔《ま》多《おお》し　出 高明《こうめい》『琵琶記《びわき》』

よいことや物事がうまくいっているときには、とかく邪魔が入りやすいものだということ。

類 月に叢雲《むらくも》花に風／花に嵐

腰《こし》を折《お》る

物事の進行を途中で妨げる。

▽横から口を挟んで私たちの話の腰を折らないでくれ。

出端《でばな》を挫《くじ》く

何かを始めようとしたところを妨げて、やる気をなくさせる。補「出端」は「ではな」ともいい、出ようとする途端の意。「出鼻」とも書く。

参加する

名《な》乗《の》りを上《あ》げる

あることに参加する意志があることを表明する。立候補する。

▽会長候補に名乗りを上げる。

一口《ひとくち》乗《の》る

もうけ話などに加わる。

▽宝くじのグループ買いに一口乗った。

末席《まっせき》を汚《けが》す

組織や会合などに一員として加わることを謙遜していう。補「末席」は下位の座席。

▽このたび、役員の末席を汚すことになりました。どうかよろしくお願い致します。

身《み》を投《とう》じる

事業や活動などにみずから加わる。

▽僻地《へきち》での医療活動に身を投じる。

叱る

油《あぶら》を絞《しぼ》る

厳しく叱る。

▽練習をサボって先輩にこってり油を絞られた。

お目玉《めだま》を食《く》う

叱られる。補ひどく叱られることは「大目玉を食う」という。

▽弟をいじめて父親からお目玉を食った。

類お目玉を頂戴する／大目玉を食う

雷《かみなり》が落《お》ちる

年長者から怒鳴られ、ひどく叱られる。

▽取引先で失態をしでかした社員に部長の雷が落ちた。

小言《こごと》を食《く》う

叱られる。補「小言」は叱って戒めることば。

▽弟は母親からしょちゅう小言を食っている。

叱咤激励《しったげきれい》

大声で叱ったり励ましたりすること。また、大いに励ますこと。

▽そんな弱音をはいてどうすると部下を叱咤激励した。

指揮する・指導する

音頭《おんど》を取《と》る

大勢で歌うときなどに、先に歌い出して調子を取り、ほかの人を導く。転じて、人の先頭に立って物事をとりまとめる。

▽彼が音頭を取って同窓会を開くことになった。

采配《さいはい》を振《ふ》る

指揮をする。指図する。補「采配」は昔、大将が兵を指揮するのに用いた、柄の先に房のついた道具。

▽春から新監督がチームの采配を振ることになった。

陣頭指揮《じんとうしき》

責任者が先頭に立って指揮をとること。補戦で、味方の陣の先頭に立って指揮をする意から。

▽有事の際には首相が陣頭指揮を取る。

従う

唯唯諾諾《いいだくだく》

出『韓非子《かんぴし》』

人の言いなりになるさま。人の言うことにはいはいと従うさま。補主体性のないさまを批判して用いられることが多い。「唯」も「諾」も「はい」という返事のことば。

▽上司の命令に唯唯諾諾として従う。

驥尾《きび》に付《ふ》す

出『史記《しき》』

優れた人のあとにつき従って、自分ひとりでは成しえないことをする。補自分の能力を謙遜していう。「驥尾」は駿馬の尾のこと。

後塵《こうじん》を拝《はい》する

地位の高い人や権力のある人につき従う。また、人に先んじられる。後れをとる。補「後塵」は車や馬などが通ったあとの土ぼこりのことで、それをおがむ意。

長《なが》い物《もの》には巻《ま》かれろ

権力者や勢力のある者には抵抗してもむだなので、従っておくほうがよいということ。

▽ここは長い物には巻かれろで、部長の言う通りにしておいたほうが無難だ。

付和雷同《ふわらいどう》

しっかりした自分の信念や考えがなく、人の意見に安易につき従うこと。補「付和」は他人のことばにすぐにあいづちを打つこと。「雷同」は雷が鳴ると物がそれに応じて響くことから、すぐに同調する意。

実行する

思《おも》い立《た》ったが吉日《きちじつ》

やろうと思ったら迷わずすぐに実行せよということ。**補**「吉日」は暦で物事をするのによいとされる日のことで、「きちにち」ともいう。暦でいちいち吉日を選んでいたのでは遅くなって時機をのがすので、思い立ったその日を吉日とすればよいという意。

類善は急げ

隗《かい》より始《はじ》めよ

出『戦国策《せんごくさく》』

何事もまず手近なところから始めよということ。また、物事は言い出した者から実行せよということ。**故**中国の戦国時代、燕《えん》の昭王が郭隗《かくかい》に賢者を招くにはどうしたらよいか尋ねたところ、「まずこの私を重用しなさい。私のようなつまらない者が優遇されているとわかれば、おのずと優秀な人材が集まってくる」と進言したという故事から。

能事畢《のうじおわ》る

出『易経《えききょう》』

やるべきことはすべてやり終えたということ。**補**成し遂げたという満足感、あるいは、あとのことは運命に任せるしかないという意味合いが含まれる。「能事」はなすべき事柄の意。「畢る」は「終わる」とも書く。

不言実行《ふげんじっこう》

よいと思うことを黙って実行すること。

▽彼は口数は少ないが、こうと思ったことは必ずやり遂げる、不言実行の人だ。

対有言実行

有言実行《ゆうげんじっこう》

いったんやると口に出したことは必ず実行すること。

対不言実行

支配する・統率する

押《お》さえが利《き》く

人を掌握し支配する力がある。

▽エリート気取りで扱いにくい連中に押さえが利くのは君しかいない。

牛耳《ぎゅうじ》を執《と》る 出『春《しゅん》秋《じゅう》左《さ》氏《し》伝《でん》』

組織の実権を握って思うように支配する。補本来は、同盟の盟主となる意。動詞化して「牛耳る」ともいう。故中国の春秋戦国時代、同盟の諸侯が集まって盟約をかわすとき、盟主が牛の耳を裂いて、その血をすすりあって誓いのあかしとしたという故事にちなむ。

死命《しめい》を制《せい》する

他人の生死にかかわる急所をおさえて、その人の運命を握る。他人を思うままに支配する。

▽国は徴兵制度によって多くの国民の死命を制した。

掌中《しょうちゅう》に収《おさ》める

自分の物にする。自分の支配の及ぶ範囲に入れる。補「掌中」は手のひらの中の意。

▽大統領選挙で大勝利して共和党は政権を掌中に収めた。

しゃべる・饒舌・多弁

油紙《あぶらがみ》に火《ひ》が付《つ》いたよう

ぺらぺらとよくしゃべるさまのたとえ。

▽彼女は油紙に火が付いたようによくしゃべる。

女三人《おんなさんにん》寄《よ》れば姦《かしま》しい

女性はおしゃべりなので、三人も集まれば非常にうるさいものだということ。補「姦」は女が三つ合わさってできていることからの当て字。本来は、よこしま、みだら、などの意。

口数《くちかず》が多《おお》い

よくしゃべる。また、余計なことを言う。

▽彼女は口数が多くて言わなくてもよいことまで言う。

口《くち》から先《さき》に生《う》まれたよう

よくしゃべる人の形容。補からかい気味に、また、軽蔑をこめて言うことが多い。

口八丁《くちはっちょう》手《て》八丁《はっちょう》

ことばたくみによくしゃべり、やることもそつなくこなすこと。補万事に達者な面がかえって信頼が置けず、やや軽んじて言うことが多い。「八丁」は達者、巧者の意。一説に、本来「八梃」と書き、櫓《ろ》が八本ある舟を「八梃小舟」といい、口や手を八梃小舟のように操るの意とされる。

▽あそこの店の奥さんは口八丁手八丁で、本当に商売上手だ。

立《た》て板《いた》に水《みず》

よどみなく話すことのたとえ。補立てかけた板に水を流すさまから。

▽彼は自分の興味のある話になると立て板に水でしゃべり続けた。

多弁《たべん》を弄《ろう》す

説明をするときなどに必要以上に多くの言葉を用いる。補「多弁」は口数が多いこと、おしゃべりの意。

習得する

習《なら》うより慣《な》れろ

物事は人に教えてもらうよりも、自分で実際に体験するほうが身につくということ。

▽職人の仕事は昔から習うより慣れろといって、見よう見まねで覚えたものだ。

身《み》に付《つ》く

技術や知識・習慣などがしっかり自分のものになる。

▽語学は繰り返し練習することで身に付く。

物《もの》にする

技術や語学などを習って身につける。⬇物にする（所有する）186頁

▽何年もかかってフランス語を物にする。

承諾する・承知する

うんと言《い》う

はいと承諾の返事をする。

▽彼に会長を引き受けてくれるように頼んでもなかなかうんと言わない。

首《くび》を縦《たて》に振《ふ》る

首を上下に振って、承諾や肯定の意を表す。うなずく。首肯する。

▽こちらの申し出に相手はなかなか首を縦に振ってくれない。

対 首を横に振る

二《ふた》つ返事《へんじ》で

すぐに快く承諾するさま。補 気軽に「はいはい」と、「はい」を重ねて返事をすることから。

▽幹事役を二つ返事で引き受ける。

証明する

証《あかし》を立《た》てる

証拠をはっきり示す。

▽身の潔白の証を立てる。

一札《いっさつ》入《い》れる

約束や後日の保証のために、証書や念書などを相手に差し出す。補「一札」は一通の証書や証文などの書き付けの意。

▽約束の期日を必ず守るよう、相手に一札入れてもらう。

裏書《うらが》きをする
ある事柄が確かであることを証明する。また、手形や小切手などを人に譲渡する際、持ち主がその裏側に譲渡を証明する署名をする。

裏《うら》を取《と》る
証拠を探し出し、供述や情報などの真偽を確かめる。
▽警察は容疑者の供述の裏を取った。
類裏付けをする

所有する

手《て》に入《い》れる
自分のものにする。入手する。
▽珍しい本を手に入れる。

手《て》に落《お》ちる
その人のものになる。補多くは戦いに負けたり、自分の意に反して、相手の所有になることをいう。
▽城は敵の手に落ちた。

手《て》にする
自分の手に持つ。自分の所有にする。
▽栄冠を手にする。

物《もの》にする
自分の所有物にする。手に入れる。また、目的を達成する。 ⬇ 物にする（習得する）185頁
▽チャンスを物にする。

尽力する・骨折り

犬馬《けんば》の労《ろう》 出『三国志演義《さんごくしえんぎ》』
他人のために自分を犠牲にして尽くすこと。補「犬馬」は犬と馬のことで、卑しい者のたとえ。また、自

分をへりくだっていう語。
▽犬馬の労を尽くす。

最善《さいぜん》を尽《つ》くす
全力を尽くす。補「最善」はもっともよいこと、最良。また、できる限りの努力の意。

死力《しりょく》を尽《つ》くす
死んでもよいくらいの覚悟をもって、自分のもてる力をすべて出し切る。
▽決勝戦では全員死力を尽くして戦った。

心血《しんけつ》を注《そそ》ぐ
全精力を傾けて事を行う。補「心血」は精神と肉体のすべて。
▽難民支援のために心血を注ぐ。

総力《そうりょく》を上《あ》げる
すべての力を注ぎ込んで事に当たる。
▽会社としては新製品開発に総力を上げて取り組むことになった。
類全力を上げる

骨折《ほねお》り損《ぞん》の草臥《くたび》れ儲《もう》け
苦労しただけで何も報われないことのたとえ。
▽骨折り損の草臥れ儲けに終わる。

労《ろう》を執《と》る
人のために力を尽くす。補「…の労を執る」の形で用いる。
▽就職に際し先輩に紹介の労を執ってもらった。

責任を負う・担う

肩《かた》に掛《か》かる
責任や負担を背負わされる。
▽今度のプロジェクトの成否は、関係する社員一人一人

の肩に掛かっている。

背負《しょ》って立《た》つ

社会や組織などをその中心的存在として支える。

▽日本の将来を背負って立つ若者に、夢と希望を与えられる世の中にしていかなければならない。

責《せ》めを負《お》う

責任を自分のものとして引き受ける。責任を取る。

▽試合に負けたことに対して、責めを負うべきは監督であるこの私だ。

双肩《そうけん》に担《にな》う

責任や任務を一身に引き受ける。

▽一家の命運を双肩に担う。

泥《どろ》を被《かぶ》る

他人の失敗などの責任を取る。また、不利益を承知で責任を取る。

▽関連企業の業績不振の泥を被るのは避けたい。

説明する

委曲《いきょく》を尽くす

細かい点まで詳しく明らかにする。補「委曲」は詳しく細かいこと。

▽委曲を尽くして説明する。

意《い》を尽《つ》くす

自分の考えていることを十分に言い表す。

▽先方に意を尽くして謝罪する。

因果《いんが》を含《ふく》める

事のいきさつや事情などをよく説明して納得させる。また、仕方のないこととしてあきらめさせる。

▽息子に家の経済状態が苦しいからと、因果を含めて進学をあきらめさせた。

噛《か》んで含《ふく》める

よくわかるように丁寧に説明する。

▽子供に噛んで含めるように言い聞かせる。

攻める・攻撃する

追《お》い討《う》ちを掛《か》ける

人が精神的・肉体的に弱っているところをさらに打撃を与える。また、社会的状況において、劣勢になっているところをさらに攻撃する。補逃げる敵を追いかけて攻撃する意から。

▽傷ついている人に追い討ちを掛けるようなひどいことを言う。

押《お》しの一手《いって》

⇩ 押しの一手（積極的）236頁

虚《きょ》を衝《つ》く

相手の油断や無防備なところをつけこんで攻める。

補「虚」は備えのないこと、油断、すきの意。

▽敵の虚を衝いて攻め込む。

類隙《すき》を衝く

難攻不落《なんこうふらく》

⇩ 難攻不落（守りが堅い・堅固）399頁

盲点《もうてん》を突《つ》く

相手が気がついていない所を攻撃する。補「盲点」は視神経繊維が網膜を貫く部分で、光があたっても視覚がないことからのたとえ。

▽法の盲点を突いた犯罪に当局は頭を悩ませている。

類急所を突く

闇討《やみう》ちに遭《あ》う

暗闇に紛れて襲撃される。不意におそわれる。

▽信頼していた友達に突然裏切られて、闇討ちに遭ったような気分だ。

相談する・話し合う

お伺《うかが》いを立てる

目上の人に相談し、指示や許可などを求める。

▽細かいことまで上司にお伺いを立てる必要はない。

鳩首協議《きゅうしゅきょうぎ》

人々が寄り集まって相談すること。**補**「鳩」は集める意。

▽重役たちが事故の対応について鳩首協議している。

類額を集める

膝《ひざ》を交《まじ》える

同席して親しく話し合う。

▽こういう問題は当事者同士膝を交えてよく話し合ったほうがよい。

物《もの》は相談《そうだん》

一人では解決できないことや困ったことがあるときなど、誰かに相談すればうまくいくこともあるということ。**補**人に相談を持ちかけるときに言うことば。

▽物は相談だが、少しお金を融通してもらえないか。

逮捕する

一網打尽《いちもうだじん》

犯罪者の一味などを一挙に全部捕まえる。**補**一回打った網で魚を捕りつくす意。

▽すりを現行犯で捕まえ、その仲間も一網打尽にした。

お縄《なわ》になる

逮捕される。**補**昔、罪人が逮捕されると縄で縛られたことから。

▽窃盗団がついにお縄になった。

手《て》が後《うし》ろに回《まわ》る

逮捕される。補昔、罪人が後ろ手にして縛られたことから。
▽後ろに手が回るような悪いことはしていない。

星《ほし》を挙《あ》げる
犯人を逮捕する。検挙する。補「星」は警察の隠語で、犯人の意。

助ける・援助

縁《えん》の下《した》の力持《ちからも》ち
隠れて見えないところで人を助け支えること。また、その人。
▽大会が成功したのは縁の下の力持ちとなって働いてくれたスタッフのお陰だ。

陰《かげ》になり日向《ひなた》になり
あるときはこっそりと目立たないように、また、あるときは表立って、人のために尽くすさま。
▽陰になり日向になり友人を支える。

唇歯輔車《しんしほしゃ》　出『春秋左氏伝《しゅんじゅうさしでん》』
利害関係が一致してお互いに助け合うこと。補「唇歯」はくちびると歯、「輔」は頬骨、「車」は下あごの骨の意。くちびると歯、頬骨と下あごの骨はそれぞれ密接な関係にあることからいう。

相互扶助《そうごふじょ》
お互いに助け合うこと。補「扶」は手を差しのべ、助ける意。故本来は、ロシアの無政府主義者クロポトキンの学説の基本的な概念で、ダーウィンの弱肉強食による自然淘汰説に対して、互いに助け合うことこそが社会発展の要因となるとした。

力《ちから》になる
人の支えとなり、助ける。
▽困ったことがあったら彼のところに行きなさい。きっ

と力になってくれるから。

力《ちから》を貸《か》す

手助けをする。助力する。

▽NPO法人を立ち上げるのに力を貸す。

敵《てき》に塩《しお》を送《おく》る

敵対する相手が窮状にあるとき、弱みに付け込まずに援助することのたとえ。故戦国時代、武田信玄が北条・今川両氏との同盟を破ったために塩が入ってこなくなったとき、宿敵の上杉謙信が塩を送って助けたという故事による。

手《て》を差《さ》し伸《の》べる

手助けを申し出る。援助する。

▽困っている人に手を差し伸べる。

一肌脱《ひとはだぬ》ぐ

人のために意気込んで力を貸す。喜んで力添えする。

補力仕事などをするときに着物の袖から腕を抜き上半身裸になることからのたとえ。

類諸肌を脱ぐ

武士《ぶし》は相身互《あいみたが》い

同じ境遇にある者はお互いに思いやり、助け合うものだということ。補男性同士の間で用いられる。

出『仮名手本忠臣蔵《かなでほんちゅうしんぐら》』

戦う

一戦《いっせん》を交《まじ》える

一度戦う。ひと勝負する。

▽二人はどちらも自分のほうが強いと言って譲らず、ついに一戦を交えることとなった。

干戈《かんか》を交《まじ》える

戦争をする。補「干戈」は盾《たて》と矛《ほこ》のことで、転じて、戦争の意。

▽両国は国境問題で過去何度も干戈を交えてきた。

孤軍奮闘《こぐんふんとう》

援軍もなく孤立したなかで少数の軍勢で力の限り戦うこと。また、助けてくれる者もなく、ただ一人で一生懸命に努力することのたとえ。

風林火山《ふうりんかざん》 出『孫子《そんし》』

風のように迅速に動き、林のように静かに構え、火のような激しさで侵略し、山のようにどっしりと動かない。戦いにおける四つの心構えを説くことばで、広く、物事に対するときの心構えについてもいう。故『孫子《そんし》』にある「其《そ》の疾《はや》きこと風の如《ごと》く、其の徐《しず》かなること林のごとく、侵略すること火の如く、動かざること山の如し」の略。武田信玄が軍旗にこの語を大書したことは有名。

砲火《ほうか》を交《まじ》える

発砲して戦争を始める。補「砲火」は大砲などを発射したときに出る火のこと。

力戦奮闘《りきせんふんとう》

全力を尽くして戦うこと。また、力の限り努力すること。

▽力戦奮闘して栄冠を勝ち取る。

食べる

牛飲馬食《ぎゅういんばしょく》

大量に飲食すること。補牛のように飲み、馬のように食べる意。

類鯨飲《げいいん》馬食

舌《した》が肥《こ》える

おいしい物を食べなれていて、味のよしあしがわかる。おいしい物に対する味覚が鋭い。

▽舌の肥えた客を満足させるのはなかなか難しい。

類 口が奢る

舌鼓《したつづみ》を打《う》つ

おいしくて舌を鳴らす。補舌を鼓を打つようにたんと鳴らす意。実際に鳴らすことはせず、おいしい物を食べる様子の形容にも用いる。

食《しょく》が進《すす》む

食欲が増してたくさん食べることができる。

▽おいしい漬物があればそれだけで食が進む。

食《しょく》が細《ほそ》い

食べる量が少ない。少食である。

▽この子は食が細くて心配だ。

箸《はし》を付《つ》ける

食べようとして箸を食べ物に付ける。食べはじめる。

▽花嫁は胸がいっぱいになって、出された料理に箸を付けなかった。

腹拵《はらごしら》えをする

食事をして空腹を満たす。

▽仕事の前にまず腹拵えをしよう。

暴飲暴食《ぼういんぼうしょく》

度を越して飲んだり食べたりすること。

▽健康の秘訣の一つは暴飲暴食を避けることだ。

だます

一杯《いっぱい》食《く》わす

うまく人をだます。

▽子供だと思い油断していたらまんまと一杯食わされた。

裏《うら》をかく

相手の予想に反することをして出し抜く。

▽警察は見張っていた犯人に裏をかかれて、まんまと逃

げられた。

口車《くちぐるま》に乗《の》せる

相手を口先だけで巧みに言いくるめてだます。

▽人の口車に乗せられて株を買い、大損した。

権謀術数《けんぼうじゅっすう》

巧みに人をだます策略。補「権謀」はその場に応じた策略。「術数」ははかりごと、たくらみ。出『大学章句序《だいがくしょうくじょ》』

▽権謀術数にたける。

朝三暮四《ちょうさんぼし》

ことば巧みに人をだますことのたとえ。また、目先の違いにとらわれて、結局は同じであることに気がつかないことのたとえ。故中国宋の狙公《そこう》が飼っている猿たちにとちの実を朝三つ、夕方四つやると言ったら怒ったので、それでは朝四つ、夕方三つやろうと言ったところ非常に喜んだという故事による。出『列子《れっし》』

▽政治家の言うことは朝三暮四で当てにならない。

手《て》に乗《の》る

相手のしかけた策略の通りになる。だまされる。

▽うまいことを言ってお金を出させようたって、その手には乗らないよ。

寝首《ねくび》を掻《か》く

卑怯な手段を使って相手をだましたり陥れたりする。

補寝ていて無防備な人の首をはねる意から。

一芝居《ひとしばい》打《う》つ

人をだますためにちょっとした作り事を言ったりしたりする。

▽二人を仲直りさせるために一芝居打った。

ぺてんに掛《か》ける

うそやいい加減なことを言ってだます。補「ぺてん」はだますこと、詐欺の意。

▽人をぺてんに掛けるなんて、ひどい男だ。

罠《わな》に掛《か》かる

相手の計略にひっかかってだまされる。

類罠にはまる

頼る

溺《おぼ》れる者《もの》は藁《わら》をも摑《つか》む

非常に困った状況にある者は頼りになりそうにないものにまで頼ろうとする。補おぼれかけている者は頼りにならないわらでさえつかんで助かろうとする意。

類藁にも縋《すが》る

袖《そで》の下《した》に回《まわ》る子《こ》は打《う》たれぬ

しかりつけたら袖にすがりついてくる子は、かわいくて打つことはできない。頼りにしてすがってくる者には、むごい仕打ちはできないというたとえ。

類杖の下に回る犬は打たれぬ

他力本願《たりきほんがん》

自分では努力しないで、他人の力を当てにすること。

補本来は仏教語で、阿弥陀仏の本願に頼って、極楽往生を遂げる意。「本願」は仏が衆生を救うために立てた請願のこと。

杖《つえ》とも柱《はしら》とも頼《たの》む

非常に頼りにする。

▽これまで杖とも柱とも頼んできた人に先立たれて途方に暮れる。

杖《つえ》に縋《すが》るとも人《ひと》に縋《すが》るな

杖は体の支えになるが、人は裏切ることがあるから支えにはならない。困ったときにむやみに人には頼るなという戒め。

寄《よ》らば大樹《たいじゅ》の陰《かげ》

日差しを避けたり雨宿りするには大きな木の陰がよ

いように、同じ頼るなら力のある者や強大な組織を頼れということ。時に、事なかれ主義で保身をはかる態度として批判的に用いられる。

注意する・忠告する

釘《くぎ》を刺《さ》す

相手の行動を予測して、そのようにしないようにあらかじめ注意しておく。

▽ライバルから抜け駆けはなしだぞと釘を刺された。

苦言《くげん》を呈《てい》する

相手のためを思い、あえて言いにくいことを言っていさめる。補「苦言」はためにはなるが聞き入れにくい忠告のこと。

頂門《ちょうもん》の一針《いっしん》

相手の急所をずばりと突いた戒めのことば。補頭の上に一本の針を刺す意。「針」は治療のための鍼《はり》のことで「一鍼」とも書く。

良薬《りょうやく》は口《くち》に苦《にが》し

出『孔子家語《こうしかご》』

よく効く薬ほど苦くて飲みにくいように、ためになる忠告のことばというものは耳に痛く、素直に従いにくいということ。補続けて「忠言耳に逆らう」といい、それぞれ独立して用いられることが多い。

仲介する

口添《くちぞ》えをする

交渉などの際に、脇からことばを添えてとりなす。

▽先輩に口添えをしてもらったお陰で内定が取れた。

時《とき》の氏神《うじがみ》

ちょうどいいときに現れて仲裁などをしてくれる人のたとえ。

▽二人が険悪ムードになったとき彼が現れ、まさに時の氏神だった。

橋渡《はしわた》しをする

両者の間に立って、仲立ちをする。

▽日韓両国友好の橋渡しをする。

渡《わた》りを付《つ》ける

事がうまくいくように前もって相手と交渉したり、話し合いのきっかけを作る。

▽相手側には私から渡りを付けておいたので、あとはうまくやりなさい。

手を抜く

四角《しかく》い所《ところ》を丸《まる》く掃《は》く

物事をきちんとやらずに手を抜くことのたとえ。補「四角な座敷を丸く掃く」ともいう。

杜撰脱漏《ずさんだつろう》

やり方が雑で、誤りや手抜かりが多くていい加減なこと。故「杜撰」は本来、詩や文章がいい加減で誤りが多い意で、宋の詩人杜黙《ともく》が作った詩が律に合わないものが多かったという故事による。

努力する

雨垂《あまだ》れ石《いし》を穿《うが》つ 出『文選《もんぜん》』

雨垂れが長い年月の間に石に穴をあけるように、一つのことを根気よく続けていれば必ず成就するということ。

類点滴石を穿つ

一簣《いっき》の功《こう》 出『書経《しょきょう》』

最後のひと踏ん張り。最後の努力。補「簣」は土などを運ぶもっこのこと。故『書経』にある「九仞《きゅうじん》の功を一簣に虧《か》く（非常に高い山を築くのに、最後のもっこ一杯分の土が足りないために完成しない）」に由来。
▽一簣の功を欠いたためにすべてが台無しになる。

牛《うし》の歩《あゆ》みも千里《せんり》

怠けずに努力し続ければ、必ず成果が得られるということ。補足取りの遅い牛でも、一歩一歩歩いていけばやがて千里までたどり着くことができる意。

倦《う》まず撓《たゆ》まず

飽きたり怠けたりすることなく、こつこつと努力し続けるさま。補「倦む」は飽きる意。「撓む」は「弛む」とも書き、気持ちがゆるむ、怠ける意。

愚公山《ぐこうやま》を移《うつ》す

出『列子《れっし》』

怠けることなく努力し続ければ何事も必ず成し遂げられるというたとえ。故昔、中国に愚公という老人が二つの山の北側に住んでいた。愚公はこの山が通行に邪魔なので切り崩して平らにしようとしたところ、周囲の者は老人にできることではないと冷笑した。愚公は子々孫々の代まで続ければかなうとして仕事をやめなかったので、天帝は愚公の熱い志に感動して山を移してやったという故事による。

刻苦勉励《こっくべんれい》

心身を痛めつけるほど苦労しながら努力すること。補「刻苦」は身を刻み苦しめる、「勉励」はつとめはげむ意。

切磋琢磨《せっさたくま》

出『詩経《しきょう》』

学問や道徳の向上に励むこと。また、友人や仲間同士が互いに励まし競い合って、学問や技芸などを磨くこと。補「切磋」は骨や角などを切り刻み、磨くこと。「琢磨」は玉や石などをのみで削り、磨くこと。
▽二人は学生時代から切磋琢磨し合ってきた仲だ。

斃《たお》れて後《のち》已《や》む

出『礼記《らいき》』

死ぬまで努力することをやめない。生きている限り努力し続ける。補「斃れる」は死ぬ、「已む」は終わる意。

血《ち》の滲《にじ》むよう

並大抵ではない努力をするさま。

▽今回の受賞は血の滲むような努力の結果だ。

粉骨砕身《ふんこつさいしん》

出『禅林類纂《ぜんりんるいさん》』

力の限り努力すること。また、骨身を惜しまず一生懸命働くこと。

類身を粉《こ》にする

奮励努力《ふんれいどりょく》

気力をふるいたたせ、努力する。

▽会社再建のために奮励努力する。

類奮闘努力

細《ほそ》き流《なが》れも大河《たいが》となる

小さな川が集まってやがて大きな川となるように、小さな努力を積み重ねれば大きな成果が得られるということ。

類学者と大木はにわかにはできぬ

面壁九年《めんぺきくねん》

出『碧巌録《へきがんろく》』

ひたすら一つのことに忍耐強く取り組み、やり遂げること。故達磨大師が中国の少林寺で、九年間壁に向かって座禅を組んで修行し、ついに悟りを開いたという故事から。

逃げる

蜘蛛《くも》の子《こ》を散《ち》らす

その場にいた大勢の人がいっせいにてんでの方向に逃げるさまのたとえ。補蜘蛛の子の入っている袋を破ると、中の子が四方に散ることから。

三十六計《さんじゅうろっけい》逃《に》げるに如《し》かず

出『南斉書《なんせいしょ》』

いろいろ戦術はあるが、勝ち目がないときは逃げて身の安全を図るのが一番の方法だということ。転じて、面倒なことには深入りせず、逃げるのが得策だということ。**故**「三十六計」は中国古代の兵法で、三十六種類の計略のこと。

尻尾《しっぽ》を巻《ま》く

自分の負けを認めて逃げ出す。降参する。**補**負け犬が尻尾を後ろ足の間に巻き込んで逃げ出すようすからのたとえ。
▽自分にとって形勢不利とわかると、彼は尻尾を巻いて早々に退散した。

尻《しり》に帆《ほ》を掛《か》ける

急いで逃げ出す。**補**ヨットが帆をかけて速度を速めるように、ただ逃げるだけでなく加速する意。

逃《に》げも隠《かく》れもしない

逃げたり隠れたりといった卑怯なことは決してしない。**補**相手に正々堂々と接するさまをいう。
▽逃げも隠れもしないから、文句があるならいつでも言ってきなさい。

逃《に》げるが勝《か》ち

むやみに戦うより、逃げて相手に勝ちを譲るほうが後々勝利や利益につながり、得策であるということ。
▽人生、逃げるが勝ちということもある。
類負けるが勝ち

逃《に》げを打《う》つ

逃げる用意をする。責任逃れの手段を講じる。
▽大臣は事務所の不正経理は自分の知らないところで秘書がしたことにして逃げを打った。

這《ほ》う這《ほ》うの体《てい》

さんざんな目に遭い、やっとの思いで逃げ出すさま。
補這い出すようにして、の意。
▽やくざにからまれ這う這うの体で逃げ出した。

盗む

頭《あたま》の黒《くろ》い鼠《ねずみ》

こっそり家や店などの金品を盗む内部の者。補鼠が家にある食べ物を勝手に荒らして食べることからのたとえ。

▽この家にはどうやら頭の黒い鼠がいるらしい。

手癖《てくせ》が悪《わる》い

盗み癖がある。

▽あいつは手癖が悪いので気をつけたほうがいい。

盗人猛猛《ぬすっとたけだけ》しい

盗みを働いておきながら、とがめられると居直ったり、逆に食ってかかったりするさま。補悪事を働きながら平然としているさまをののしって言う。「盗人」は「ぬすびと」ともいう。

▽盗人猛々しいにもほどがある。

眠る

白河夜船《しらかわよふね》

ぐっすり寝込んでいて、その間に何が起きたか知らないこと。また、知ったかぶりをすること。補「白河」は「白川」とも書く。故昔、京都見物をしてきたとうそをついた男が白川（地名）のことを聞かれたとき、川の名と勘違いし、夜中に船で通ったので寝ていて知らないと答えたという逸話による。

睡魔《すいま》に襲《おそ》われる

眠気を催す。眠くなる。補眠気は仏道修行の妨げになることから、鬼にたとえて「睡魔」という。

▽午後の授業中、ときどき睡魔に襲われる。

不眠不休《ふみんふきゅう》

ひとときも眠ったり休んだりしないこと。

▽不眠不休で鉄道の復旧作業に当たる。

まんじりともしない

一睡もしない。補「まんじり」は少し寝る意。
▽まんじりともしないで一夜を明かした。

目《め》が冴《さ》える

目の働きがはっきりしていて、眠気を感じない。
▽昨晩は考え事をしていたら目が冴えてしまって、一睡もできなかった。

目《め》の皮《かわ》が弛《たる》む

眠気でまぶたがゆるんで、目を閉じそうになる。眠くなる。
▽昼食後は目の皮がたるんで、授業中居眠りをしてしまった。

夜《よ》の目《め》も寝《ね》ずに

夜もろくに眠らずに。
▽夜の目も寝ずに働く。

夜《よ》を徹《てっ》する

一晩中寝ないで起きている。徹夜する。
▽夜を徹して捜索活動を行う。

励ます

活《かつ》を入れる

元気のない人や気力のない人を強く励ます。補本来は柔道などで、気絶した人の息を吹き返させる術を行うことをいう。「活」を「喝」と書くのは誤り。
▽弱気の部員に活を入れる。

気《き》合《あ》いを入《い》れる

元気づけるために励ましたり、たるんだ気分を引き締めるために叱りつけたりする。また、物事をするのに精神を集中させる。
▽気合いを入れて決勝戦に臨む。

檄《げき》を飛《と》ばす

元気のない人を叱咤激励する。補「檄」は昔中国で、役所が人民を招集したり、説諭するため出した文書のことで、本来は自分の主張を人々に広く知らせ、同意を求めることをいう。

発破《はっぱ》を掛《か》ける

やる気を出させるために強く励ます。補「発破」は鉱山などで火薬をしかけて岩石を爆破することで、少々乱暴なことばやり方で励ますことのたとえに用いる。

▽受験生に発破を掛ける。

老骨《ろうこつ》に鞭《むち》打《う》つ

自分の老いた身を励まして物事を行う。補老人が自らをへりくだって言うもので、他人に対して用いると失礼になる。

▽老骨に鞭打って後進の指導に当たる。

働く

汗水流《あせみずなが》す

苦労をいとわず一生懸命に働く。

▽最近は汗水流して働くことを嫌う若者が多くなった。

類汗水垂らす

独楽鼠《こまねずみ》のよう

くるくるとよく動き回るさま。忙しく動き回るさま。補独楽鼠はハツカネズミの変種で、独楽のようにくるくる走り回る習性があることからのたとえ。

▽彼は来る日も来る日も独楽鼠のように働いた。

働《はたら》かざる者食《ものく》うべからず 出『新約聖書《しんやくせいしょ》』

働きもせず遊んでいるような者は食べることを許されない。労働の大切さを説き、怠惰を戒めることば。

額《ひたい》に汗《あせ》する

汗を流して一生懸命に働く。補実際に体を使って働く以外にも一生懸命に働く意で用いる。

▽額に汗して働くことの大切さを説く。

話す・話・話題

閑《かん》話《わ》休題《きゅうだい》　出『水滸伝《すいこでん》』

それはさておき。補話が本筋からそれて、元に戻すときに言うことば。「閑話」は無駄話、「休題」は話をやめる意。

話《はな》し上手《じょうず》は聞《き》き上手《じょうず》

話が上手な人は相手にも十分話をさせて、その話にしっかり耳を傾けることができるということ。

対話し上手の聞き下手

話《はなし》の名人《めいじん》は嘘《うそ》の名人《めいじん》

話の上手な人は嘘を言うのも上手だということ。

話半分《はなしはんぶん》

人の話というものはえてして大げさに語られるものだから、まともに受け取らず、半分くらいに割り引いて聞くくらいがちょうどよいということ。

▽彼の話は話半分に聞いておいたほうがいいよ。

反撃する

一矢《いっし》を報《むく》いる

相手の攻撃や非難、議論などに対して、わずかながらも反撃、反論する。補矢を次々に放って攻撃してくる敵に矢を一本射返す意から。

▽彼にはいつも言われっぱなしだったが、今日ばかりは理路整然と言い返して一矢を報いてやった。

逆手《さかて》に取《と》る

相手の攻撃を逆に利用して、攻め返す。補「逆手」

は「ぎゃくて」とも読む。
▽相手のことばを逆手に取って反論する。

逆捩《さかね》じを食《く》わせる

相手からの攻撃や非難などに対して、逆に反撃したり反論したりする。補「逆捩じ」は逆の方向にねじること。

非難・批判

揚《あ》げ足《あし》を取《と》る

相手の言葉じりや言い間違いをとらえて、攻撃したり非難したりする。
▽人が言うことにいちいち揚げ足を取る。

後《うし》ろ指《ゆび》を指《さ》される

陰で悪口を言われたり非難されたりする。
▽人に後ろ指を指されるようなことはしていない。

風当《かぜあ》たりが強《つよ》い

周りの人から受ける非難や攻撃の度合いが強い。
▽不祥事を起こした人に対する世間の風当たりは強い。

棚卸《たなおろ》しをする

他人の欠点をいちいち数え上げて非難する。補決算や整理のために、在庫品の数量や品質などを調べ、その価額を評価することからのたとえ。

非《ひ》の打《う》ち所《どころ》が無《な》い

欠点がなく非難しようがない。
▽彼の作品は非の打ち所がない。

非《ひ》を鳴《な》らす

激しく非難する。
▽政府の無策に国民の多くは非を鳴らした。

矢面《やおもて》に立《た》つ

非難・質問などを集中して一身に浴びる。補「矢面」は敵の矢が飛んでくる正面の意で、非難や質問などを集中して受ける立場のたとえ。

槍玉《やりだま》に挙《あ》げる

多くの中から一人を選び出して非難・攻撃の標的にする。補「槍玉」は槍の穂先で人を突き刺すことで、非難・攻撃の標的のたとえ。

▽経営不振の責任者として社長が槍玉に挙げられた。

類吊るし上げを食う

傍観する

岡目《おかめ》八目《はちもく》

当事者より第三者のほうが状況を判断したり物事の是非がよくわかるということ。補「岡目」は他人がすることをそばで見ること、傍観する意で、「傍目」とも書く。囲碁で、そばで見ている人のほうが、打っている当人たちより八目も先が読めるという意から。

手《て》を拱《こまぬ》く

何もしないで見ている。補「拱く」は腕組みをする意で、「こまねく」ともいう。

▽人が困っているのをただ手を拱いて見ているわけにはいかない。

高《たか》みの見物《けんぶつ》

第三者の立場で気楽に事の成り行きを傍観すること。補高い所から下の出来事を見物する意。「高み」を「高見」と書くのは借字。

▽二人の争いを高みの見物と決め込んだ。

保証する

折《お》り紙《がみ》を付《つ》ける

品物や人物が確かであると保証する。補「折り紙」

は奉書紙や鳥の子紙を二つ折りにしたもので、書画や骨董などの鑑定書に用いられたことからのたとえ。
▽学校の先生が折り紙を付けただけのことはあって、彼は誠実で仕事もよくできる。

太鼓判《たいこばん》を押《お》す

絶対に確実であると保証する。補「太鼓判」は太鼓のように大きな判の意。
▽この子は将来大物になるよ。私が太鼓判を押す。

ほめる

毀誉褒貶《きよほうへん》

ほめることと悪口を言うこと。ほめたりけなしたり、世間の評判はさまざまであるということ。補「毀」はそしる、「誉」と「褒」はほめる、「貶」はけなす意。

拍手喝采《はくしゅかっさい》

手を叩いてほめそやすこと。人の言動などを賞賛すること。補「喝采」ははやしたてて、やんやとほめそやすこと。
▽観客の拍手喝采を浴びる。

ほめる人《ひと》には油断《ゆだん》すな

人はほめられると悪い気はしないものだが、ほめる方には何か下心があってのことかも知れず、用心せよということ。

類旨い物食わす人には油断すな

待つ

一日千秋《いちじつせんしゅう》

待ち焦がれるさまのたとえ。補一日が千年にも感じられる意。「千秋」は千年、また、長い年月のこと。『詩経』にある「一日三秋《いちじつさんしゅう》」が変化した語。
▽恋人からの手紙を一日千秋の思いで待つ。

類 一日三秋／一刻千秋

首《くび》を長《なが》くする

今か今かと心待ちにする。待ち焦がれる。

▽友人との再会を首を長くして待つ。

痺《しび》れを切《き》らす

待つことが辛抱できなくなる。待ちくたびれる。**補**長時間座って待っていると足がしびれることから。

▽友達が待ち合わせ時間になかなかやってこないので、痺れを切らして先に行くことにした。

手薬煉《てぐすね》を引《ひ》く

十分に用意を整えて待ち構える。**補**「薬煉」は松脂《まつやに》を油で煮て練ったもので、弓の弦を強くするために塗る。その薬煉を手にとって弓の弦に塗り、用意万端整えて敵を待つことからのたとえ。

待《ま》ちに待《ま》った

前からずっと待ち望んでいた。待望の。

▽待ちに待った九州新幹線がついに開通した。

待《ま》ち惚《ぼう》けを食《く》う

待っている相手が来なくて時間をむだにする。

▽友達と公園で会う約束をしたがいつまで経っても来なくて、結局待ちぼうけを食ってしまった。

待《ま》つうちが花《はな》

期待して待っているときがよいということ。**補**実際には待っていた結果、期待はずれになることが多いことからいう。

待《ま》つ身《み》は長《なが》い

待っていると時間が非常に長く感じられるということ。**補**待つという行為がもたらす心理的な時間の長さをいう。

▽さっきから友達が来るのを待っているのだけれど、なかなか来なくて、待つ身は長いね。

待《ま》つ身《み》より待《ま》たるる身《み》

待つのは辛いものであるが、それよりも待たせるほうが相手のことが気になってもっと辛いものであるということ。

待《ま》てど暮《く》らせど

どんなに長い時間待ち続けても。

▽待てど暮らせど彼からの便りは来なかった。

指《ゆび》折《お》り数《かぞ》える

その日が来るのが待ち遠しくて指を折って日数を数える。**補**心待ちにする、待ち望むさまの形容。

▽子供たちは遠足を指折り数えて待った。

まねる

顰《ひそみ》に倣《なら》う

出『荘子《そうじ》』

むやみに人のまねをする。また、他人にならって同じようにすることを謙遜していう。**補**「顰」は眉にしわを寄せる意。**故**中国春秋時代の越《えつ》の美女、西施《せいし》が苦痛で眉をひそめたところ、それが美しく見えて醜い女たちがまねをしたという故事による。

右《みぎ》へ倣《なら》え

前の人がしたことをそのまままねること。**補**横にまっすぐ一列に並べるときの号令で、右端の人に位置を揃えろの意。

▽いつも先輩の右へ倣えばかりしていてはだめだ。

見《み》様《よう》見《み》真《ま》似《ね》

人がするのを見ているうちにいつのまにかやり方を覚えてしまうこと。

▽料理は母がするのを見様見真似で覚えた。

認める

自他共《じたとも》に許《ゆる》す

自分も自分以外の人も一様に認めること。

▽彼は自他共に許す頑固者だ。

衆目《しゅうもく》の致《いた》す所《ところ》

多くの人の判断が一致し、それと認めること。故「衆目」は多くの人の目。

▽彼が天才ピアニストだということは衆目の致す所だ。

十目《じゅうもく》の視《み》る所《ところ》

出『大学《だいがく》』

多くの人の見る目や判断が一致すること。だれもがそうと認めること。補「十目」は多くの人の目。続けて「十手《じっしゅ》の指《ゆび》さす所」という。

▽彼の行動が正義とはほど遠いのは十目の視る所だ。

類衆目の致す所

見る

一目瞭然《いちもくりょうぜん》

出『朱子語類《しゅしごるい》』

ひと目見ただけですべてがはっきりわかること。

▽彼女のきれい好きは部屋を見れば一目瞭然だ。

類明明白白

衆人環視《しゅうじんかんし》

大勢の人が周りを取り囲んで見ていること。

▽衆人環視の中で恥をかかされる。

矯《た》めつ眇《すが》めつ

いろいろな方角からよく見るさま。補「矯める」はねらいをつけて見る、「眇める」は片目を細くしてねらい見る意。

▽骨董の壺を矯めつ眇めつ眺める。

二目《ふため》と見《み》られない

あまりの痛ましさや醜さに二度と見る気にならない。

▽大火傷を負って二目と見られない顔になった。

見《み》ざる聞《き》かざる言《い》わざる

他人の欠点や失敗などは見ない、聞かない、そして言わないようにするのがよいということ。補「ざる」を「猿」にかけて、両目、両耳、口をふさいだ三匹の猿の姿を彫ったものを「三猿《さんえん》」という。

▽人と付き合う際、見ざる聞かざる言わざるで通す。

見《み》たら見流《みなが》し聞《き》いたら聞《き》き流《なが》し

見たり聞いたりしたことは軽々しく人にしゃべってはいけないということ。

見《み》ての通《とお》り

見ればすぐわかるさま。見たままであるさま。補「ご覧の通り」は丁寧な言い方。

▽実情は見ての通りだ。

見《み》るからに

ちょっと見ただけでいかにもそれらしく見えるさま。補「見るから」ともいう。

▽見るからにうさんくさそうな男。

見《み》るに忍《しの》びない

痛ましくて見ていられない。正視できない。

▽一人息子を亡くして泣き崩れる母親の姿は見るに忍びなかった。

類見るに堪えない

目《め》に留《と》まる

視野に入る。見える。また、あるものを見て、関心や興味を引かれる。

▽展示場の真っ赤なスポーツカーが目に留まった。

目《め》に触《ふ》れる

何気なく目に見える。ふと見える。

▽退院後、目に触れるものすべてが新鮮に感じられる。

目《め》に見《み》えて

外から見て明らかに変化がわかるようす。見る見るうちに。

▽子供は熱が下がると目に見えて元気になった。

目《め》も当《あ》てられない

あまりにもひどい状況にまともに見ることができない。直視できない。

▽事故現場は目も当てられない状態だった。

目《め》を落《お》とす

視線を下の方に向ける。

▽彼女は足元に目を落としたままで、一言もしゃべらなかった。

目《め》を配《くば》る

見落としがないように、あちらこちら気をつけて見る。注意を行き届かせる。

▽公園で子供たちを遊ばせるときは事故がないように四六時中目を配っていないといけない。

目《め》を凝《こ》らす

確認や見極めるためにじっと見つめる。凝視する。

▽暗闇でじっと目を凝らすと薄ぼんやりと人影が見えた。

目《め》を皿《さら》のようにする

よく見るために目を大きく見開く。

▽目を皿のようにして落とし物を探す。

目《め》をそらす

見ていた目をほかに向ける。視線を外す。また、物事を正面から見ない。直視しない。

▽彼女は仲たがいしている友だちと目が合ったとき、すっと目をそらした。

類目を背ける

目《め》を遣《や》る

ある方向を見る。視線を向ける。

▽遠くに目を遣ると冠雪したアルプスの山々が見えた。

命令する・指示する

顎《あご》で使《つか》う

いばった態度で命令して人を働かせる。

▽人をあごで使う。

類顎の先で使う／顎で指図する

上意下達《じょういかたつ》

上の者の意志や命令を下の者に伝えること。特に組織内で、意志や命令の伝達系統が上から下への流れであることをいう。補「上意」は主君の心、「下達」は上の者の意向が下の者に届く意。

▽役所では上意下達が通例である。

対下意上達

命令一下《めいれいいっか》

命令がひとたび下されること。

▽長官の命令一下、ただちに緊急会議が招集された。

もてなす

一席設《いっせきもう》ける

宴会や集まりの場を用意する。特に、宴席を用意して人を接待する。

▽遠来の客のために一席設ける。

大盤振《おおばんぶ》る舞《ま》い

盛大にごちそうしたり、気前よく物を与えたりすること。補本来は「椀盤振る舞い」で、「椀盤」は椀に盛った飯の意。江戸時代、正月に一家の主が親類縁者、近隣の者を招いてもてなすことを言った。

役目・役割

一翼《いちよく》を担《にな》う

大きな仕事のうちの大事な一部分を役割として受け

持つ。

▽技術者として宇宙開発の一翼を担う。

類 一端を担う

一役買《ひとやくか》う

自分から進んである役目や役割を引き受ける。

▽ふるさとの町興しに一役買う。

一人二役《ひとりふたやく》

芝居で、一人の役者が同時にもう一つの役をこなすこと。また、一人で二つの役目を果たすこと。補「一人」は「いちにん」とも読む。

用意・準備

お膳《ぜん》立《だ》てが揃《そろ》う

すっかり準備が整う。補食膳がすっかり整う意から。

▽政界進出へのお膳立てが揃ったので、あとは本人がその気になるのを待つだけだ。

手回《てまわ》しがいい

前もって用意や手配がなされていて、手落ちがないさま。

▽まだ行き先が決まっていないのに旅支度するなんて、ずいぶんと手回しがいいね。

根回《ねまわ》しをする

物事がうまく運ぶようにあらかじめ話をつけておく。下工作をする。

▽議案を速やかに通すために、委員たちに根回しをする。

満《まん》を持《じ》す

十分に準備を整えて機会を待つ。補「満」は弓を十分に引き絞った状態、「持す」は保つ意。弓を十分に引き絞ったまま、矢を射る機会をうかがうことから転じていう。出『史記《しき》』

▽満を持して試合に臨む。

用意周到《よういしゅうとう》

十分に用意ができて、落ち度がないこと。

▽用意周到に計画を立てる。

容赦する

大目《おおめ》に見《み》る

細かいところや少々の欠点などは厳しくとがめずに、寛大に扱う。

▽今回の失敗は大目に見ることにしよう。

情状酌量《じょうじょうしゃくりょう》

裁判の判決で、犯罪に至った動機や経緯に同情すべきところがある場合に、その分を考慮して刑罰を軽くすること。

▽被告の生い立ちからして情状酌量の余地があると判断された。

手心《てごころ》を加《くわ》える

手加減をする。寛大に扱う。

▽社長の息子だからといって一社員に過ぎないのだから、研修で手心を加えるようなことはしない。

水《みず》に流《なが》す

失敗や過ち、いざこざなど、今までのことはすべてなかったものとして忘れ、とがめだてしない。

▽これまでのことは水に流して、また仲良くやろう。

目《め》を瞑《つぶ》る

失敗や過ちなどに気づいていながらとがめずに、見て見ないふりをする。黙認する。見逃す。補「つぶる」は「つむる」ともいう。

▽社内の不正に目を瞑るわけにはいかない。

読む・読書

一目十行《いちもくじゅうぎょう》　出『北斉書《ほくせいしょ》』

ひと目見ただけで十行読み取ること。本を読むのが非常に速いこと、また、読書力のすぐれていることのたとえ。

韋編三絶《いへんさんぜつ》　出『史記《しき》』

読書に非常に熱心なこと。また、学問に非常に熱心なこと。補「韋編三たび絶つ」と読み下す。故「韋編」は古代中国の、文字を書いた竹の札をなめし皮でとじた書物のことで、孔子が『易経』を何度も読み、なめし皮が何度も切れたという故事にちなむ。

眼光紙背《がんこうしはい》

本に書かれている字句の意味ばかりでなく、言外の意味内容まで深く理解すること。補眼光鋭く紙の裏まで見通す意。

▽彼の読解力は眼光紙背に徹するものがあった。

十読は一写に如かず《じゅうどくはいっしゃにしかず》　出『鶴林玉露《かくりんぎょくろ》』

書物をよく理解するには、十回繰り返し読むよりも、一度丁寧に書き写したほうがよいということ。書くことは記憶する上でも効果的である。

類読むより写せ

読書三到《どくしょさんとう》　出『訓学斎規《くんがくさいき》』

本を読む際に大切な三つの心得。「心到（心を集中させること）」、「眼到（しっかり見て目をそらさないこと）」、「口到（声に出して読むこと）」、この三つを守れば真意を理解できるとされる。故中国南宋の思想家朱熹《しゅき》（朱子）が唱えた読書法。

読書三余《どくしょさんよ》　出『魏志《ぎし》』

読書をするのに適した三つの余暇。一年のうちでは冬、一日のうちでは夜、時間のうちでは雨降りの三つをいう。

読書百遍義自ら見る《どくしょひゃっぺんぎおのずかみ》

どんなに難しい書物でも何度も繰り返し読めば、意味は自然に理解できるようになるということ。熟読のすすめ。補「百遍」は何度でも、の意。 出『魏志《ぎし》』

利用する

自家薬籠中の物《じかやくろうちゅうのもの》

いつでも自分の思いのままに利用できるものや人。また、すっかり身について、いつでも役立てられる知識や技術のこと。補「薬籠」は薬箱のこと。自分の薬箱にある薬品の意で、使いたいときにいつでも使えることからのたとえ。 出『唐書《とうじょ》』

▽英語のほかにも数カ国語を自家薬籠中の物とする。

出しにする《だ》

自分の都合のためにあることを手段として利用する。

▽妹を出しにして彼女をデートに誘った。

立っている者は親でも使え《た・もの・おや・つか》

忙しいときや急ぐ用事のときには、近くにいる者は親でも目上の者でもだれでもいいから使えということ。

踏み台にする《ふ・だい》

目的を達成するために一時的に利用する。

▽人を踏み台にして出世する。

論じる・議論

一席打つ《いっせきぶ》

人前で得意になって自分の考えや解釈などを話す。講釈する。演説する。

▽黒澤映画について一席打つ。

口角泡を飛ばす《こうかくあわ・と》

口の端からつばを飛ばさんばかりに熱心に話す。激しく議論する。
▽二人は口角泡を飛ばしてやりあった。

舌端火《ぜったんひ》を吐《は》く
鋭く、激しい口調で言い立てる。補「舌端」は舌の先。転じて、物の言い方、弁舌の意。
▽原子力利用の話に及ぶと、両者は舌端火を吐いた。

舌鋒鋭《ぜっぽうするど》い
鋒《ほこ》の先のように、弁舌や議論が鋭く激しいさま。
▽環境問題について舌鋒鋭い議論が交わされた。

丁丁発止《ちょうちょうはっし》
激しく議論を戦わせるさま。補刀などを激しく音を立てながら斬り合うさまからのたとえ。
▽二人は討論会で丁々発止とやりあった。

弁《べん》が立《た》つ
話の仕方が巧みである。
▽あの人は弁が立つから交渉役に打ってつけだ。

弁舌爽《べんぜつさわ》やか
話しぶりや論じ方がよどみなくすっきりしていて、気持ちがいいさま。
▽聴衆に弁舌爽やかに語りかける。

論陣《ろんじん》を張《は》る
議論の構成を十分に整えて論争に臨む。
▽環境保護の観点から論陣を張る。

悪口・無駄口・冗談

悪態《あくたい》を吐《つ》く
口汚いことばでののしる。ひどく悪口を言う。
▽いたずらっ子に注意すると「なんだ、くそばばあ」と悪態を吐いて逃げていった。

悪口雑言《あっこうぞうごん》

さまざまに悪口を言うこと。また、その言葉。

▽悪口雑言の限りを尽くす。

類 罵詈《ばり》雑言

陰口《かげぐち》を叩《たた》く

当人のいないところで悪口を言う。補「叩く」は「利く」とも言う。

▽彼は部長のご機嫌取りばかりしていると陰口を叩かれている。

軽口《かるくち》を叩《たた》く

軽妙なしゃれや冗談を言う。

▽彼は時々軽口を叩いて場をなごませてくれる。

憎《にく》まれ口《ぐち》を叩《たた》く

人から嫌われるようなことをわざと言う。

▽そんな憎まれ口を叩いて、まったくかわいげがない。

無駄口《むだぐち》を叩《たた》く

言う必要のないことを言う。つまらないおしゃべりをする。

▽無駄口を叩くひまがあったら勉強しなさい。

与太《よた》を飛《と》ばす

口から出任せのいい加減なことを言う。でたらめを言う。補「与太」は愚か者のことで、転じて、でたらめの意。

七、態度

厚かましい・ずうずうしい

いけ図図《ずうずう》しい

憎らしいほど厚かましい。補「いけ」は蔑みののしる意を強調する語。

▽断りもなく人の物を使うなんていけ図図しい。

厚顔無恥《こうがんむち》

出『文選《もんぜん》』

厚かましく、恥知らずなさま。補「厚顔」は面《つら》の皮が厚いこと。「無恥」は恥を恥とも思わないこと。

▽自分の厚顔無恥をさらけ出す。

心臓《しんぞう》に毛《け》が生《は》えている

きわめてずうずうしいことのたとえ。

▽彼の心臓に毛が生えているんじゃないかと思うくらいの厚かましさには参ってしまう。

面《つら》の皮《かわ》が厚《あつ》い

顔の表皮が厚くて恥を恥とも思わない。ずうずうしい。厚かましい。

▽借金を踏み倒して平気でいるなんて、なんて面の皮が厚いやつなんだ。

類鉄面皮《てつめんぴ》

勇ましい・勇敢

血気《けっき》の勇《ゆう》

一時的な激しい感情から生じた勇気。

▽それは血気の勇からしたことだ。

類血気に逸る

匹夫《ひっぷ》の勇《ゆう》

出『孟子《もうし》』

何の考えもなく、ただ血気にはやって強がる勇気。

補「匹夫」は教養のない男、平凡でつまらない男の意。

勇気凛凛《ゆうきりんりん》

失敗や危険を恐れず、勇ましく物事に立ち向かうさま。補「凜凜」は勇ましく、りりしいさま。

勇猛果敢《ゆうもうかかん》

勇ましくて強く、思い切りがよいこと。補「勇猛」は性質が勇ましく、たけだけしいこと。「果敢」は決断力があること。出『漢書《かんじょ》』

▽未知の世界に勇猛果敢に飛び込む。

類勇猛果断／勇壮活発

勇《ゆう》を鼓《こ》す

勇気を奮い立たせる。

▽勇を鼓して社長に経営方針の変換を進言した。

威張る・横柄

大《おお》きな顔《かお》をする

偉そうな顔をする。横柄な顔をする。

▽それくらいのことで大きな顔をするものではない。

嵩《かさ》に懸《か》かる

自分の有利な立場を利用して、相手を押さえつけるような威圧的な態度をとる。補「嵩」は相手より高い位置、有利な立場のことで、それを頼みにする意。

▽彼の嵩に懸かった物言いが気に食わない。

肩《かた》で風《かぜ》を切《き》る

肩をそびやかしてさっそうと歩く。得意げなさまや偉そうに振る舞うさまをいう。

▽彼は今最も注目される若手実業家の一人で、肩で風を切って歩いている。

虚勢《きょせい》を張《は》る

弱さを隠すためにうわべだけ強そうに見せかける。空威張りする。

▽偉そうにしているが、本当は小心者で虚勢を張っているだけだ。

傲岸不遜《ごうがんふそん》

思い上がって人を見下し、謙虚さのないこと。補「傲岸」はおごり高ぶること。「不遜」は思い上がってへりくだらないこと。

類傲慢不遜／尊大不遜

傲慢無礼《ごうまんぶれい》

思い上がって他人を見下し、礼儀に欠けること。補「傲慢」はおごり高ぶって他人を侮ること。「無礼」は礼儀をわきまえないこと。

▽相手の傲慢無礼な口の利き方に腹を立てる。

高飛車《たかびしゃ》に出《で》る

相手を頭から押さえつけるような威圧的な態度を取る。補「高飛車」は将棋で、飛車を自陣の前に出して攻めに出る戦法で、そこからのたとえ。

▽商談相手にいきなり高飛車に出られて、つい弱気になってしまった。

虎《とら》の威《い》を借《か》る狐《きつね》

出『戦国策《せんごくさく》』

弱い者が強い者の権力や威光を後ろ盾にしていばること。また、そのような人。補狐が自分より強い虎の威勢を借りていばる意。

人《ひと》を人《ひと》とも思《おも》わない

偉ぶって、他の人を見下す。

▽彼の尊大で人を人とも思わない態度に腹を立てた。

うぬぼれる

自高自大《じこうじだい》

自分で自分をたいしたものだと思うこと。おごり高ぶって他人を見下す態度をいう。補「自高」「自大」ともに、みずから偉そうに構えること。

▽自高自大に振る舞う。

類自尊自大

天狗《てんぐ》になる

いい気になる。鼻高々になる。うぬぼれる。**故**天狗は顔が赤く、鼻の高い、翼を持った想像上の妖怪で、悟りが生半可なのにうぬぼれた僧がなるとされたことから。

▽少しくらい成績が良いからといって天狗になるな。

夜郎自大《やろうじだい》

自分の力量もわきまえずにうぬぼれること。**出**『史記《しき》』 **故**中国漢の時代に、漢の大きさを知らない西境の未開部族、夜郎国の王が漢の使いが来たときに自分の国と漢とではどちらが大きいかと尋ねた故事による。

唯我独尊《ゆいがどくそん》

自分だけが偉いとうぬぼれること。**出**『長阿含経《ちょうあごんきょう》』 **故**釈迦が生まれたとき、七歩歩いて、一方の手で天を指し、もう一方の手で地を指して言ったとされることば「天上天下《てんじょうてんげ》唯我独尊（この世で自分だけが一人尊い）」による。

大げさ

大見得《おおみえ》を切《き》る

人前で自信ありげに大げさな態度をとる。**補**「見得を切る」は歌舞伎で、大仰な表情や動作をすること。

▽彼はみんなの前で、絶対優勝してみせると大見得を切った。

牛刀《ぎゅうとう》をもって鶏《にわとり》を割《さ》く

小さなことを処理するのに大げさな手段を使うことのたとえ。**出**『論語《ろんご》』 **補**牛を切り裂くのに用いる大きな庖丁で、小さな鶏を料理する意から。

はったりを利《き》かせる

実際よりよく見せるために大げさに言ったりふるまったりして、相手を圧倒する。

▽商売するなら少々はったりを利かせるくらいの才量があってもいい。

落ち着いている・悠然

泰然自若《たいぜんじじゃく》

ゆったりと落ち着いていて、物事にいたずらに動じないさま。補「泰然」は心がやすらかなさま。「自若」はどっしりしていて心が動じないさま。

対 周章狼狽《しゅうしょうろうばい》

悠揚迫らず《ゆうようせま》

あわてたりうろたえたりすることなく、ゆったりと落ち着いているさま。補「悠揚」はゆったりとして落ち着いているさま。

▽緊急事態にも悠揚迫らぬ態度で臨む。

余裕綽綽《よゆうしゃくしゃく》

ゆとりがあって、こせこせしないさま。ゆったりとして落ち着いているさま。補「綽綽」は悠然として落ち着いているさま。

冷静沈着《れいせいちんちゃく》

落ち着いていて、物に動じないさま。補「冷静」は感情に左右されず落ち着いているさま。「沈着」は落ち着いているさま。

堅苦しい

肩肘張る《かたひじは》

気負ったり、からいばりをしたりと、必要以上に堅苦しい態度をとる。

▽そんなに肩肘張ってばかりいないで、もっと気持ちを楽にして、できないことがあれば素直に人に頼めばいい。

裃を着る《かみしもき》

形式ばって堅苦しいことのたとえ。補「裃」は江戸時代の武士の正装。

▽彼は仕事が終わって飲みに行っても裃を着ているよう

で、話をしていても窮屈な感じがする。

対 裃を脱ぐ

杓子定規《しゃくしじょうぎ》

物事を一定の基準・規則で処理しようとして、融通のきかないさま。そのような性格の人にもいう。補「杓子」は飯や汁をよそう道具で、古くは柄が曲がっていた。その柄の曲がった杓子をまっすぐな定規の代わりに用いる意から。

▽規則を杓子定規に解釈し、適用する。

貫徹

終始一貫《しゅうしいっかん》

始めから終わりまで同じ態度や行動を貫き通すこと。

▽彼の主張は終始一貫変わらなかった。

徹頭徹尾《てっとうてつび》

最初から最後まで。徹底して。あくまでも。補頭の先から尾にいたるまで、の意。

▽増税案には徹頭徹尾反対する。

気取る

乙《おつ》に澄《す》ます

よく見せようと妙に気取る。

▽カメラを向けると、モデルは乙に澄ましてポーズを取った。

斜《しゃ》に構《かま》える

相手に対して正面から立ち向かわずに、気取ったり、皮肉な態度を取る。補剣道で、刀を斜めに下げて構えることから。

勿体《もったい》を付《つ》ける

ことさらに物々しくふるまう。もったいぶる。

▽知っていることがあるのなら、そんなに勿体を付けないで教えてくれてもいいでしょう。

厳しい

気骨稜稜《きこつりょうりょう》

自分の信念にあくまでも忠実で、厳しく貫き通そうとする気概に満ちていること。補「気骨」は信念を固く守り、困難に屈しない気性。「稜稜」は鋭く角が立っているようす。「稜」は角の意。

心《こころ》を鬼《おに》にする

相手のためを思って、あえて厳しい態度をとる。
▽子供の将来を考えて心を鬼にして厳しくしつける。

秋霜烈日《しゅうそうれつじつ》

草木を枯らす秋の霜や真夏の厳しく照りつける太陽。転じて、刑罰や権力、志操などがきわめて厳しいさま。補ちなみに、朝日と菊の花をデザインした検察官のバッジはその職務に当たっての厳しい態度や心構えを示すものとして「秋霜烈日章」と呼ばれる。
対 春風駘蕩《しゅんぷうたいとう》

軽率・軽はずみ

軽挙妄動《けいきょもうどう》

深く考えずに軽はずみに行動すること。補「軽挙」は軽々しく行動すること。「妄動」は無分別に行動すること。
▽軽挙妄動を慎む。
対 深謀遠慮／隠忍自重

軽佻浮薄《けいちょうふはく》

考えが浅く、言動が軽はずみで、浮ついているさま。補「軽」「佻」ともに軽い意。「浮薄」は心が浮ついていて軽々しいさま。

短慮軽率《たんりょけいそつ》
考えが浅く、行動が軽はずみなこと。補「短慮」は考えが浅いこと。
対深謀遠慮／隠忍自重

風上《かざかみ》**にも置**《お》**けない**
同じ仲間として認めるわけにはいかない。性質や態度が卑劣な者を軽蔑していう。補風上に臭いものを置くと、風下にいる者はその臭気が漂ってきてたまったものではないことからのたとえ。
▽人の論文を黙って借用するなんて学者の風上にも置けない。

軽蔑・見くびる

甘《あま》**く見**《み》**る**
軽く見てあなどる。
▽仕事を引き受けたとき三日くらいでできると甘く見ていたら、一週間以上もかかってしまった。

一笑《いっしょう》**に付**《ふ》**す**
つまらないことだとして笑ってすませる。まともに取り上げない。
▽編集会議で、僕の企画は実現性に乏しいとして一笑に付されてしまった。

虚仮《こけ》**にする**
馬鹿にする。あなどる。補「虚仮」は仏教語で、実の伴わないこと、うそ、偽りの意。その意を受けて、「虚仮にする」とは人の心や行為を真実ではないとしてあなどることをいう。
▽人を虚仮にするのもいい加減にしてほしい。

小馬鹿《こばか》**にする**
ちょっと馬鹿にする。補「小」は少しの意の接頭語。
▽彼女の、人を小馬鹿にした態度が気に食わない。

尻目《しりめ》に掛《か》ける

ちょっと見ただけで気にもかけない。さげすんで馬鹿にする。軽視する。**補**「尻目」はひとみを少し動かすだけで後ろを見ること。

▽彼は待ち構える記者を尻目に掛けて車に乗り込んだ。

高《たか》を括《くく》る

物事を低く評価して軽く見る。たいしたことはないとあなどる。みくびる。

▽対戦相手を弱小チームと高を括っていたら、惨敗してしまった。

類嘗めてかかる／呑んでかかる

鼻《はな》で笑《わら》う

鼻先で軽蔑したように笑う。軽くあしらう。

▽こちらは真剣に話しているのに彼はふふんと鼻で笑ってまともに聞いてくれなかった。

類鼻の先で笑う

謙虚・へりくだる

頭《あたま》が低《ひく》い

人に対して丁寧で、謙虚である。

▽彼は要職にありながら頭の低い人だ。

対頭《ず》が高い

腰《こし》が低《ひく》い

人に対して偉ぶらずに控えめである。

▽彼は商売人だけあって腰が低い。

対腰が高い

実《みの》るほど頭《こうべ》を垂《た》れる稲穂《いなほ》かな

実が熟した稲穂がその重みで垂れ下がるように、人間も学問や徳を積むほど腰が低く、謙虚になるものだということ。どんなに偉くなっても謙虚であれという教え。

類実るほど頭《あたま》の下がる稲穂かな

強引・無理やり

有無《うむ》を言《い》わせず
相手の意向に関係なく、無理やり自分の思い通りにさせる。補「有無を言わせぬ」の形で形容詞的にも用いる。「有無」は承知・不承知の意。
類否応無しに

押《お》し付《つ》けがましい
相手の立場や気持ちなどにはかまわず、自分の考えを一方的に押しつけようとするさま。
▽彼はちょっと押し付けがましいところがあるので、人から敬遠されがちだ。

横紙破《よこがみやぶ》り
無理を承知で物事を押し通そうとすること。我を通すこと。また、そういう性質の人。特に、立場や地位が上にある人についていう。補和紙は漉き目が縦なので横には破りにくいことからのたとえ。

横車《よこぐるま》を押《お》す
理不尽なことを無理に押し通す。特に、立場や地位が上にある人についていう。補前後にしか動かない車を無理やり横から押して動かす意。

公平

公平無私《こうへいむし》
誰に対しても同じように接し、私心がないこと。
▽人事の査定では公平無私を心掛けている。

是是非非《ぜぜひひ》
よいことはよい、悪いことは悪いとして、公平な立場で事に当たること。
▽総理として山積した難問に是是非非で対処していくつもりである。

不偏不党《ふへんふとう》

どちらの主義・政党にも加わらないこと。また、中立であること。

▽不偏不党の態度を貫く。

自信

意《い》を強《つよ》くする

自分の考えややり方などを支持してくれる人の存在や出来事によって自信を深める。

▽よい結果が出せたことで自分のやり方は間違っていなかったと意を強くした。

細工《さいく》は流流《りゅうりゅう》仕上《しあ》げを御覧《ごろう》じろ

十分に工夫をこらしてあるので、途中であれこれ口を出さず、出来上がりを見てくれということ。自分のしたことに対して自信のほどを示すことば。

自信満満《じしんまんまん》

自信に満ちあふれていること。

▽彼女は今度の試験はうまくいったと自信満々だった。

知ったかぶり

利《き》いた風《ふう》

さも知っているかのように偉ぶるさま。知ったかぶりをして気取るさま。

▽先輩に向かって利いた風な口をきくものではない。

白河夜船《しらかわよふね》

⇩ 白河夜船（眠る）202頁

自分勝手・わがまま

我田引水《がでんいんすい》

自分に都合のよいように取り計らうこと。補自分の田にだけ水を引く意。
▽先方の言い分は我田引水としか思えない。

駄駄《だだ》を捏《こ》ねる
子供が甘えてわがままを言う。補「駄駄」は当て字で、「いやだいやだ」の略とされる。

手前勝手《てまえかって》
自分の都合ばかり考えること。
▽団体生活で手前勝手は許されない。
類自分勝手

傍若無人《ぼうじゃくぶじん》　出『史記《しき》』
周りの人のことは考えず、自分勝手にふるまうこと。
補「傍《かたわ》らに人無きが若《ごと》し」と訓読する。

自慢

自画自賛《じがじさん》
自分で自分をほめること。補自分の描いた絵に自分で賛をする意。「賛」は書画に書き添える詩文で、他人に書いてもらうものであることからのたとえ。「自画自讃」とも書く。

手前味噌《てまえみそ》
自分で自分をほめること。補かつて味噌はそれぞれの家で作ったもので、自分で作った味噌を自慢し合ったことからいうもの。「手前」は自分の意。
▽手前味噌を並べる。

鼻《はな》が高《たか》い
誇らしく思うさま。自慢に思うさま。
▽息子が甲子園に出られることになり親として鼻が高い。

鼻《はな》に掛《か》ける
得意そうにして、自慢する。補人を見下したような態度で、よい意味には用いない。

▽学歴を鼻に掛けていやなやつだ。

自由

閑雲野鶴《かんうんやかく》

出『全唐詩話《ぜんとうしわ》』

世俗から離れ、自由にのんびりと暮らすことのたとえ。また、悠々自適の生活を送る隠遁者の心境のたとえ。補「閑雲」は大空にゆったりと浮かぶ雲、「野鶴」は広い野に遊ぶ一羽の鶴の意。

緩急自在《かんきゅうじざい》

その場に応じてゆるやかな状態と厳しい状態を自由に調節すること。また、速度を遅くしたり速くしたりと自由に操ること。

▽緩急自在の投球術。

縦横無尽《じゅうおうむじん》

限りなく自由であるさま。思う存分。補「縦横」は縦と横、転じて、勝手気まま、自由自在の意。「無尽」は限りがないこと。

▽世界を股に掛け縦横無尽の活躍をする。

類縦横自在／縦横無碍《むげ》

自由自在《じゆうじざい》

出『景徳伝灯録《けいとくでんとうろく》』

思いのままであること。思うままにすること。

▽ハングライダーを自由自在に操って空を飛ぶ。

類如意自在

天馬空を行く《てんばくうをゆく》

束縛がなく、自由なさま。補「天馬」は天帝が乗るという馬のこと。天馬が思いのままに大空をかけめぐる意で、着想や行動などが自由奔放なさまをたとえていう。

▽彼女の絵はまさに天馬空を行くがごとしだ。

融通無碍《ゆうずうむげ》

考えや行動が何の妨げもなく、自由で伸び伸びしているさま。補「融通」は滞りなく通ること。「無碍」は妨げのないこと。
▽彼のやり方は因習にとらわれず、実に融通無碍だ。

従順

唯唯諾諾《いいだくだく》 ⇩ 唯唯諾諾（従う）181頁

言《い》**いなり次第**《しだい》
人の言うがままにすること。また、人の言うがままになること。
▽長男の彼は親の言いなり次第で、少し頼りないところがある。

言《い》**いなりになる**
人の言うとおりに黙って従う。
▽先方の言いなりになる必要はない。

消極的

受《う》**けに回**《まわ》**る**
相手の積極的な行動に対して受け身に対処する。
▽受けに回ったのでは勝ち目はない。
類守勢に立つ

及《およ》**び腰**《ごし》**になる**
自信や確信が持てずに、どうしようか迷ったり、はっきりした態度が取れないでいる。補「及び腰」は物を取ろうと手を伸ばしたときの中腰の姿勢をいい、その姿勢が不安定なことからのたとえ。
▽外交は及び腰にならずにもっと強気にいくべきである。

逃《に》**げ腰**《ごし》**になる**
責任や困難なことから逃れようとする態度をとる。
補「逃げ腰」は逃げようとする腰つきのこと。
▽失言をした大臣は、釈明の記者会見では逃げ腰になる

ばかりだった。

積極的

押《お》しの一手《いって》

物事を達成するために、無理やりでも自分の考えややり方を押し通そうとすること。どこまでも攻めの姿勢を貫くこと。

▽押しの一手で商談を成立させる。

類 一にも押し二にも押し

打《う》って出《で》る

自分から進んでかかわる。みずから乗り出す。

▽市長選に打って出る。

買《か》って出《で》る

自分から進んで役目などを引き受ける。

▽喧嘩の仲裁役を買って出る。

大胆・度胸

臆《おく》することなく

気後れすることなく。

▽大勢の聴衆を前にして臆することなく自分の意見を堂々と述べる。

男《おとこ》は度胸《どきょう》女《おんな》は愛嬌《あいきょう》

男らしさは度胸のよさにあり、女らしさは愛嬌のよさにあるということ。

▽男は度胸女は愛嬌というけれど、近頃は女性のほうが度胸がいいね。

肝《きも》が据《す》わる

度胸があって、何があっても動じない。

▽彼は地震で大きな揺れがきたときも、あわてずに落ち着いててきぱきと部下に避難指示を出して、さすが肝が据わっている。

類度胸が据わる／腹が据わる

大胆不敵《だいたんふてき》
度胸があって、恐れ知らずで、敵を敵とも思わないさま。
▽大胆不敵にも敵地に一人で乗り込む。
対小心翼翼／戦戦恐恐

丁寧・丁重

至《いた》れり尽《つ》くせり
心配りがすべてにおいて行き届いていて申し分ない。
▽日本の旅館は至れり尽くせりのサービスを旨とする。

懇切丁寧《こんせつていねい》
心がこもっていて、細かなところまで注意が行き届き丁重であること。補「懇切」は心遣いがこまやかで親切なこと。
▽交番で道を尋ねると懇切丁寧に教えてくれた。
類慇懃《いんぎん》丁重

下《した》にも置《お》かない
客などを非常に丁寧にもてなすさま。補「下」は下座のことで、下座に座らせない意から。
▽友人宅を訪れたら下にも置かない歓待を受けた。

七重《ななえ》の膝《ひざ》を八重《やえ》に折《お》る
丁重な上にも丁重に、頼み事をしたり謝ったりするさま。補「七重」「八重」は数多く重ねる、何度も、の意。
▽七重の膝を八重に折って仲介役を頼み込む。

堂々としている

辺《あた》りを払《はら》う
周りの者を寄せ付けないほど堂々としている。

▽さすが大物代議士だけあって辺りを払う風格がある。

威風堂堂《いふうどうどう》

威厳があって、立派なようす。補「威風」は威厳のあるようす。「堂堂」は雄大で立派なさま。

押《お》し出《だ》しがいい

人前に出たときの態度や見かけが堂々としている。

▽彼は押し出しがいいから、二代目社長として立派にやっていけるだろう。

怖《お》めず臆《おく》せず

おそれたり気後れすることなく。補「怖《お》む」は古語で、気後れする、ひるむ意。「臆する」は気後れする、おどおどする意。

▽彼は上司に対しても怖めず臆せず自分の意見を言う。

得意

意《い》気《き》揚揚《ようよう》

出『史記《しき》』

得意げで、誇らしそうなさま。補「揚揚」は得意なさま。

▽戦いに勝って意気揚々と引き揚げる。

対意気消沈

鬼《おに》の首《くび》を取《と》ったよう

大手柄でも立てたように得意になるさまのたとえ。

補はたから見ればたいしたことではないのに、本人だけがことさら得意そうにする場合に用いる。

▽父親に将棋で勝って、子供はまるで鬼の首でも取ったように喜んだ。

これ見《み》よがし

これを見よと言わんばかりに、得意そうに見せつけること。また、そういう態度。

▽これ見よがしにブランド物を身につけて歩いている人を見るとうんざりする。

とぼける・知らん振り

知《し》らぬ顔《かお》の半兵衛《はんべえ》

知っていながら、知らないふりをする。また、その人。**補**人名めかしていう語。

▽彼は自分に都合が悪いこととなると知らぬ顔の半兵衛を決めこんだ。

白《しら》を切《き》る

知っていながら、知らないふりをする。しらばくれる。そらとぼける。

▽こんなに証拠がそろっているのに容疑者はどこまでも白を切るつもりだ。

どこ吹《ふ》く風《かぜ》

自分にはかかわりがないかのように知らないふりをする。

▽いくら勉強するように説教しても息子はどこ吹く風で、ゲームに夢中になっている。

頬被《ほおかぶ》りする

自分にはかかわりないこととして、知らないふりをする。**補**「頬被り」は手ぬぐいなどで頭から頬にかけて覆い隠すこと。

▽今回の不祥事について会社幹部は頬被りしたままだ。

類見て見ぬふりをする

怠ける

油《あぶら》を売《う》る

仕事の途中で無駄話をして怠ける。**故**江戸時代、油売りが客のところに出向いて油を量り売りした際、柄杓で容器に移すのに時間がかかり、その間客とおしゃべりをする様子がいかにも怠けているように見えたことから。

▽この忙しいのにどこで油を売っていたんだ。さっさと

仕事を片づけなさい。

惰眠《だみん》を貪《むさぼ》る

すべきことをしないで、のらくらと過ごす。惰性で暮らす。補怠けてひたすら眠る意で、比喩的に用いる。

怠《なま》け者《もの》の節句働《せっくばたら》き

ふだん怠けてばかりいる者が、働かなくてもよいときに限ってわざと忙しそうにして働くこと。補「節句」は人日《じんじつ》（一月七日）・上巳《じょうし》（三月三日）・端午（五月五日）・七夕（七月七日）・重陽（九月九日）の五節句のことで、「節供」とも書く。その日は仕事を休んで祝い事をする。

熱心・熱中する

憂《う》き身《み》をやつす

なりふり構わずに物事に熱中する。補苦労のために体をやつれさせる意で、転じて、やつれるほどに熱中することをいう。

▽祖父は芸事に憂き身をやつし家庭を顧みなかった。

現《うつつ》を抜《ぬ》かす

あることに心を奪われる。夢中になる。補「現」は正気、本心の意。

▽遊びにばかり現を抜かしていると、就職どころか卒業さえあやうい。

寝食《しんしょく》を忘《わす》れる

物事に熱中するさまのたとえ。補寝ることも食べることも忘れる意。

▽寝食を忘れて研究に励む。

類寝る間も惜しむ

寸暇《すんか》を惜《お》しむ

ほんのわずかなひまもむだにしないようにして、物事に打ちこむ。

▽仕事で忙しいときも寸暇を惜しんで読書をする。

熱《ねつ》を上《あ》げる

あることに熱中する。特に、異性に夢中になる。

▽彼女はアイドルグループの男の子に熱を上げている。

類 血道を上げる

病膏肓《やまいこうこう》に入《い》る

出『春秋左氏伝《しゅんじゅうさしでん》』

趣味や道楽に夢中になってどうにも止めようがない。

補 治る見込みのない病気にかかる意から。「膏」は心臓の下部、「肓」は横隔膜の上部で、体の奥深くにあって、鍼《はり》も届かなければ薬も効かない部分をいう。「膏肓」を「こうもう」と読むのは間違い。

▽彼の骨董好きは病膏肓に入って、今や海外にまで買いに出かけるほどだ。

余念《よねん》がない

ほかのことは考えずに、一つのことを熱心に行うさま。**補**「余念」はほかの考えの意。

▽兄は留学の準備に余念がない。

脇目《わきめ》も振《ふ》らず

ほかのことには目もくれず、ただ一つのことにかかりきりになるさま。一心に行うさま。

▽国家資格をとるために脇目も振らずに勉強する。

反抗

背《せ》を向《む》ける

逆らって従わない。背く。また、知らん顔をする。無関心を装う。

▽社会に背を向けて、孤高に生きる。

楯《たて》を突《つ》く

目上の人に反抗する。**補** 地面に楯を突き立てて、敵の攻撃を防ぐ意から。「楯」は「盾」とも書く。

▽上層部に楯を突く。

蟷螂《とうろう》の斧《おの》

弱い者が自分の力量もわきまえずに強い者に刃向かうことのたとえ。また、身の程知らずのたとえにもいう。補「蟷螂」はかまきり。「斧」はかまきりの前足のこと。故中国三国時代の陳琳《ちんりん》の檄文《げきぶん》「蟷螂が斧を以て隆車に向かう」の略で、かまきりが前足をふりかざして大きな車に向かう意。

▽一市民が権力に刃向かっても蟷螂の斧に過ぎない。

反旗《はんき》を翻《ひるがえ》す

謀反を起こす。反逆する。補「反旗」は謀反を起こして立てる旗。

▽民衆は独裁政権についに反旗を翻した。

反骨精神《はんこつせいしん》

権威や権力に盲従することなく抵抗する、気骨のある強い心。

▽彼は反骨精神の塊だ。

弓《ゆみ》を引《ひ》く

目上の人や恩人に背く。反逆する。

▽世話になった人に弓を引くようなまねはできない。

反応

打《う》てば響《ひび》く

一方からの働きかけに対してすぐさま理解し、的確に応じたり反応を示したりする。

▽当方の質問に、彼からは打てば響くような答えが返ってきた。

笛吹《ふえふ》けども踊《おど》らず

出『新約聖書《しんやくせいしょ》』

あることをさせようと懸命に働きかけても、相手がまったく応じないことのたとえ。補踊らせようといくら笛を吹いても踊らない意。

▽息子に勉強させようとあの手この手を使ったが、笛吹

けども踊らずで、一向にやる気にならない。

びくびくする

小心翼翼《しょうしんよくよく》 出『詩経《しきょう》』

気が小さくて、びくびくしているさま。補「小心」は気が小さい、「翼翼」はびくびくするさま。本来は、細かいことにまで気を配って慎み深いさまをいう。

▽小心翼翼として上司の顔色をうかがう。

類戦戦恐恐　対大胆不敵

戦戦恐恐《せんせんきょうきょう》 出『詩経《しきょう》』

恐れてびくびくするさま。補「戦戦」は恐れおののく、「恐恐」は恐れ慎む意で、本来は「兢兢」と書く。

▽選手たちはいつ解雇されるか戦戦恐恐としている。

秘密

心《こころ》に秘《ひ》める

自分の心の中だけで深く思っている。心の奥底に隠し持つ。

▽将来については心に秘めていることがあるけれど、今は言えない。

内密《ないみつ》にする

隠して、表向きにしない。外に知らせない。

▽私があなたに言ったことは外部にもれるとまずいので内密にしてください。

類内緒にする

胸《むね》に納《おさ》める

見聞きしたことや思うことを心の中にしまって、表に出さない。

▽今回のことは口外せず、私一人の胸に納めておくことにします。

類胸三寸に納める／胸に畳む

無愛想・つっけんどん

木《き》で鼻《はな》をくくる

無愛想にふるまうさまのたとえ。補「くくる」はこする意の「こくる」の誤用。

▽木で鼻をくくったような挨拶を返す。

けんもほろろ

人の頼みや相談事を無愛想に断るさま。補「けん」も「ほろろ」もキジの鳴き声で、いかにもそっけなく聞こえることから。また、「けん」は「剣突」や「慳貪」の「けん」からともいう。

▽友達にノートを貸してくれるように頼んだら、けんもほろろに断られた。

取《と》り付《つ》く島《しま》がない

頼りにしてすがるところがない。また、相手の態度が冷淡で、近づこうにも近づけない。

無礼・失礼

慇《いん》懃《ぎん》無《ぶ》礼《れい》

言葉や態度が丁寧すぎて、かえって無礼であること。表面上は礼儀正しく丁寧だが、内心では相手を見下していること。補「慇懃」は丁寧で礼儀正しいこと。

無《ぶ》礼《れい》千《せん》万《ばん》

礼儀を欠き、この上なく失礼であること。補「千万」は程度がはなはだしい意。

類失礼千万

礼《れい》を失《しっ》する

礼儀を欠く。

▽それはあまりにも礼を失したやり方だ。

平気・平然

痛《いた》くも痒《かゆ》くもない

何の影響も不都合もなく、まったく平気である。

▽資産家の彼にとって、これくらいの損害は痛くも痒くもないだろう。

類 痛痒《つうよう》を感じない

蛙《かえる》の面《つら》に水《みず》

どんな目にあわされてもなんとも思わず、まったく平気なさま。補 水陸両方にすむ蛙に水をかけたところで何の痛痒《つうよう》も感じないことからのたとえ。

類 蛙の面に小便

何食《なにく》わぬ顔《かお》

自分は何も知らないといった顔つき。自らが引き起こした事態に対して、自分には関わりがないといったふうに平然としているさまをいう。

▽何食わぬ顔でうその証言をする。

類 そしらぬ顔／涼しい顔

平気《へいき》の平左《へいざ》

何があっても平気で、まったく気にかけないさま。補 「平左」は「平左衛門」の略。「平気」とのごろ合わせで人名めかし、強調していう語。

▽彼女は約束の時間に遅れてさんざんみんなに迷惑をかけたのに、平気の平左ですましている。

屁《へ》の河童《かっぱ》

何とも思わないこと。平気であること。また、非常に簡単なこと。補 一説に、本来は「河童の屁」といい、「木っ端の火」が転じたもので、木っ端は火がつきやすいことから、非常にたやすいことのたとえにいうとされる。

▽先生にいくら怒られたって屁の河童だ。

物《もの》ともせず

まったく問題にしない。少しもひるむことがない。

▽男たちは降りしきる雪など物ともせず、黙々と鉄道の

復旧作業を続けた。

類 事ともせず

変心・変節

風《かぜ》の吹《ふ》き回《まわ》し

そのときの状況で態度や考えが変わること。補 風の吹く方向がその時々で変わることからのたとえ。他人がいつもとは違う態度や行動をとったときにいう。

▽どういう風の吹き回しか知らないが、彼は食事をごちそうしてくれた。

君子《くんし》は豹変《ひょうへん》す

出『易経《えききょう》』

その時の状況に応じて、態度や主張などを急変させること。補 本来、豹の毛が季節によって抜け変わり、斑文もはっきりと美しくなるように、君子というものは自らの過ちに気づいたらすぐさま改めるという、よい方向に変わる意味で用いた。

宗旨《しゅうし》替《が》えをする

宗教・宗派を変える。転じて、主義・主張などを変える。

▽辛党から甘党に宗旨替えをする。

心機一転《しんきいってん》

あることがきっかけとなって、気持ちがすっかりよい方向に変わること。また、あることをきっかけとして、気持ちをよい方向に向けること。補「心機」は心の働きの意。

保守的

旧態依然《きゅうたいいぜん》

しきたりや方法、態度などが昔のままで変わらないこと。

▽旧態依然とした商売をしていては時代に取り残される。

旧套墨守《きゅうとうぼくしゅ》
古い習慣をかたくなに守って改めないこと。補「旧套」は古い慣習や形式。ありきたりのやり方。「墨守」は固く守る意。故中国春秋戦国時代の思想家墨子が城をよく守ったという故事による。

負け惜しみ

犬《いぬ》の逃《に》げ吠《ぼ》え
喧嘩や論争などに負けて退散しながら負け惜しみをいうことのたとえ。
▽潔く負けを認めればいいのに、犬の逃げ吠えはみっともない。

引《ひ》かれ者《もの》の小唄《こうた》
負け惜しみが強いことのたとえ。補「引かれ者」は刑場に引かれていく罪人のことで、引かれ者が平気を装って小唄を歌う意から。

無視

歯牙《しが》にも掛《か》けない
取り上げるほどでもないので、問題にしない。相手にしない。出『史記《しき》』
▽彼は私の言うことなど歯牙にも掛けなかった。

袖《そで》にする
それまで親しかった人などをないがしろにする。見捨てる。また、誘いなどをすげなく断る。補袖に両手を入れて何もしない意から。
▽これまで世話になった人を急に袖にするわけにもいかない。

等閑《とうかん》に付《ふ》す
重要なことではないとして、気にもとめない。いい加減に扱う。なおざりにする。
▽人口減少は国の将来を考えると等閑に付すことはできない問題だ。

反故《ほご》にする

約束したり取り決めたりしたことを実行せずに勝手に無視したり、無効にする。補「反故」は書き損じたり、使い終わったりして不用になった紙のことで、「ほぐ」とも読む。
▽彼女は年に一度は会おうという学生時代からの友達との約束をあっさり反故にした。

目《め》もくれない

まったく関心を示さない。見向きもしない。
▽彼女たちは景色には目もくれずにおしゃべりに夢中だった。
類眼中にない

問答無用《もんどうむよう》

⇩問答無用（断る・拒否・拒絶）171頁

柳《やなぎ》に風《かぜ》と受《う》け流《なが》す

柳の枝葉が風の吹くままになびくように、相手の自分に対する言動をさらりと受け流す。補略して「柳に風」ともいう。
▽彼は人にどんなことを言われようとも柳に風と受け流した。

やせ我慢

腹《はら》がすいてもひもじゅうない

たとえ空腹であっても、ひもじいなどと言ってはいけない。やせ我慢のたとえにいう。補武士の子はたとえ貧しくても気位を高く持ち、人に弱みを見せてはいけないという戒めから。

武士《ぶし》は食《く》わねど高楊枝《たかようじ》

武士は気位が高く、困難な状況にあっても弱みは見せないということ。やせ我慢のたとえ。補武士というものはたとえ貧しくて食べる物がなくても、食べたふりをして楊枝を使うものだという意。

用心・慎重

石橋《いしばし》を叩《たた》いて渡《わた》る

用心の上にも用心を重ねることのたとえ。

▽新規事業を始めるに当たっては石橋を叩いて渡るくらいでちょうどよい。

隠忍自重《いんにんじちょう》

つらいことにじっと耐え、軽々しい行いをしないように慎むこと。補「隠忍」はつらいことを耐え忍んで表に出さないこと。「自重」は自らの行いを慎んで、軽々しくふるまわないこと。

▽隠忍自重を心がける。

対軽挙妄動／短慮軽率

君子《くんし》危《あや》うきに近寄《ちかよ》らず

人格の高い立派な人はつねに身を慎み、危険なことにははじめから関わらないものだということ。一般には、厄介なことに関わりたくないときの言い逃れに用いることが多い。

類君子自重

転《ころ》ばぬ先《さき》の杖《つえ》

何事も失敗しないように前もって準備しておくことが大切だということ。

▽病気になったときのことを考えて、転ばぬ先の杖で保険に入ることにした。

類良いうちから養生／降らぬ先から傘

深謀遠慮《しんぼうえんりょ》

出『過秦論《かしんろん》』

深く考えを巡らして、遠い将来のことまでしっかり考えること。また、遠い将来のことまで考えた綿密な計画。補「深謀」は深い考え、深いはかりごと、「遠慮」は遠い先のことまで考えること。
▽彼は深謀遠慮の人で軽はずみなことはしない。
対短慮軽率／軽挙妄動

備《そな》えあれば憂《うれ》いなし

出『書経《しょきょう》』

ふだんから準備さえきちんとしておけば、何か起こってもすぐに対応できて安心だということ。
▽大震災以後、備えあれば憂いなしで、水や食料品をはじめ救急に必要なものをリュックに入れて常にそばに置いている。

大事《だいじ》を取《と》る

大変なことにならないように用心する。慎重に行動する。
▽少し熱があるので、大事を取って早めに床についた。

李下《りか》に冠《かんむり》を正《ただ》さず

出『古楽府《こがふ》』

人から疑われるような行為はすべきではないということ。補李《すもも》の木の下で冠を直すと李を取ったのではないかと疑われるので、冠がたとえ曲がっていたとしても直さないほうがよいという意。この前に「瓜田《かでん》に履《くつ》を納《い》れず」といい、瓜の畑で履が脱げても、瓜泥棒と間違えられるのではき直したりしない意で、「李下に冠を正さず」と同意で用いる。

八、人生

人生・一生

一世一代《いっせいちだい》

歌舞伎や能の役者などが引退するときに、一生の仕納めとして得意の芸を演じること。また、一生のうちにただ一度であること。補「一世」を「いっせい」と読むのは間違い。

▽一世一代の晴れ姿を見せる。

人生意気《じんせいいき》に感《かん》ず

出魏徴《ぎちょう》の詩「述懐《じゅっかい》」

この世に人として生まれたからには、欲や名誉などのためではなく、相手の心意気や熱意に心を動かされて仕事をするものであるということ。

人生《じんせい》は朝露《ちょうろ》の如《ごと》し

出『漢書《かんじょ》』

人の一生は朝日にあたると消えてしまう朝露のように短くはかないものだということ。

類浮生《ふせい》夢の如し

人生僅《じんせいわず》か五十年《ごじゅうねん》

人の一生は五十年ほどの短いものだということ。補平均寿命が短かったころのことばで、「人間僅《わず》か五十年」ともいう。幸若舞《こうわかまい》の「敦盛《あつもり》」の一節で、命の短くはかないことを謡った「人間五十年下天《げてん》の内をくらぶれば夢まぼろしの如くなり」はよく知られる。

酔生夢死《すいせいむし》

出『明道先生行状記《めいどうせんせいこうじょうき》』

一生を何もせず、むだに過ごすこと。補酒に酔ったような心地で生き、夢を見ているような心地で死ぬ意。

▽酔生夢死の人生を送る。

波瀾万丈《はらんばんじょう》

人生や物事の経過が大きな変化に富んでいること。

補「波」は小さい波、「瀾」は大きい波のこと。「万丈」は非常に高いさま。「波乱万丈」とも書くが、「乱」は「瀾」が常用外漢字であるための代用字。

▽波瀾万丈の人生を送る。

日暮《ひく》れて道遠《みちとお》し
年を取ってしまったのにまだ人生の目的が達せられていないことのたとえ。また、期限が来ているのにまだ完成しそうにないことのたとえ。補日が暮れてしまったのに、まだ目的地には遠いの意。
出『史記《しき》』

人《ひと》の一生《いっしょう》は重荷《おもに》を負《お》うて遠《とお》き道《みち》を行《ゆ》くが如《ごと》し
人の一生というものは、重い荷物を背負って遠い道のりを歩いていくようなもので、ひたすら忍耐強く、努力を続けていかなければならないということ。故徳川家康の遺訓。
出『東照宮御遺訓《とうしょうぐうごいくん》』

浮生夢《ふせいゆめ》の如《ごと》し
人生はつかの間に見る夢のようにはかないものであるということ。補「浮生」ははかない人生の意で、「ふしょう」ともいう。故李白《りはく》の「春夜桃李《しゅんやとうり》の園《えん》に宴《えん》するの序《じょ》」より。
類人生は朝露《ちょうろ》の如し

揺《ゆ》り籠《かご》から墓場《はかば》まで
生まれてから死ぬまで。補第二次大戦後、イギリスの労働党が社会保障制度の充実を唱えたスローガン。

命・寿命・生死

生《い》き身《み》は死《し》に身《み》
生きている者はいつか必ず死ぬということ。
類生ある者は死あり／生者必滅《しょうじゃひつめつ》

命《いのち》あっての物種《ものだね》
何事も命があってこそできるのであって、一つしかない命を大切にしなければいけない。命にかかわるような危険なことは避けよということ。続けて「畑あっての芋種」ともいう。補「物種」は物事の元となるもの、根源の意。

類死んで花実が咲くものか

命長《いのちなが》けれは恥多《はじおお》し

出『荘子《そうじ》』

長く生きていればそれだけ恥をかくことも多いということ。故兼好法師の『徒然草』七段に「命長ければ辱《はじ》多し。長くとも四十に足らぬほどにて死なむこそ、めやすかるべけれ」とあるのはよく知られる。

対命長ければ蓬莱《ほうらい》を見る

命長《いのちなが》ければ蓬莱《ほうらい》を見《み》る

長生きすれば幸運に巡り合うことがあるということ。補「蓬莱」は中国の伝説で、東海にあって、仙人が住むという霊山で、不老不死の地とされる。

対命長ければ恥多し

命《いのち》は鴻毛《こうもう》より軽《かろ》し

出司馬遷《しばせん》「任少卿《じんしょうけい》に報《ほう》ずる書《しょ》」

正義や忠義のためなら命を捨てても惜しくないということ。補「鴻毛」は大鳥の羽で、極めて軽いもののたとえ。

今際《いまわ》の際《きわ》

死ぬ間際。死に際。臨終の時。補「今際」は今は限り、の意。

▽父が今際の際に言い残したことばがある。

門松《かどまつ》は冥土《めいど》の旅《たび》の一里塚《いちりづか》

正月には門松を立てて新年を祝うが、正月が来るたびに一つ年を取ることになり、それは死に近づくということにほかならない。このあとに「めでたくもありめでたくもなし」と続き、正月だからといってのんきに祝ってばかりもいられないということ。補「一里塚」は昔、街道の一里（約四キロ）ごとに距離の目印として設けられた塚のことで、門松は死への旅の道しるべだという意。一休禅師の狂歌とされるが定かではない。

鬼籍《きせき》に入《い》る

死亡する。補「鬼籍」は閻魔が死者の記録を記す過去帳のことで、そこに記される意。

▽今年は何人もの友人知人が鬼籍に入った。

九死《きゅうし》に一生《いっしょう》を得《え》る

危ういところで命拾いすること。補十割のうち、九割までが死、一割のみ生きるという可能性の中で、かろうじて命が助かる意。

類万死《ばんし》に一生を得る

巨星《きょせい》墜《お》つ

偉大な人が亡くなる。補「巨星」は恒星の中で半径と光度の大きい星で、偉大な人物のたとえ。

▽新聞各社は「論壇の巨星墜つ」の見出しで、評論家の訃報を伝えた。

死生《しせい》命《めい》あり

出『論語《ろんご》』

人が死ぬのも生きるのも天の命によるもので、人の力ではどうにもできないということ。補孔子の弟子、子夏《しか》のことばで、このあとに続く「富貴《ふうき》天にあり」と対句をなす。

死《し》に急《いそ》ぎと果物《くだもの》の取《と》り急《いそ》ぎはせぬもの

人は天寿を全うするのがよく、果物もよく熟すのを待って収穫すべきだということ。補人には寿命というものがあり、不摂生な暮らしや働き過ぎなどで体を壊して早死にしたり、自ら命を断つなど、寿命を縮めることを戒めていう。

死《し》に水《みず》を取《と》る

死ぬ間際の人に水を与える。転じて、死ぬのを看取る。また、死ぬときまで、その人の世話をする。補「死に水」は「末期《まつご》の水」ともいう。

▽父の死に水を取る。

死《し》ぬ死《し》ぬと言《い》う者《もの》に死《し》んだ例《ためし》がない

口癖のように死ぬ死ぬと言う人で本当に死んだ人はいない。人は心にもないことを言うものだということ。

類死にたいと麦飯食いたいほど大きな嘘《うそ》はない

死《し》ねば死《し》に損《ぞん》生《い》くれば生《い》き得《どく》

死んでしまえばそれまでで、何の得もなく、生きていればこそよいことがあるということ。

類生きているだけで丸儲け

死《し》んで花実《はなみ》が咲《さ》くものか

枯れた草木には花は咲かず実もならないように、死んでしまっては元も子なく、生きていてこそよいこともあるということ。

類命あっての物種

千秋万歳《せんしゅうばんざい》

千年万年の非常に長い年月。永遠。転じて、人の長寿を祝うことば。補「秋」「歳」はともに年の意。

出『梁書《りょうしょ》』『韓非子《かんぴし》』

類千秋万古

鶴《つる》は千年亀《せんねんかめ》は万年《まんねん》

人が長寿でめでたいことをいうことば。補鶴は千年、亀は万年生きるとされることから。実際には鶴は約五十年、亀は百年から二百年くらいが寿命といわれる。

初物七十五日《はつものしちじゅうごにち》

その季節に初めてとれた物を食べると寿命が七十五日延びるということ。補「七十五日」は「人の噂も七十五日」と同じように、わずかの期間のたとえにいう。故一説に、江戸時代、町奉行が死刑囚に情けをかけ、死ぬ前に食べたい物を尋ねて望みをかなえてやっていたところ、ある囚人が時季はずれの物を頼み、七十五日延命したことに由来するという。

半死半生《はんしはんしょう》

今にも死にそうな状態。生死の境をさまよう瀕死の状態にもいう。補半分死に、半分生きている意。「半生」は「はんじょう」「はんせい」とも読む。

▽半死半生の目にあう。

不帰《ふき》の客《きゃく》となる

帰らぬ人となる。死ぬことの遠まわしな言い方。補「不帰の客」は、死んで、二度とこの世に帰らない人の意。
▽旅先で不帰の客となる。

不老不死《ふろうふし》 出『列子《れっし》』
いつまでも年を取らず、死なないこと。
▽仙人のように不老不死を願う。
類不老長寿

命脈《めいみゃく》を保《たも》つ
かろうじて生き長らえている。
▽劣悪な環境のなかで命脈を保つ。
類命脈を繋ぐ

藻屑《もくず》となる
海で死ぬ。補海に漂う藻の屑となるの意で、水難や海戦で死ぬことをいう。
▽客船が難破し、多くの命が海の藻屑となった。

幽明境《ゆうめいさかい》を異《こと》にす 出『晋書《しんじょ》』
死んであの世に行く。補「幽」は幽界のことで、死後の世界、あの世、「明」は顕界《げんかい》のことで、この世、現世。

老少不定《ろうしょうふじょう》
人の寿命は定めがたく、老人が先に死に、若者が後に死ぬとは限らないということ。補人の生死の無常をいう仏教語。

年齢・若さ・老い

老《お》いてはますます壮《さか》んなるべし 出『後漢書《ごかんじょ》』
年を取っても老け込んだりせず、若いころ以上に意気さかんでなければいけないということ。
▽八十歳を過ぎた父は、老いてはますます壮んなるべしで、旅行にゴルフにと飛び回っている。

男《おとこ》の四十《しじゅう》は分別盛《ふんべつざか》り

男の四十歳は物の道理がわかり、正しい判断ができる、最も充実していて頼りになる年代だということ。故『論語』にある「四十にして惑わず」に基づく。

対男の四十はちょろちょろわっぱ

騏驎《きりん》も老《お》いては駑馬《どば》に劣《おと》る

出『戦国策《せんごくさく》』

どんなに優秀な人でも年を取れば頭の働きも鈍り、凡人に及ばなくなることのたとえ。補「騏驎」は一日に千里走るという名馬のことで、優れた人物のたとえ。「駑馬」は鈍足の馬で、才能に乏しい者のたとえ。

五十《ごじゅう》にして天命《てんめい》を知《し》る

出『論語《ろんご》』

五十歳になって、自分が天から与えられた使命がどのようなものであるかがわかる。故孔子が晩年人生を振り返って言ったことばで、五十歳を「知命《ちめい》」という。

三十《さんじゅう》にして立《た》つ

出『論語《ろんご》』

三十歳になって、人に頼らなくてもやっていけるように自立する。故孔子が晩年人生を振り返って言ったことばで、三十歳を「而立《じりつ》」という。

四十《しじゅう》がったり

四十歳になると急に体力や気力ががくんと衰えること。補「がったり」はがくんと落ちる意。

四十《しじゅう》にして惑《まど》わず

出『論語《ろんご》』

四十歳になって、自分なりの信念を持つことができ、どう生きるべきか迷うことがなくなる。故孔子が晩年人生を振り返って言ったことばで、四十歳を「不惑」という。

七十《しちじゅう》にして矩《のり》を踰《こ》えず

出『論語《ろんご》』

七十歳になって自分の思いのままに行動しても、決して人の道に外れることはないということ。故「七十にして心の欲する所に従えども矩を踰えず」の略で、孔子が七十歳で到達した境地。

春秋《しゅんじゅう》に富《と》む

年齢が若く、将来が長い。補「春秋」は年月、年齢の意。

▽君たち春秋に富む若者は失敗を恐れず、世界に羽ばたいていってほしい。

人生七十古来稀なり《じんせいしちじゅうこらいまれ》なり

人の一生は短く、七十歳まで生きることは稀であるということ。故中国盛唐の詩人杜甫の詩「曲江《きょっこう》」の一節で、七十歳のことを「古稀」といい、「古希」とも書く。

薹《とう》が立《た》つ

人が盛りの時期を過ぎる。また、年頃を過ぎる。もう若くなくて、純粋さや素直さが失われかけた人のことをいうことが多い。補野菜などが食べごろを過ぎ、花茎が伸びてかたくなると食べられなくなることからのたとえ。

年端《としは》も行《い》かない

年を取っていない。まだ幼い。補「年端」は年齢の意の「年歯《ねんし》」を「としは」と訓読みし、「歯」を「端」と書き換えたもの。

▽年端も行かない子供をだますなんて最低の男だ。

年寄《としよ》りの冷《ひ》や水《みず》

年寄りが年齢も考えずに無茶なことをすることのたとえ。ふつう、からかっていう。故一説に、江戸時代、夏になると冷たい湧き水を桶に入れて市中を売り歩く商売があり、年寄りがそれを買って飲むと腹をこわしたことからという。

馬齢《ばれい》を重《かさ》ねる

無駄に年を取る。補「馬齢」は自分の年齢を謙遜していう語。

▽大したことは何一つしないまま、馬齢を重ねてきてしまいました。

寄《よ》る年波《としなみ》には勝《か》てない

いくらまだ若いと思っていても、年を取るにつれて体力や気力が衰えてくるのにはあらがえないということ。**補**「年波」は年齢を重ねることを、波が絶えず打ち寄せることにたとえていう。

六十《ろくじゅう》にして耳順《みみしたが》う

六十歳になって、人の言うことを素直に聞くことができるようになる。**故**孔子が晩年人生を振り返って言ったことばで、六十歳を「耳順《じじゅん》」という。**出**『論語《ろんご》』

運命・幸運・不運

一《いち》か八《ばち》か

成功するか失敗するかはわからないが、運を天に任せてやってみること。**補**もと、カルタ賭博から出たことば。
▽ここは一か八かやってみるしかない。
類伸《の》るか反るか／乾坤一擲《けんこんいってき》

一陽来復《いちようらいふく》

悪いことが続いたあとにようやく幸運が訪れること。**出**『易経《えききょう》』
補本来は、陰が極まり陽にかえることで、陰暦十一月または冬至のこと。また、冬が終わり春がめぐってくることをいう。

有卦《うけ》に入《い》る

巡り合わせがよく、幸運が続くこと。**補**「有卦」は陰陽道《おんようどう》で、その人の生まれ年の干支《えと》により、吉事が七年間続くといわれる年回りのことで、その年回りに入ったという意。「有卦」の反対は「無卦」で、凶事が五年間続く年回りをいう。

運《うん》が向《む》く

めぐり合わせがよくなる。状況が都合のよいように好転する。

▽これまで失敗続きだったけれど、新商品の評判がよくて、ようやく運が向いてきた。

類運が開ける　対運が尽きる

運否天賦《うんぷてんぷ》

運不運は人ではなく天が定めるものだということ。また、運を天に任せること。運任せ。補「運否」は幸運とそうではないこと、「天賦」は天から与えられるものの意。

果報《かほう》は寝《ね》て待《ま》て

出『毛吹草《けふきぐさ》』

幸運は人の力ではどうにもならないもので、焦らずに待っていればそのうちやってくるものだということ。補「果報」はよいめぐり合わせ、幸運の意。

乾坤一擲《けんこんいってき》

出韓愈《かんゆ》の詩「鴻溝《こうこう》を過《す》ぐ」

運を天に任せて思い切って大勝負に出ること。補「乾」は天、「坤」は地。「一擲」は一度投げること。天下をかけて一度さいころを投げる意から。

▽乾坤一擲の大勝負に出る。

類一か八か／伸《の》るか反るか

人事《じんじ》を尽《つ》くして天命《てんめい》を待《ま》つ

出『初学知要《しょがくちよう》』

人間としてできる限りのことはやって、そのあとは運命に任せる。

▽やるべきことはやったので、あとは人事を尽くして天命を待つのみだ。

棚《たな》から牡丹餅《ぼたもち》

なんの努力もしないのに思いがけなく幸運が舞い込むことのたとえ。補略して「棚ぼた」ともいう。

▽主役が降板し、棚から牡丹餅で代役が回ってきた。

類開いた口へ牡丹餅　対棚の牡丹餅も取らねば食えぬ

泣《な》き面《つら》に蜂《はち》

悪いことや不運が重なることのたとえ。補泣いているところに蜂がきて顔を刺される意。

類傷口に塩／弱り目に祟り目

伸《の》るか反《そ》るか

運を天に任せて思い切ってやってみること。

▽うまくいかないかもしれないが、ここは伸るか反るかやってみるしかない。

類 一か八か／乾坤一擲《けんこんいってき》

河豚《ふぐ》にもあたれば鯛《たい》にもあたる

毒を持つ河豚にあたるならまだしも、毒などない鯛でも活きが悪ければ中毒することがある。運が悪いととんだ災難にあうことのたとえ。

俎板《まないた》の鯉《こい》

俎板の上に乗せられた鯉は庖丁でさばかれ、死ぬのを待つしかないことから、相手の意のままになるしかない状態のたとえ。また、鯉は目をふさぐと跳ねずにおとなしくなることから、じたばたせず、覚悟のできた潔いさまのたとえにもいう。

類 俎上《そじょう》の鯉／俎上の魚《うお》

明暗《めいあん》を分《わ》ける

あることを境に運不運、幸不幸がはっきり分かれる。

▽あの航空機事故では座席の位置が明暗を分けた。

勿怪《もっけ》の幸《さいわ》い

思いがけない幸運。補「勿怪」は意外なこと、思いがけないことの意で、「物怪」とも書く。

▽上司の出張を勿怪の幸いと、仕事をさぼる。

弱《よわ》り目《め》に祟《たた》り目《め》

不運の上に不運が重なることのたとえ。補 弱っているところに神仏の祟りにあう意。

類 傷口に塩／泣き面に蜂

幸福・不幸

いい後《あと》は悪《わる》い

よいことのあった後は悪いことがあるもので、よいことばかり続くことはないということ。

類悪い後はよい

禍福《かふく》は糾《あざな》える縄《なわ》の如《ごと》し

出『史記《しき》』

幸と不幸はより合わせた縄のように常に入れ替わり、変転きわまりないものであるということ。補「禍福」はわざわいと幸せ、不幸と幸福の意。

類塞翁が馬

塞翁《さいおう》が馬《うま》

出『淮南子《えなんじ》』

人間の幸不幸や吉凶は変転して定まりがたいことのたとえ。今幸福だからといってもそれに甘んじてはならず、また、今不幸だからといって悲観することはないということ。補「人間万事塞翁が馬」ともいう。故昔、中国北方の国境近くに住む塞翁という老人の馬が逃げたが、その馬は駿馬を連れて帰ってきた。その駿馬に息子が乗ったら落馬して足を折り、兵役を免れて戦死しなくてすんだという故事による。

類禍福は糾《あざな》える縄の如し

沈《しず》む瀬《せ》あれば浮《う》かぶ瀬《せ》あり

出『傾城色三味線《けいせいいろじゃみせん》』

人生には浮き沈みがあり、よいときも悪いときもある。どんなに苦境にあるときでも、必ずよいときがくると信じてくじけるなということ。

類禍福は糾《あざな》える縄の如し／塞翁が馬

残《のこ》り物《もの》には福《ふく》がある

人が先に取ってあとに残った物には、思いがけないよい物があるということ。我先にと争うことへの戒め。また、最後に残った物を取ることになった人へのなぐさめにも用いられる。

不幸中《ふこうちゅう》の幸《さいわ》い

不幸な目や悪い出来事に遭いながらも、その中でこれだけはよかったと思えるところがあるということ。
▽階段を踏み外して転げ落ちたが、軽い捻挫ですんだのは不幸中の幸いだった。

禍《わざわい》を転《てん》じて福《ふく》となす

身に降りかかってきた災難を逆にうまく利用して幸いとなるきっかけにする。 出『戦国策《せんごくさく》』

▽災害を機に人と人との絆がこれまで以上に深まり、禍転じて福となすといったところだ。

時機・好機

機《き》を見《み》るに敏《びん》

物事をするのによいときかどうかを見極める能力が高いさま。補「機」は機会、時機、「敏」は頭がすばやく働くさま。

▽彼はこれからは東南アジアが発展すると見て市場開拓に乗り出した。さすが機を見るに敏だ。

時期尚早《じきしょうそう》

そのことをするにはまだ時期が早すぎるということ。補「時期」はころあい、「尚早」はまだ早いこと。

▽社内では海外進出は時期尚早との意見が大半を占める。

千載一遇《せんざいいちぐう》

またとない好機。補千年に一度しか出会えないような機会の意。「載」は「年」と同義。

▽千載一遇のチャンス。

待《ま》てば海路《かいろ》の日和《ひより》あり

今は思わしくない状況でも、焦らずに待っていれば必ず好機はやってくるということ。補荒れている海も待っていれば必ず航海によい天候の日がやってくる意から。

縁

合縁奇縁《あいえんきえん》

人との交わりで、気が合うのも合わないのも不思議な縁によるものだということ。補本来、仏教語で「合縁」は「愛縁」、「奇縁」は「機縁」とも書く。

出『説法明眼論《せっぽうめいげんろん》』

一樹《いちじゅ》の陰《かげ》

知らない者同士が同じ木の陰で雨宿りするのも前世からの因縁によるものだということ。続けて、「一河《いちが》の流れも他生《たしょう》の縁」といい、同じ川の水をくんで飲むのも前世からの因縁によるものだということ。人との浅からぬ縁を大切にせよという教え。

類袖振り合うも多生の縁

牛《うし》に引《ひ》かれて善光寺参《ぜんこうじまい》り

出『本朝俚諺《ほんちょうりげん》』『今昔物語《こんじゃくものがたり》』

偶然のきっかけや他人からの誘いなどで、思いがけずよい方向に導かれることのたとえ。故一説に、昔、長野の善光寺近くに信仰心のない老婆が住んでいて、ある日、布を干していたら、隣家の牛がそれを角に引っかけて走り出したので、それを追いかけていったところ善光寺に行き着き、そこが霊場であると知って、以後たびたび参詣し深く信心したという逸話による。

縁《えん》は異《い》なもの味《あじ》なもの

人と人との縁、特に男女の縁はどこでどう結びつくかわからず、不思議で面白いものだということ。また、結びつき具合が何とも言えず面白いこと。

腐《くさ》れ縁《えん》は離《はな》れず

悪縁ほど断ち切ろうとしても断ち切れないものだということ。補「腐れ縁」の「腐れ」はつながり合う意の「鏈《くさ》る」の連用形「鏈《くさ》れ」から転じたとされる。ふつう、好ましくない関係にいうが、逆説的になかなか切れない関係を親しみをこめていうこともある。

袖《そで》振《ふ》り合《あ》うも多生《たしょう》の縁《えん》

知らない人と袖が触れ合うだけのちょっとした関わりも前世からの因縁であるということ。補「振り合う」は「すり合う」ともいう。「多生の縁」は仏教語で、何度も生まれ変わる間に生じた縁の意。「他生の縁」とも書き、「他生」は現世に対して、前世と来世をいう。

無常・はかなさ

朝顔《あさがお》の花一時《はなひととき》

人の栄華のはかなさのたとえ。補朝顔の花が朝咲いて昼にはしぼんでしまい、花の盛りはほんのわずかの間であることから。出『文選《もんぜん》』

類槿花一日《きんかいちじつ》の栄《えい》

化野《あだしの》の露鳥辺野《つゆとりべの》の煙《けむり》

人の命のはかないことのたとえ。補「化野」は京都の嵯峨の奥にあった墓場のことで、「徒野」「仇野」とも書く。「鳥辺野」は京都東山の清水寺から西大谷に通じるあたりにあった火葬場。人は死んで、墓場の露、火葬場の煙となって消える意。

有為転変《ういてんぺん》

この世の一切は同じ所にとどまることなく常に移り変わっていくもので、無常ではかないものだということ。補「有為《うい》」は仏教語で、さまざまな因縁によって生じ、絶えず変化する物事や現象のこと。

会者定離《えしゃじょうり》

出会った人とは必ず別れる時がくるということ。この世が無常ではかないことをいう。補仏教語で、「生者必滅《しょうじゃひつめつ》」と対で用いられることが多い。「会者」はこの世で出会う者、「定離」は必ず離れる。「定」は必ず、の意。出『遺教経《ゆいきょうぎょう》』

類会うは別れの始め

風《かぜ》の前《まえ》の塵《ちり》

風でたやすく吹き飛ばされてしまう塵のように、物事のあっけなくはかないことのたとえ。また、目の前に危険が差し迫っていることのたとえ。出『平家物語《へいけものがたり》』

類風前の灯火

邯鄲《かんたん》の夢《ゆめ》
出『枕中記《ちんちゅうき》』

人の世の富貴や栄華のはかないことのたとえ。故昔、中国の趙《ちょう》の都邯鄲《かんたん》に盧生《ろせい》という貧しい若者がいて、あるとき栄華が思いのままになるという枕を仙人から借りて寝たところ、立身出世し、五十年余の栄華を極める夢を見たが、夢から覚めてみると、炊きかけの黄《こう》粱《りょう》の粥はまだ煮えていなかったという故事による。

類一炊《いっすい》の夢／盧生の夢

昨日《きのう》の淵《ふち》は今日《きょう》の瀬《せ》

昨日まで水がよどんで深くなっていた所が今日は人が歩いて渡れるほどの浅瀬になっている。人の世の移り変わりが激しいことのたとえ。故『古今和歌集』の「世の中は何か常なる飛鳥《あすか》川昨日の淵ぞ今日は瀬になる」（詠み人知らず）に基づく。飛鳥川は奈良盆地南部を流れる川で、深い所（淵）と浅い所（瀬）が変わりやすいことで知られる。

類飛鳥川の淵瀬

槿《きん》花《か》一日《いちじつ》の栄《えい》
出『白氏文集《はくしもんじゅう》』

人の栄華のはかなさのたとえ。補「槿花」はむくげの花。この花は一日花で、朝咲いて夕方にはしぼんでしまうことから。

類朝顔の花一時

胡蝶《こちょう》の夢《ゆめ》
出『荘子《そうじ》』

夢と現実の区別がつかないことのたとえ。また、人生のはかなさのたとえ。補「胡蝶」は蝶の異称。故中国の周の荘周《そうしゅう》が蝶になってひらひら舞い飛ぶ夢を見たが、夢から覚めるともとのままの自分だった。自分が夢の中で蝶になったのか、蝶が夢の中で自分になっていたのか、どちらかわからなくなったという故事による。

盛者必衰《じょうしゃひっすい》
出『仁王経《にんのうきょう》』

この世は無常であるから、今勢いがあって栄えている者もいつか必ず滅びるときがくるということ。補仏

教語で、「盛者」は「しょうじゃ」とも読む。⬇諸行無常

類生者必滅

生者必滅《しょうじゃひつめつ》

出『大涅槃経《だいねはんぎょう》』

生きている者はいつか必ず死ぬということ。この世が無常ではかないことをいう。補仏教語で、「会者定離《えしゃじょうり》」と対で用いられることが多い。

類盛者必衰

諸行無常《しょぎょうむじょう》

出『北本涅槃経《ほくほんねはんぎょう》』

この世のすべてのものは絶えず変転して、永久不変のものはないということ。補「諸行」はもろもろの移り変わるもの、「行」は変遷・流動の意。「無常」はいっさいのものが生滅・変転して、定めがない意。仏教の根本思想である三法印《さんぼういん》の一つで、人生のはかなさをいうことば。『平家物語』冒頭の一節「祇園精舎《ぎおんしょうじゃ》の鐘の声、諸行無常の響きあり、沙羅双樹《さらそうじゅ》の花の色、盛者《じょうしゃ》必衰《ひっすい》のことわりをあらはす」はよく知られる。

歳月・時間

昨日《きのう》は今日《きょう》の昔《むかし》

出『毛吹草《けふきぐさ》』

昨日は今日の一日前であるが、すでに過去である。月日の経つのは非常に早いものだということ。続けて「今日は明日の昔」ともいう。

今日《きょう》の後《のち》に今日《きょう》なし

今日という日はもう二度とやってこないのだから、一日一日を大切にせよということ。

光陰矢《こういんや》の如《ごと》し

月日の経つのは矢が飛ぶように早いものであるということ。

▽ついこの間まで小学生だと思っていたのにもう成人式だなんて、光陰矢の如しで、月日の経つのは本当に早い。

類光陰に関守なし

歳月人《さいげつひと》を待《ま》たず

年月は人の都合などお構いなしにどんどん過ぎ去っていくものである。人はすぐに老いてしまうので、今という時間を大切にして、やるべきことをせよという教え。故 陶淵明《とうえんめい》の詩「雑詩《ざっし》」の一節「盛年重ねて来らず、一日《いちじつ》再び晨《あした》なり難し、時に及びて当《まさ》に勉励すべし、歳月人を待たず」から。

十年一日《じゅうねんいちじつ》

長い年月の間、ずっと変わらず同じ状態であること。

▽大半のサラリーマンは十年一日のごとしで、家と職場の往復に明け暮れている。

十年一昔《じゅうねんひとむかし》

十年経てばもう昔のことになるということ。世の中の変化のはげしさをいう。

▽十年一昔というけれど、この辺も新しい家がたくさん建って、ずいぶん様子が変わった。

千秋万古《せんしゅうばんこ》

非常に長い年月。永遠。補「千秋」は千年、「万古」は万年の歳月が経つ意。

▽親が子を思う気持ちは千秋万古変わらない。

類千秋万歳

災難

一難《いちなん》去《さ》ってまた一難《いちなん》

一つの災難からようやく抜け出してほっとしていたところに、また別の災難にあうこと。

類虎口を逃れて竜穴に入る／前門の虎後門の狼／火を避けて水に陥る

虎口《ここう》を逃《のが》れて竜穴《りゅうけつ》に入《い》る

災難が次から次におそってくることのたとえ。補虎の前からようやく逃げることができたのに、今度は竜のすむ穴に入ってしまう意。

類一難去ってまた一難

災難《さいなん》なら畳《たたみ》の上《うえ》でも死《し》ぬ

安全と思っているところでも災難に遭うもので、災難はどこで遭うかわからないことのたとえ。

前門《ぜんもん》の虎《とら》後門《こうもん》の狼《おおかみ》

出『評史《ひょうし》』

一つ災難を逃れても、また別の災難がふりかかることのたとえ。故中国元代の趙弼《ちょうひつ》の『評史』にある「前門に虎を拒《ふせ》ぎ後門に狼を進む（前の門で虎の侵入を防いでいると、後ろの門から狼が迫ってくる）」に基づく。

類一難去ってまた一難

二度《にど》あることは三度《さんど》ある

同じようなことが二回続けてあったら、もう一度ある可能性があるので、十分に注意しろということ。特に、悪いことが重なるときにいう。

類朝あることは晩にある

火《ひ》の粉《こ》が降《ふ》りかかる

思わぬ災難をこうむることのたとえ。

▽本社の不祥事で系列の子会社まで火の粉が降りかかってきた。

火《ひ》を避《さ》けて水《みず》に陥《おちい》る

火に焼かれまいとして水に飛び込んだが溺れてしまう。一つの災難をなんとかのがれたが、また別の災難に遭うことのたとえ。

類一難去ってまた一難

巻《ま》き添《ぞ》えを食《く》う

他人の事件や事故などに巻き込まれて、損害をこうむること。

▽交通事故の巻き添えを食って大けがをした。

類側杖を食う／とばっちりを食う

藪《やぶ》を突《つつ》いて蛇《へび》を出《だ》す

余計なことをしてかえって災難を招くことのたとえ。
補略して「藪蛇」という。
▽いらぬことを言うと藪を突いて蛇を出すことになりかねない。
類寝た子を起こす

成功・失敗

運《うん》・鈍《どん》・根《こん》

成功するためには、運の強さ、愚直なほどの粘り強さ、根気の三つが必要不可欠であるということ。

失敗《しっぱい》は成功《せいこう》のもと

失敗したら間違いを反省しその経験を次に生かすことができるので、失敗は成功につながるということ。
類失敗は成功の母

急《せ》いては事《こと》を仕損《しそん》じる　出『出世景清《しゅっせかげきよ》』

物事は急いでしようとすると、かえって失敗するものである。何事も焦らずに落ち着いてやることが大切だということ。
▽そんなにあわてるな。急いては事を仕損じるというだろう。ここはゆっくり相手の出方を見てから対策を考えても遅くない。
類急ぐ釣り人は魚を釣り損なう／急がば回れ

七転《ななころ》び八起《やお》き　出『霊験宮戸川《れいげんみやとがわ》』

何度失敗しても、そのたびにくじけずに立ち直ること。失敗を繰り返す人に、元気を出して頑張ればいつか必ず成功するものだと励ますときにも用いられる。また、人生の浮き沈みの激しいことのたとえ。
▽少々失敗したからといってくじけてはだめだ。人生、七転び八起きだ。
類失敗は成功のもと

敗軍《はいぐん》の将《しょう》は兵《へい》を語《かた》らず　出『史記《しき》』

戦いに敗れた将軍は兵法について語る資格はない。

失敗した者は、そのことについて語る資格はないということ。補「兵」を兵士の意ととるのは間違い。故『史記《しき》』淮陰侯伝《わいいんこうでん》に「敗軍の将は以て勇を言うべからず」とあり、そこからの異表現。

勝敗

勝《か》って兜《かぶと》の緒《お》を締《し》めよ

物事が成功したからといって安心せずに、さらに心を引き締めて用心深くやれということ。補戦いに勝ったときこそ油断せず兜の緒をしっかり締めよの意。

勝《か》てば官軍《かんぐん》

戦いに勝った方がたとえ正しくないことでもすべて正しいとされる。続けて「負ければ賊軍」といい、正しいか正しくないか、正義か不義かは勝敗によって決まるということ。補明治維新のときに言われるようになったことば。

雌雄《しゆう》を決《けっ》する

どちらが強いかを決める。優劣を決める。出『史記《しき》』補「雌雄」はめすとおすの意で、弱いものと強いもの、転じて、勝敗、優劣のたとえ。
▽ついに雌雄を決する時がきた。

勝負《しょうぶ》は時《とき》の運《うん》

勝ち負けはその時の運に左右されることが多く、必ずしも実力通りとはいかないものだということ。補負けた人を慰めるときに言うことが多い。

負《ま》けるが勝《か》ち

無理に勝とうとせず、相手に勝ちを譲ってやるほうが、結局は自分の勝ちになり、得にもなるということ。
▽あんな連中を相手にやりあっても仕方がない。ここは負けるが勝ちでいったん引き上げよう。
類逃げるが勝ち

九、社会・世の中・暮らし

世の中・世間

浮世《うきよ》は回《まわ》り持《も》ち

苦楽、運不運、貧富、盛衰などは、ひとところに永久にとどまることはなく、人から人に次から次へと移っていくものだということ。

類天下は回り持ち／世は回り持ち

浮世《うきよ》渡《わた》らば豆腐《とうふ》で渡《わた》れ

豆腐は形が四角いけれども柔らかいように、世の中を上手に渡っていくには、まじめな反面、柔軟さも併せ持つことが大切であるということ。

類豆腐と浮世は柔らかでなければゆかず

男《おとこ》は敷居《しきい》を跨《また》げば七人《しちにん》の敵《てき》あり

男が社会に出れば多くの障害や苦難が待ち構えており、それらに立ち向かう強い気構えが必要だということ。補男がいったん家の外に出れば多くの敵がいる意。社会を戦場にたとえていう。

世間《せけん》は広《ひろ》いようで狭《せま》い

世の中は広いように思うけれど、意外に狭いものだということ。補思いがけないところで知った人に出会ったり、関係がないように思っていた人と意外な結びつきがあったりしたときに言うことが多い。

世間《せけん》を狭《せま》くする

交際範囲を狭くする。

▽不義理を重ねて自分から世間を狭くする。

世事《せじ》に疎《うと》い

世間の常識やしきたりをよく知らない。

▽父はずっと研究畑を歩いてきたので世事に疎いところがある。

世《よ》の中《なか》は三日《みっか》見《み》ぬ間《ま》の桜《さくら》かな

桜が三日見ないでいると散ってしまうように、世の中は移り変わりが激しいということ。故江戸時代の俳人、大島寥太《りょうた》の俳句「世の中は三日見ぬ間に桜かな」の「見ぬ間に」を「見ぬ間の」と変えたもの。略して「三日見ぬ間の桜」ともいう。

世《よ》の習《なら》い

人が人と交わり暮らして行く上での守るべき慣わし。また、世間でよくあること。

▽人に世話になったら恩返しをする、それが世の習いというものだ。

類浮世の習い／世の常

渡《わた》る世間《せけん》に鬼《おに》はない

世の中には薄情な人ばかりではなく、親切で心の温かい人はいるものだということ。

類捨てる神あれば拾う神あり　対人を見たら泥棒と思え

時流・流行

時流《じりゅう》に乗《の》る

時代の風潮や流行に乗る。

▽省エネの時流に乗って関連商品がよく売れる。

バスに乗《の》り遅《おく》れる

世の中の動きから取り残される。時流に乗り損なう。

▽その会社は小型軽量化を求める消費者の動向をつかみきれず、バスに乗り遅れた感がある。

流行《はや》り廃《すた》り

はやったり、はやらなくなったりすること。

▽ファッションには流行り廃りがある。

噂

噂《うわさ》をすれば影《かげ》がさす

陰で人のうわさをしていると、当の本人がその場に現れるものだということ。**補**略して「噂をすれば影」ともいう。

類噂を言えば主《ぬし》が来る

風《かぜ》の便《たよ》り

人の消息をどこからともなく聞くこと。

▽彼女は今パリにいるらしいと風の便りに聞いた。

根《ね》も葉《は》もない

何の根拠もない。まったくのでたらめである。

▽根も葉もないうわさなんか気にすることはない。

人《ひと》の噂《うわさ》は倍《ばい》になる

うわさは人から人へ伝わっていくうちに誇張されるものだということ。

人《ひと》の噂《うわさ》も七十五日《しちじゅうごにち》

人がうわさをするのもほんの短い間で、すぐに忘れてしまうものであるということ。**補**「七十五日」は短期間のたとえ。

人《ひと》の口《くち》に戸《と》は立《た》てられぬ

家の戸口を閉めるようには人の口を閉ざすことはできない。人がうわさ話をするのをやめさせることはできないということ。

▽人の口に戸は立てられぬというから、言動には気をつけて人のうわさになるようなことはしないことだ。

火《ひ》のない所《ところ》に煙《けむり》は立《た》たぬ

人のうわさになるのは必ずそれなりの原因があるということ。

▽彼はうわさを必死で否定するけれど、火のない所に煙は立たぬというから、きっとそれなりの根拠があるに違いない。

義理

義理堅《ぎりがた》い

世間的に必要な付き合いや礼儀などをきちんと果たすさま。

▽就職のときちょっと世話しただけなのに、毎年年賀状をくれて、彼は本当に義理堅い人だ。

義理《ぎり》が悪《わる》い

義理を欠いて、付き合い上具合が悪い。

▽近所の人にさんざん世話になっておきながら黙って引っ越すのはさすがに義理が悪い。

類 義理が立たない

義理《ぎり》は借《か》り物《もの》

人から受けた義理は、人から借りた物と同じように返さなければいけないということ。

▽どんなに親しい間柄でも義理は借り物ということを忘れてはいけない。

義理《ぎり》張《ば》るよりも頬張《ほおば》れ

人との付き合いで義理を欠かないようにと無理をするよりも、自分が食べること、すなわち自分の生活を守るほうが大事であるということ。補 「義理張る」は「頬張る」との語呂合わせでいう。

類 見栄張《みえば》るよりも頬張れ／心中《しんじゅう》より饅頭《まんじゅう》

義理《ぎり》を欠《か》く

世間的な関わりの中で、必要な付き合いや礼儀を守らないこと。

▽ここ数年年賀状も出さず義理を欠いている。

対 義理を立てる

義理《ぎり》を立《た》てる

相手から受けた恩に対して相応の見返りをするなど、世間的な関わりの中で、必要な付き合いや礼儀を守ること。

類 義理立てをする 対 義理を欠く

人情・情け

今《いま》の情《なさ》けは後《のち》の仇《あだ》

そのときは親切心から相手によかれと思ってしたことが、あとになってその人にとって害になることがある。情けをかけるにも、いつがよいか見極めが大切だということ。

鬼《おに》の目《め》にも涙《なみだ》

どんなに厳しく冷酷な人でも、ときには情に通じて、優しい気持ちや態度を見せることがあるということ。補無慈悲な鬼でさえも、ときには慈悲心を起こし涙を流すことがあるという意から。

血《ち》が通《かよ》う

対処や判断の仕方に、人として温かい思いやりがある。人間味がある。

▽被告に対して血が通った判決を望む。

情《なさ》けが仇《あだ》

相手のためによかれと思ってしたことが、かえって相手をだめにするなど、悪い結果を招くこと。

▽へたに同情して助けると情けが仇になることがある。

情《なさ》けの酒《さけ》より酒屋《さかや》の酒《さけ》

口先だけで同情されるより、酒屋の酒のように実際に役に立つものをもらったほうがましだということ。補「情け」の「さけ」に「酒」をかけていう。

類思し召しより米の飯

情《なさ》けは質《しち》に置《お》かれぬ

同情や親切はありがたいが、気持ちだけでは実際の役には立たないということ。補情けを質草にしてお金を借りるわけにもいかないの意。

情《なさ》けは人《ひと》の為《ため》ならず

人にした親切はめぐりめぐって自分にかえってくる

ということ。補親切にするとその人のためにならないという意味で用いるのは間違い。

恩義

後足《あとあし》で砂《すな》を掛《か》ける

世話になっていながら、去り際に恩知らずなことをすることのたとえ。

▽会社を辞めるのはいいが、後足で砂を掛けるようなことだけはしてはいけない。

一宿一飯《いっしゅくいっぱん》

一晩泊めてもらい、一度食事をさせてもらうこと。ちょっとした世話を受けること。補渡世人の世界では旅の途中で泊めてもらったり食べさせてもらうなどの世話になることを一生の恩義とすることから。

犬《いぬ》は三日《みっか》飼《か》えば三年《さんねん》恩《おん》を忘《わす》れぬ

犬でさえ三日飼えば飼い主の恩を三年も忘れないというのだから、人間たるもの、人から受けた恩を忘れるような犬にも劣ることをしてはいけないということ。

対猫は三年飼っても三日で恩を忘れる

魚《うお》を得《え》て筌《せん》を忘《わす》る

目的を達成するとそれまでに利用したものや、受けた恩を忘れてしまうことのたとえ。補「筌」は魚を捕る竹製のかごで、「うけ」ともいう。魚を捕ってしまうと筌のことは忘れてしまう意から。

怨《うら》みほど恩《おん》を思《おも》え

受けた恩はすぐに忘れてしまいがちだが、怨みがいつまでも忘れられないのと同じように、恩も決して忘れてはならないということ。

恩《おん》を仇《あだ》で返《かえ》す

恩を受けたのにもかかわらず、それにそむくようなことをする。

▽今の職場でさんざん世話になっていながら、好条件だから転職するなんて、恩を仇で返すようなものだ。

飼《か》い犬《いぬ》に手《て》を噛《か》まれる

自分が飼っている犬に手を噛まれる。日頃目をかけ可愛がっていた部下などに裏切られることのたとえ。

▽信頼していた部下が使い込みをするなんて、飼い犬に手を噛まれるとはこのことだ。

獅子《しし》身中《しんちゅう》の虫《むし》

出『梵網経《ぼんもうきょう》』

内部にいて組織に害を及ぼす者。恩を仇で返す者。補獅子の体内にいて獅子の肉を食べて死に至らしめるという虫のことで、本来は仏教徒でありながら仏教に害をなす者の意。

廂《ひさし》を貸《か》して母屋《おもや》を取《と》られる

一部分を貸しただけなのに、最後には全部取られてしまう。好意につけこまれてひどい目に遭う、恩を仇で返されることのたとえ。

類軒《のき》を貸して母屋を取られる

報恩謝徳《ほうおんしゃとく》

受けた恩徳に報い、感謝の気持ちを持つこと。

▽報恩謝徳の念を忘れない。

制度・しきたり・慣習

冠婚葬祭《かんこんそうさい》

出『礼記《らいき》』

元服、結婚、葬儀、祖先の祭祀の四大礼のこと。また、慣習により定まった形式で行われる慶弔の儀式の総称。

郷《ごう》に入《い》りては郷《ごう》に従《したが》え

出『童子教《どうじきょう》』

よその土地に行ったら、その土地の風俗・習慣に従うのがよいということ。補ある集団・組織に所属する場合などにもたとえとして用いる。

▽郷に入りては郷に従えで新しい職場に早く慣れるよう

に努める。

水《みず》に馴《な》れる

住み慣れて、その土地の風習やしきたり、習慣が身につくことのたとえ。

▽東京から福岡に引っ越してきて数年は勝手が分からなかったが、いまではすっかりここの水に馴れた。

有職故実《ゆうそくこじつ》

朝廷や公家、武家の儀式・官職・法令・作法などに関する古くからのきまり。また、それに関する研究・学問。

▽宮中の行事は有職故実に則って行われる。

礼儀・作法

威儀《いぎ》を正《ただ》す

身なりを整え、礼儀・作法にかなった振る舞いをする。

▽威儀を正して授賞式に臨む。

居住《いず》まいを正《ただ》す

座っている姿勢をまっすぐにする。きちんと座りなおす。

▽居住まいを正して来賓を迎える。

折《お》り目《め》正《ただ》しい

礼儀正しい。補「折り目」は折りたたんだ筋目のことで、転じて、物事のけじめの意。

▽彼は若いのに折り目正しくて、好感が持てる。

三顧《さんこ》の礼《れい》　出『前出師表《ぜんすいしのひょう》』

有能な人材を迎え入れるのに、何度も訪問し礼儀を尽くすこと。また、目上の人がある人物を見込んで配下として手厚く迎えること。故中国の蜀《しょく》の劉備《りゅうび》が諸葛《しょかつ》孔明《こうめい》の家を三度訪れ、ようやく軍師として迎え入れたという故事による。

▽重役を社外から三顧の礼をもって迎える。

三枝《さんし》の礼《れい》 出『学友抄《がくゆうしょう》』

親に対して礼儀を尽くし、敬うこと。孝行心の強いこと。補子鳩は親鳩のとまる枝より三本下の枝にとまるとされることからのたとえ。

▽三枝の礼を重んじる。

親《した》しき仲《なか》にも礼儀《れいぎ》あり

どんなに親しい間柄であっても礼儀は守るべきであり、大切であるということ。親しさに慣れて、つい無作法なことをしてしまい、関係に亀裂が生じることを戒めていう。

礼《れい》も過《す》ぎれば無礼《ぶれい》となる

礼儀も度を越すとかえって相手を馬鹿にすることになる。

▽政治家たちの馬鹿丁寧な言い方は礼を過ぎれば無礼となるの好例で、国民を馬鹿にしているとしか思えない。

道徳

朝《あした》に道《みち》を聞《き》けば夕《ゆう》べに死《し》すとも可《か》なり 出『論語《ろんご》』

朝、人として生きるべき道を聞くことができたら、その日の夕方には死んでもよい。故孔子の崇高な求道精神を伝えることば。

君子《くんし》は独《ひと》りを慎《つつし》む 出『大学《だいがく》』『中庸《ちゅうよう》』

君子は人が見ていないところでも行いを慎んで、良心に恥じるようなことはしない。補「君子」は教養があって有徳の人。

大道《だいどう》廃《すた》れて仁義《じんぎ》あり 出『老子《ろうし》』

道徳が正しく行われていた昔は、人々は人情がこまやかで仁義など説く必要はなかったが、ことさら仁義を唱えるのは道徳が廃れてきたことによるものである。補「大道」は人として行うべき正しい道の意。「仁義」は人の踏み行うべき道の意。

規律・法律

規《き》矩《く》準《じゅん》縄《じょう》
物事や行為の基準となるもの。規範。補「規」は円を描くコンパス、「矩」は直角に曲がった物差しのさしがね、「準」は水平度を測る水準器、「縄」は直線を引くための墨縄のこと。出『孟子《もうし》』

金《きん》科《か》玉《ぎょく》条《じょう》
人が守るべき大切な規則や法律。また、自分の主義や立場の絶対的なよりどころ。融通がきかないさまのたとえにも用いられる。補「金」「玉」は大切なもの、「科」「条」は法律の意。出『文選《もんぜん》』

綱《こう》紀《き》粛《しゅく》正《せい》
国家の規律を正し、政治家や役人の態度を正すこと。一般に、乱れた規律を厳しく正すこと。補「綱紀」の「綱」は太い綱、「紀」は細い綱で、国を治めるための大もとの法律と細則の意。
▽汚職が発覚した省庁の綱紀粛正を図る。

公《こう》序《じょ》良《りょう》俗《ぞく》
人々が守るべき社会の秩序と善良な風俗。法律の解釈や適用の際の規範となる。
▽公序良俗に反する行為は厳正に処罰される。

朝《ちょう》令《れい》暮《ぼ》改《かい》
ひんぱんに命令や法律などが変わって一定しないことのたとえ。補朝出した命令を夕方には改める意。出『漢書《かんじょ》』
▽上司が朝令暮改では、部下はついてこない。

泣《な》いて馬《ば》謖《しょく》を斬《き》る
命令に背き、規律を乱す者を私情を捨てて厳しく処罰することのたとえ。故中国三国時代、蜀の諸葛孔明《しょかつこうめい》が軍規を守るために、それまで信頼していた部下の馬謖が命令に反した行動を取ったとき泣く泣く処刑したという故事による。出『十八史略《じゅうはっしりゃく》』

繁文縟礼《はんぶんじょくれい》

規則や礼儀作法、形式などがこまごまとしていて、わずらわしいこと。補「繁文」はこまごまとした飾り、転じて、こまごまとした規則。「縟礼」は込み入った礼儀作法の意。

模範・手本

率先垂範《そっせんすいはん》

人の先頭に立って模範を示すこと。

▽人を動かすには命令したり指図したりする前に、まず率先垂範することが大切である。

類範を垂れる

他山《たざん》の石《いし》

出『詩経《しきょう》』

自分にとっては戒めとなる、他人のよくない言行のたとえ。補ほかの山から出る粗末な石でも自分を磨くのに役に立つ意で、よい手本にする意味で用いるのは間違い。

▽友人の失敗を他山の石とする。

類人の振り見て我が振り直せ

爪《つめ》の垢《あか》を煎《せん》じて飲《の》む

言行をまねるなどして、優れた人に少しでもあやかろうとすることのたとえ。

▽隣の子は礼儀正しくて勉強もよくできる。うちの子に爪の垢でも煎じて飲ませたいくらいだ。

人《ひと》こそ人《ひと》の鏡《かがみ》なれ

出『書経《しょきょう》』

鏡が自分の姿を映すように、他人の言動は自分を正すよい見本になるということ。

類人を以て鑑《かがみ》と為す

人《ひと》の振《ふ》り見《み》て我《わ》が振《ふ》り直《なお》せ

他人の態度や言動を見て、自分の態度や言動を反省し、改めるところがあれば改めよということ。

類他山の石／人こそ人の鏡なれ

約束

一言《いちげん》の信《しん》

たとえ一言でも口に出して言ったことは必ず守るということ。

▽一言の信は友情のあかしだ。

一諾千金《いちだくせんきん》

出『史記《しき》』

一度承諾したことは千金の価値があるほど重みがあるということ。約束は必ず守らなければならないことのたとえ。

▽一諾千金の重み。

移木《いぼく》の信《しん》

出『史記《しき》』

約束を固く守ること。**故**中国秦の商鞅《しょうおう》が法律を改めようとした時、人民の信頼を得るために、都の南門に大木を立て、それを北門に移した者には十金を与えると触れたが、だれも本気にしなかったので、額を五十金に改めたところ実行する者が現れ、約束通り金を与えたという故事による。

紺屋《こうや》の明後日《あさって》

約束や期限が当てにならないことのたとえ。**補**「紺屋」は染物屋のこと。染物は天気に左右されるので、仕上がりは明後日といってもその通りにはならないことが多いことから。

類医者の只今／鍛冶屋の四五日《しごにち》

尾生《びせい》の信《しん》

出『荘子《そうじ》』

約束を固く守ること。また、融通がきかず、馬鹿正直のたとえ。**故**中国春秋時代、魯《ろ》の尾生という男が女性と橋のたもとで会う約束をしたが、相手はなかなか来ず、そのうち大雨になった。川が増水してきても約束を守ってその場から離れず、橋脚につかまったまま溺れ死んだという故事による。

善事

積善《せきぜん》の家《いえ》には必《かなら》ず余慶《よけい》あり

出『易経《えききょう》』

よい行いを積み重ねた家にはその恩恵として必ず子孫にまで幸運がもたらされるということ。

対積悪の家には必ず余殃《よおう》あり

善因善果《ぜんいんぜんか》

よいことをすれば必ずそれに対してよい報いがあるということ。補仏教語。

類因果応報　対悪因悪果

善《ぜん》は急《いそ》げ

よいと思ったことはすぐに実行せよということ。続いて「悪は延べよ」という。

▽被災地にボランティアで行くことになった。そうと決まったら、善は急げだ。

類思い立ったが吉日／旨い物は宵に食え

悪事・報い・罰

悪因悪果《あくいんあっか》

悪いことをすれば必ずそれに対して悪い報いがあるということ。補仏教語。

類因果応報　対善因善果

悪事千里《あくじせんり》を行《ゆ》く

出『北夢瑣言《ほくむさげん》』

よいことをした評判はなかなか世間に伝わらないが、悪事の評判はすぐに遠くまで伝わるということ。補「好事門《こうじもん》を出《い》でず」に続くことば。

類悪事千里を走る

網呑舟《あみどんしゅう》の魚《うお》を漏《も》らす

出『史記《しき》』

法律が大まかなために、大罪人を逃がしてしまうことのたとえ。また、法の網の目をくぐって悪事を働く悪人どもを捕まえて罰することができないことのたとえ。補「呑舟の魚」は舟を呑み込むほどの大きな魚の意で、大悪人のこと。

対天網恢恢疎にして漏らさず

一《いち》罰《ばつ》百《ひゃっ》戒《かい》

罪を犯した一人を厳しく罰することで、同じ罪を犯さないように他の人々の戒めとすること。補一つの罰によって百人の戒めにする意。

因《いん》果《が》応《おう》報《ほう》

出『大《だい》慈《じ》恩《おん》寺《じ》三《さん》蔵《ぞう》法《ほう》師《し》伝《でん》』

仏教で、前世の行いの善悪に対して現世ではそれに応じた報いがあるということ。現代では、悪い行いには悪い報いがあるという意味で用いられることが多い。補「因果」は原因と結果、因縁と果報、「応報」は善悪の行いに応じて報いを受けること。

類悪因悪果／善因善果

自《じ》業《ごう》自《じ》得《とく》

出『正《しょう》法《ぼう》念《ねん》処《しょ》経《ぎょう》』

自分がした悪い行いの報いを自分が受けること。補本来は仏教語で、善悪どちらの行いに対してもいう。

▽遊んでばかりいて落第したのは自業自得だ。

類因果応報／身から出た錆

信《しん》賞《しょう》必《ひつ》罰《ばつ》

出『韓《かん》非《ぴ》子《し》』

功労のある者には賞を与え、罪を犯した者は必ず罰する。賞罰を厳正に行うこと。補「信賞」は間違いなく賞を与える意。

▽論功に当たっては信賞必罰で臨む。

積《せき》悪《あく》の家《いえ》には必《かなら》ず余《よ》殃《おう》あり

出『易《えき》経《きょう》』

悪い行いを重ねてきた家にはその報いとして子孫にまでわざわいが残るということ。補「余殃」はのちのちまで残るわざわいの意。

対積善の家には必ず余慶あり

跳《ちょう》梁《りょう》跋《ばっ》扈《こ》

悪人などがのさばって好き勝手にふるまうこと。補「跳梁」は跳ね回ること。「跋扈」は勝手気ままにふるまうこと。のさばりはびこること。

▽跳梁跋扈する闇金融業者を厳しく取り締まる。

類 横行闊歩

天《てん》知《し》る地《ち》知《し》る我《われ》知《し》る人《ひと》知《し》る

出『後漢書《ごかんじょ》』

だれも知らないと思っても、天地の神も自分もそしてあなたも知っている。不正や悪事はどんなに隠れて行っても、いつか必ず露見するものだということ。

類 天道様は見通し

天罰覿面《てんばつてきめん》

悪事を働くとすぐさま天罰が下されるということ。

補「覿面」は効果や結果がすぐにあらわれること。

天網恢恢疎《てんもうかいかいそ》にして漏《も》らさず

出『老子《ろうし》』

天の網は広大で目が粗いように見えても、悪人を一人として取り逃がすことはない。神はすべてお見通しで、悪いことをすれば必ず天罰がくだるということ。

補「天網」は天に張り巡らした網の意で、厳正である天道を網にたとえたもの。「恢恢」は広く大きいさま。

対 網呑舟の魚を漏らす

天《てん》を仰《あお》いで唾《つばき》す

出『四十二章経《しじゅうにしょうきょう》』

天に向かってつばを吐けばそのつばが自分の顔に落ちてくる。人に害を加えようとすれば、結局自分にその害が及ぶことのたとえ。

類 天に唾す／人を呪わば穴二つ

身《み》から出《で》た錆《さび》

自分が犯した過ちや悪行のために、自分自身が災いを被り、苦しむこと。**補**「身」は「自分自身」と「刀身」をかけていうもので、武士が刀の手入れを怠ってさび付かせてしまい、いざというときに役に立たなかったところからいう。

▽使い込みがばれて解雇されても身から出た錆だ。

類 因果応報／自業自得

賄賂

袖《そで》の下《した》

不正に金品を贈ったり、もらったりすること。また、その金品。補人目につかないように袖の下からそっと渡す意から。

▽道路工事を受注するために担当者に袖の下を使う。

鼻薬《はなぐすり》を嗅《か》がせる

小額の賄賂を贈る。補「鼻薬」は子供をなだめるための菓子のことで、その程度の賄賂の意。

▽役人に鼻薬を嗅がせる。

商売

商人《あきんど》と屏風《びょうぶ》は直《す》ぐには立《た》たぬ　出『古今著聞集《ここんちょもんじゅう》』

屏風がまっすぐに伸ばした状態では立たないように、商人も正直なだけではだめで、自分の考えや感情を曲げてでも客の機嫌を取るくらいでないと成功しないということ。

商人《あきんど》の元値《もとね》

商売人のいう元値は駆け引きでいうことが多く、実際の原価はわからない。本当かうそかわからず、信用できないことのたとえにもいう。

類商人の空値《そらね》

商人《あきんど》は損《そん》していつか蔵《くら》が立《た》つ

商人はいつも損をした、もうからないと言いながら、いつのまにか蔵を建てるほど金持ちになっている。口先とは違ってしっかりもうけている商人のしたたかさを皮肉っていう。

看板《かんばん》を下《お》ろす

閉店する。商売をやめる。廃業する。補飲食店やバーなどがその日の営業をやめる意では「看板にする」とか、客に「もう看板ですから」のようにいう。

類暖簾を下ろす／店を畳む

士族《しぞく》の商法《しょうほう》

商売に不向きな人が商売をしてもうまくいかないというたとえ。補「士族」は明治維新後における旧武士身分の族称。士族とはいえ、給料はないので食べるために商売を始めた者も多くいたが、気位が高く、商人の心得もないのでほとんどが失敗したことから生まれたことば。

類武士の商法

千客万来《せんきゃくばんらい》

大勢の客が入れ替わり立ち替わりやってきて、商売が繁盛すること。一般に、訪問客が多い意味でも用いる。補「先客」は「せんかく」とも読む。

二束三文《にそくさんもん》

数は多くても値段が極めて安いこと。また、売値が非常に安価なこと。補「二束」はたばが二つ、ふたたばの意。「三文」は一文銭が三つで、極めて安価なことのたとえ。故江戸時代初期に、わらやいぐさで編んだ金剛草履が二足で三文だったところから出たことばともいう。

▽家財道具を二束三文で売る。

暖簾《のれん》を分《わ》ける

長い間働いてくれた従業員に店を持たせ、同じ屋号を名乗って商売することを許す。補「暖簾分けする」ともいう。

薄利多売《はくりたばい》

商品一つあたりの利益を少なくして大量に売ることで、全体としては利益を上げること。

▽個人商店が薄利多売の大型スーパーと競争するのは大変だ。

安《やす》かろう悪《わる》かろう

値段が安いとその分品質も悪いということ。

▽安かろう悪かろうといった商売をしていたのでは、い

ずれ客は離れていく。

職業・仕事

櫂《かい》は三年《さんねん》櫓《ろ》は三月《みつき》

船の櫓をこぐのは比較的簡単で三月もあれば覚えられるが、櫂は難しくて一人前に扱えるようになるのには三年かかる。同じように見えるものでも難易度が違い、ものによっては一人前になるのは容易ではないということのたとえ。

類櫓三年に棹《さお》八年

巧遅《こうち》は拙速《せっそく》に如《し》かず

出『孫子《そんし》』

どんなに上手でも仕上げが遅いのは、たとえ下手であっても速いのに及ばない。火急の場合は拙速でよいということ。故中国の兵法書『孫子』の「作戦」に「兵は拙速を聞くも、未だ巧の久しきを睹《み》ざるなり（戦術はまずくても速やかに動くことで勝つということは聞いているが、たくみな戦術で長い間戦い続けるという例は見たことがない）」とあるのに基づく。

弘法《こうぼう》は筆《ふで》を選《えら》ばず

名人は道具を選ばないということ。故「弘法」は弘法大師、空海のことで、嵯峨《さが》天皇、橘逸勢《たちばなのはやなり》とともに三筆と呼ばれた書の名人で、どんな粗末な筆でも上手に書いたといわれる。

対下手の道具選び

仕事《しごと》は多勢《たぜい》旨《うま》い物《もの》は小勢《こぜい》

仕事は大勢でやったほうが能率的でよくはかどる。一方、おいしい物は大勢で分けると一人分が減るので、少人数で食べるのがよいということ。

仕事《しごと》を追《お》うて仕事《しごと》に追《お》われるな

仕事は先へ先へと片づけるようにするのがよく、仕事に追われるようではいけないということ。

類今日の手遅れは明日へついて回る

上手《じょうず》はあれど名人《めいじん》はなし

物事をなすのにある程度までたくみな人はいるが、群を抜いてすばらしい名人となるとなかなかいないものだということ。補「上手」「名人」は、江戸時代に囲碁・将棋の七段・八段・九段をそれぞれ上手・半名人・名人と呼んだことにちなむ。

職業《しょくぎょう》に貴賤《きせん》なし

職業に尊いとかいやしいとかの区別はなく、どんな職業も尊いものであるということ。

食《しょく》なき者《もの》は職《しょく》を選《えら》ばず

三度の食事もままならないほど困窮している者は職種を選ぶ余裕などなく、どんな職業にでもつくということ。

職人貧乏人宝《しょくにんびんぼうひとだから》

器用で仕事がよくできる職人は人には重宝がられるが、採算を考えないことも多く、自分の暮らしは一向に楽にならないということ。

類器用貧乏人宝

土台《どだい》より二代大事《にだいだいじ》

仕事を新しく始めることよりも、次に引き継ぎ盛り立てていくことのほうが難しく、また大事であるということ。初代より二代目の大変さをいうことば。

二足《にそく》の草鞋《わらじ》を履《は》く

同じ人が異なった職種の仕事を兼ねること。故江戸時代、博打打ちが十手を預かり、岡っ引きとして賭場を取り締まったことからたとえていうもので、本来は両立しえない二つの仕事を兼ねることをいう。

▽彼は大学教授と小説家という二足の草鞋を履いている。

早《はや》い者《もの》に上手《じょうず》なし

仕事が早い者は半面、上手ではないという欠点があるということ。

類早かろう悪かろう　対早いのが一の芸

解雇

お払《はら》い箱《ばこ》になる

不要とみなされて解雇される。故伊勢神宮のお祓いの札を入れた箱を「お祓い箱」といい、毎年新しい札がくると古い札は捨てられたことから、「祓い」に「払い」をかけていったもの。

首《くび》が飛《と》ぶ

職を辞めさせられる。免職になる。
▽今度の不祥事で部長クラスの首が飛ぶらしい。

首《くび》を切《き》る

職を辞めさせる。解雇する。免職にする。
▽不況で何人かの社員の首を切らざるを得ない。
類首にする

暇《ひま》を出《だ》す

雇い人を解雇する。主に、個人経営の店の従業員や家事の手伝いをする人などについていう。
▽長い間店で働いてくれた人に暇を出す。

辞職・引退

骸骨《がいこつ》を乞《こ》う　出『史記《しき》』

一身を捧げ、長く働いてきた人が辞職を願い出る。故中国の楚《そ》の項羽《こうう》が漢の策略にはまって重臣の范増《はんぞう》の忠誠心を疑ったとき、范増はこれまで仕官し捧げてきた我が身の残骸をいただき、一兵卒に戻りましょうと言って去ったという故事による。

詰《つ》め腹《ばら》を切《き》らされる

強制的に責任を取らされて辞めさせられる。補「詰め腹」は他から強制的に切腹させること。

身《み》を引《ひ》く

今までの地位や立場を他の人に譲って退く。引退する。補「引く」は「退く」とも書く。

▽商売は息子に任せてそろそろ身を引こうと思う。

野《や》に下《くだ》る

公職を退いて、民間人になる。主に高位高官についていう。また、与党が政権を離れて野党になること。下野する。補「野」は政府や権力の側ではない、民間の意で、朝廷の意の「朝《ちょう》」に対する語。

専門

海《うみ》のことは漁師《りょうし》に問《と》え

海のことなら一番詳しい漁師に聞くのがよいように、何事もその道の専門家に聞き、教えてもらうのがよいということ。

類山のことは樵《きこり》に聞け

畑《はたけ》が違《ちが》う

専門分野が違う。補「畑」は専門分野の意で、あることを専門とする人を「法律畑《ばたけ》の人」のようにいう。

餅《もち》は餅屋《もちや》

物事はそれぞれに専門家がおり、素人があれこれ口を出すよりその道の専門家に任せたほうがよいということ。

▽家を建てるなら建築家の彼に相談するといい。餅は餅屋でいいアドバイスをしてくれると思うよ。

類船は船頭に任せよ

経験

亀《かめ》の甲《こう》より年《とし》の劫《こう》

年長者の長年積み重ねてきた経験は尊いということ。

補「甲」は甲羅、「劫」は非常に長い時間の意。万年生きるといわれる亀よりも年寄りの経験のほうが尊いという意味を含んで、語呂合わせでいうもの。「年の劫」は功績の意で「年の功」ともいう。

苦汁《くじゅう》を嘗《な》める

つらく苦しい経験をする。補「苦汁」はにがい汁、転じて、つらい思いや経験のたとえ。

▽下積みの生活が長く、ずいぶんと苦汁を嘗めてきた。

類苦杯を嘗める

酸《す》いも甘《あま》いも嚙《か》み分《わ》ける

経験を多く積んで、世間の裏表や人情の機微もよく知っている。

▽あの人は酸いも甘いも嚙み分けた苦労人だ。

他人《たにん》の飯《めし》を食《く》う

自分の家を出て、他人の家で生活することで、実社会の苦労を経験する。

場数《ばかず》を踏《ふ》む

多くの経験を積む。補「場数」は場所の数、転じて、経験の度数、また、多くの経験の意。

▽芝居がうまくなりたいなら場数を踏むしかない。

出世・地位

一引《いちひ》き二才三学問《にさいさんがくもん》

出世するのに必要な条件をいうもので、第一は上の人からの引き立て、二番目に才能、三番目に学問であるということ。

類一引き二運三器量

一家《いっか》を成《な》す

学問や技芸などの世界で、独自の一流派を築く。また、一方の権威として認められる。

▽画家として一家を成す。

梲《うだつ》が上《あ》がらない

思うように出世しない。補「梲」は家の梁の上に立てて、棟木を支える柱のことで、上から押さえられていることからたとえていう。また、切妻造りで、妻壁を屋根より高くしたものや、隣家との境に造られた防火壁のこともいい、それらは富裕な家でなければ上げることができなかったことからたとえていう。出『南史《なんし》』

故郷《こきょう》へ錦《にしき》を飾《かざ》る

立身出世して故郷へ帰る。補「錦」は金銀の多彩な色糸を用いて織った豪華な絹織物のことで、立派な衣服を着て故郷に帰る意。

類錦を衣《き》て故郷に帰る／衣錦《いきん》の栄《えい》

地歩《ちほ》を固《かた》める

自分の地位・立場を揺るぎないものにする。

▽着々と政治家としての地歩を固める。

類地歩を築く／地歩を占める

身《み》を立《た》てる

立身出世する。また、ある仕事・職業によって生計を立てる。

▽いつか立派に身を立て、故郷に帰ることを心に誓う。

世《よ》に出《で》る

出世して有名になる。世間に認められる。

▽ミステリー作家として世に出る。

立身出世《りっしんしゅっせ》

社会的に高い地位や身分を得て、世間に認められること。補「立身」は高い地位や身分につくこと。「出世」は仏教で、仏が衆生を救うために仮にこの世に姿を現すことをいい、転じて、世の中に出て高い地位につく意。

権威・権力

笠《かさ》に着《き》る

権勢や地位のある者の威力を借りて大きな態度を取る。また、自分の側の権勢を利用して他人に圧力をかける。

▽彼は社長の息子ということを笠に着て、年上の社員に横柄な口をきく。

権柄尽《けんぺいず》く

権力に任せて物を言ったり、強引に事を行うさま。

▽部長の権柄尽くな態度に、若い社員は反発した。

生殺与奪《せいさつよだつ》

出『荀子《じゅんし》』

生かすも殺すも与えるのも奪うのも、どのようにしようとすべて思いのままであるということ。絶対的な権力のたとえ。

▽生殺与奪の権を握る。

錦《にしき》の御旗《みはた》

自分の主張や行為を正当化し、権威づけるためのもの。補赤い錦地に日と月を金銀で刺繍した旗で、官軍の旗印とされたことからのたとえ。

▽環境保護を錦の御旗に掲げる。

類大義名分

三日天下《みっかてんか》

わずかな期間、権力の座につくこと。補「三日」はわずかな期間のたとえ。故本能寺の変で織田信長を討ち破り、天下を取った明智光秀が羽柴秀吉にたった十二日で討伐されたことから。

▽新しい政権は不祥事続きで、三日天下に終わった。

評判・評価

当《あ》たりを取《と》る

好評を得る。成功する。

▽ドラマの探偵役で当たりを取る。

受《う》けがいい

周囲の人たちの評判がいい。

▽彼女の教え方は丁寧でわかりやすいので、生徒たちの受けがいい。

株《かぶ》が上《あ》がる

その人の評価が高まる。補評価を高める意では「株を上げる」という。

▽学園祭の大活躍でクラスでの彼の株が上がった。

紙面《しめん》を賑《にぎ》わす

新聞や雑誌などに取り上げられて、話題になる。

▽このところ永田町の不祥事が紙面を賑わしている。

人口《じんこう》に膾炙《かいしゃ》する

世間の人々の話題になってもてはやされる。補「膾」はなます、「炙」はあぶり肉のことで、どちらも人々に好まれ食べられることから。

▽芭蕉の句は今なお人口に膾炙している。

不評《ふひょう》を買《か》う

悪い評判を取る。

▽最新作のドラマは若者に不評を買った。

勇名《ゆうめい》を馳《は》せる

勇者として評判になる。

▽革命家として勇名を馳せる。

世《よ》に聞《き》こえる

世間に知れ渡る。評判になる。

▽彼の曾祖父は世に聞こえた明治の元勲だ。

類世に知られる

呼《よ》び声《ごえ》が高《たか》い

人選や任命などで、ある人が有力候補者であるとうわさされる。

▽彼は次期社長の呼び声が高い。

有名

錚錚《そうそう》たる

有名で、人格が優れているさま。補「錚錚」は金属や楽器の音がさえて鳴り響くさまの意で、転じて、多くのものの中で優れているさまをいう。

▽国際会議には各国の錚々たる顔ぶれが出席した。

類名立たる

名立《なだ》たる

評判が高い。有名な。

▽パーティーには政界の名立たる連中が顔をそろえた。

類錚錚たる

有名無実《ゆうめいむじつ》　出『国語《こくご》』

名ばかりが立派で実質が伴わないこと。

▽社内調査委員会といっても、委員に社外の第三者がいなければ有名無実も同然だ。

名誉・名声

功成《こうな》り名《な》を遂《と》ぐ

立派に仕事をなしとげ、名声を得る。

▽学者として功成り名を遂げる。

虎《とら》は死《し》して皮《かわ》を留《とど》め人《ひと》は死《し》して名《な》を残《のこ》す　出『将門記《しょうもんき》』『十訓抄《じっきんしょう》』

虎は死んでも美しい皮を残すように、人間は死んだあとに名声を残す。人として死後も名声が残るように生前から心掛けよということ。

名《な》に恥《は》じぬ

名誉や体面を傷つけることがない。

▽華道家元の名に恥じぬよう日々精進する。

名《な》を汚《けが》す

名誉や名声を傷つける。

▽代々続いてきた店の名を汚すようなことはできない。

人《ひと》は一代《いちだい》名《な》は末代《まつだい》

出『毛吹草《けふきぐさ》』

人の体は死んでしまえば終わりだが、その名は死後も長く残る。名声が後生に伝わるような生き方をせよということ。また、人に恥じるようなことはするなということ。

名誉毀損《めいよきそん》

他人の名誉を傷つけ、不利益を与えること。
▽虚偽の記事を書いた雑誌社を名誉毀損で訴える。

名誉挽回《めいよばんかい》

失った名誉を取り戻すこと。補「挽」はひく、ひっぱる、「挽回」はひき戻す意。

汚名

汚名返上《おめいへんじょう》

不名誉な評判が取り消されるようにすること。
▽ここ数年チームは最下位の成績だったが、今年こそは汚名返上したい。
類雪辱を果たす

烙印《らくいん》を押《お》される

消すことのできない汚名を受ける。補「烙印」は昔、罪人の体に刑罰として押した焼き印のこと。一度押された焼印は消すことができないことからのたとえ。
▽一度裏切り者の烙印を押されてしまうと、信用を取り戻すのはなかなか難しい。

面目・体面

顔《かお》に泥《どろ》を塗《ぬ》る

人の体面や名誉を傷つける。面目を失わせる。恥をかかせる。
▽親の顔に泥を塗るようなことをする。
類 顔を潰す

顔《かお》を立《た》てる
その人の体面や名誉が保たれるようにする。
▽僕の顔を立ててパーティーに出席してくれないか。

沽券《こけん》に関《かか》わる
品位や体面を保つのに差しさわりがある。補「沽券」は土地・家屋などの売買の証文のことで、転じて、人の値打ちや品格、体面の意。
▽こんな簡単なミスを見逃すようでは、現場責任者としての沽券に関わる。

立《た》つ瀬《せ》がない
自分の立場や面目が保てない。
▽無理を言って仕事を回してもらったのに、できないからといって断るなんて、そんなことをされては私の立つ瀬がない。

面子《メンツ》が立《た》つ
体面が保たれる。補「面子」は中国語で体面の意。
▽向こうから謝ってくれたらこちらとしても面子が立つ。
類 顔が立つ／面目が立つ

面目《めんぼく》次《し》第《だい》もない
まことに恥ずかしくて人に合わせる顔がない。補相手に対してまことに申し訳ないと謝るときに用いる。「面目次第」は「面目」の丁寧な言い方。

面目《めんぼく》丸《まる》潰《つぶ》れ
体面や名誉がひどく傷つけられること。
▽部下がとんでもない失敗をしでかして、上司としての面目丸潰れだ。

面目《めんぼく》を施《ほどこ》す
ある行為により今まで以上に高い評価を得たり、名声を高めたりする。

▽彼は世界ランク上位の選手を破って優勝し、おおいに面目を施した。

対 面目を失う

面目躍如《めんもくやくじょ》

世間に対して対面や名誉を十分に高めるさま。**補**「面目」は「めんぼく」とも読む。

▽彼はオリンピックで公言通り金メダルを獲得して面目躍如たるものがあった。

興隆・繁栄

栄華《えいが》を極《きわ》める

地位・名誉・権力・財力などを得て大いに栄える。

▽藤原一族は奥州で栄華を極めた。

盛者必衰《じょうしゃひっすい》

⇩ 盛者必衰（無常・はかなさ）267頁

飛《と》ぶ鳥《とり》を落《お》とす勢《いきお》い

権勢がきわめて盛んなさまのたとえ。**補**飛んでいる鳥さえ落とすほどの勢い、の意。

▽彼は政治家として今や飛ぶ鳥を落とす勢いだ。

不遇

憂《う》き目《め》に遭《あ》う

つらく悲しい経験をする。**補**「憂き」は気持ちが晴れず、つらくやりきれない意の古語「憂し」の連体形。

▽失業の憂き目に遭う。

冷《ひ》や飯《め》を食《く》う

冷たく扱われる。冷遇される。**補**さめて冷たくなったご飯を食べる意。もとは、家督を継ぐ長男以外の者が家に居候することをいい、そこからのたとえ。居候する人や冷遇される人のことを「冷や飯食い」という。
▽彼は会社で要職に就くこともなく、長い間冷や飯を食わされてきた。

不遇《ふぐう》を託《かこ》つ
不遇であることを嘆く。補「託つ」は嘆く、不平やぐちを言う意。
▽我が身の不遇を託つ。

落ちぶれる

尾羽《おはう》打ち枯《か》らす
それまで羽振りのよかった人が落ちぶれてみじめな姿になる。補鷹は勇猛で、姿も立派な鳥で、狩りに用いられる。その鷹の尾と羽が傷んだ様子からのたとえ。
▽事業に失敗し、尾羽打ち枯らして故郷に帰る。

地《ち》に堕《お》ちる 出『論語《ろんご》』
権勢や名声などが衰えすたれる。
▽昔に比べると父親の権威も地に堕ちたものだ。

成《な》れの果《は》て
落ちぶれ果てた結果。
▽あのみずぼらしい格好をした人は、かつて文壇の鬼才といわれた男の成れの果てだ。

身《み》を落《お》とす
今までより身分や地位、生活程度が低くなり、不幸な境遇になる。
▽事業に失敗して路上生活者に身を落とす。

痩《や》せても枯《か》れても
どんなに落ちぶれても。どんなに衰えていても。補今は落ちぶれてしまっているが、元は違うという気概を示していうことば。
▽痩せても枯れても元はプロの棋士だ。まだまだ素人には負けない。

功績・手柄

竹帛《ちくはく》の功《こう》

書物に記され、後世に伝えられる功績や手柄。出『後漢書《ごかんじょ》』補「竹帛」は竹簡（竹の札）と白絹のことで、古代中国で紙が発明される前、竹簡や白絹に文字を記したことから、書物、転じて、歴史の意。

類名を竹帛に垂る

抜《ぬ》け駆《が》けの功名《こうみょう》

他の人を出し抜いて手柄を立てること。補「抜け駆け」は戦場で、ひそかに陣地を抜け出し、ほかの者に先んじて敵陣に攻め入ること。

▽抜け駆けの功名のような卑怯なことは許さない。

論功行賞《ろんこうこうしょう》

功績の程度に応じて賞を与えること。出『魏志《ぎし》』補「論功」は功績の程度を調べる、「行賞」は賞を与えること。

生活・生計

顎《あご》が干上《ひあ》がる

生計の道を失って収入が途絶え、食べていけなくなる。補食べる物がなくて口の中が乾ききってしまうことから。

▽仕事がなくてこのままでは顎が干上がってしまう。

類日干しになる

食《く》うや食《く》わず

食べることも満足にできない状態。貧しい暮らしの形容。

▽食うや食わずの生活を送る。

糊口《ここう》を凌《しの》ぐ

貧しいながらもなんとかやりくりをして生計を立てる。補「糊口」はかゆをすすること。

▽日雇いの仕事をして糊口を凌ぐ。

詩《し》を作《つく》るより田《た》を作《つく》れ

腹の足しにもならない詩を作るより、田んぼを耕して米を作ったほうが実質的で役に立つ。風流なことに時間を費やすより、実生活に役に立つことをせよというたとえ。

晴耕雨読《せいこううどく》

晴れた日は田畑に出て働き、雨の日は読書をして過ごす。俗世間のわずらわしさを離れ、静かに満ち足りて暮らすことのたとえ。

▽定年後は晴耕雨読の生活を送りたい。

左団扇《ひだりうちわ》で暮《く》らす

経済的にも精神的にも何の苦労も心配もなくのんびりと暮らす。補「左団扇」は左手でゆっくりと団扇を使う意で、安楽な暮らしのたとえ。

火《ひ》の車《くるま》

経済状態が極めて苦しい状態のたとえ。補仏教では「火車《かしゃ》」といい、罪人を乗せて地獄に運ぶという、火の燃えさかる車のこと。

▽子供たちの教育費がかさんで、家計は火の車だ。

金銭

悪銭《あくせん》身《み》に付《つ》かず

不当な方法で得た金はつまらないことに使ってすぐになくなってしまうということ。

▽会社から横領した金を競馬につぎ込んだが、悪銭身に付かずで全部すってしまった。

ある時払《ときばら》いの催促《さいそく》なし

借金する際の返済条件で、借り主は手元に余裕ができて返せるときに返せばよく、貸し主からは催促はしないということ。

▽彼はある時払いの催促なしで、金を借してくれた。

出雲《いずも》の神《かみ》より恵比寿《えびす》の紙《かみ》

色恋よりも金のほうがよいということ。補「出雲の神」は出雲大社の神で、縁結びの神様。「恵比寿」は七福神の一つで、商売繁盛の神様。「恵比寿の紙」は紙幣のことで、「神」を「紙」に替え、語呂合わせでいう。

一銭《いっせん》を笑《わら》う者《もの》は一銭《いっせん》に泣《な》く

わずかな金だからといって粗末にする者は、わずかな金さえなくて困ることになる。たとえわずかな金でも大切にしなければならないという戒め。

おけらになる

所持金がすっかりなくなる。すっからかんになる。無一文になる。補「おけら」は昆虫の「螻蛄《けら》」のこと。一説に、博打で負けて一文無しになり、身ぐるみはがされた者を裸虫といい、それをオケラに見立てたとされる。

敵《かたき》の前《まえ》より借金《しゃっきん》の前《まえ》

敵の前では堂々としていられるが、金を貸してくれた人の前では負い目があるので頭が上がらない。人から借金することのつらさをいう。

金《かね》が言《い》わせる旦那《だんな》

金を持っていると世間の人は「旦那」と呼んで持ち上げるものだが、それは金の力がそうさせるのであって、別に尊敬しているわけではない。金があれば人は寄ってくるが、ないとなれば人は去っていくもので、金の威力を示すことば。

金《かね》の切《き》れ目《め》が縁《えん》の切《き》れ目《め》

金がなくなればそれまでの付き合いも終わりになるということ。男女関係に用いられることが多い。

金《かね》の力《ちから》は阿弥陀《あみだ》ほど

金の威力は阿弥陀のご利益にも負けないほどである

ということ。補「阿弥陀」は西方の極楽浄土にいて、あらゆる人を救うという誓いを立てた、慈悲にあふれた仏。

類金の光は七光

金《かね》は三欠《さんか》くに溜《た》まる

世の中を生きていく上で大切な義理・人情・交際の三つを欠くくらいでないと金は溜まらないということ。補こうした心得を欠くとなにかと角が立つことから、「三欠く」は「三角」の意を重ねた語呂合わせでいう。

金《かね》は天下《てんか》の回《まわ》り物《もの》

金はいつも同じ所にとどまっているわけではなく、次から次へと世の中を渡っていくものだから、今はなくてもいつかは回ってくるということ。補金に困っている人に対して、励ます意味で用いることが多い。

借《か》りる時《とき》の地蔵顔《じぞうがお》返《かえ》す時《とき》の閻魔顔《えんまがお》

人から金を借りるときは地蔵のように穏やかな顔をしているが、返すときになると閻魔大王のように恐ろしい、不機嫌な顔をするということ。人は都合のいいことには笑顔で、都合の悪いことには渋い顔をするもので、そうした人情の機微をいう。

首《くび》が回《まわ》らない

借金などが多くて、金銭のやりくりがつかない。

▽あちこちに借金を抱えてしまい、どうにも首が回らなくなった。

財布《さいふ》の紐《ひも》を握《にぎ》る

金銭の出し入れや管理の権限を持つ。財政を担当する。特に、家計についていう。

▽我が家は妻がしっかり財布の紐を握っている。

地獄《じごく》の沙汰《さた》も金次第《かねしだい》

出『犬筑波《いぬつくば》』『浮世風呂《うきよぶろ》』

悪業を重ねた者が地獄で受ける裁きも、金を積めば有利な判定を下してもらえる。何事も金銭で思うままになるというたとえ。補「沙汰」は裁判、裁定の意。

丼勘定《どんぶりかんじょう》

金銭の出し入れがおおまかなこと。補「丼」は江戸時代、お金や小物を入れて持ち歩いた袋のこと、あるいは、大工や鳶《とび》などの職人が着けた腹掛けの前についたポケット状の物入れのこととも言われ、そこからお金を無造作に出し入れしたことから、このことばが生まれたとされる。

無《な》い袖《そで》は振《ふ》れない

持ってもいないものは出したくても出せない。主に金銭についていう。補着物の袖は金銭などちょっとした物を入れておく所で、その袖がないというのは金がないということ。

懐《ふところ》が暖《あたた》かい

所持金が多くある。補「懐」は着物の胸の内側の部分のことで、そこに財布を入れて持ち歩いたことから、所持金のたとえにいう。
▽臨時収入があったので今日は少し懐が暖かい。
対懐が寒い

倹約・浪費

火事後《かじあと》の釘拾《くぎひろ》い

無駄遣いをした後で、わずかばかりの倹約をしても何の役にも立たないことのたとえ。補火事で家を焼き、財産をなくしてしまった後で、焼け残った釘を拾っても何の足しにもならないことから。

金《かね》に糸目《いとめ》は付《つ》けない

金銭を惜しげもなく使う。補「糸目」は凧のバランスをとるためにつける数本の糸で、それを付けないと制御できなくなることからのたとえ。
▽欲しい物を手に入れるためなら金に糸目はつけない。

財布《さいふ》の紐《ひも》を締《し》める

むだに金を使わないようにする。補この財布は巾着型で、口紐をぎゅっと締めて中の金を使わないようにする意。

対財布の紐を緩める

札片《さつびら》を切《き》る

気前よく大金を使う。また、これ見よがしに大金を使う。

▽彼はみんなの前で札片を切ってみせた。

爪《つめ》に火《ひ》を点《とも》す

倹約してつましく暮らすことのたとえ。また、非常にけちなことのたとえ。補ろうそくの代わりに爪の先に火をつけて明かりにする意。

▽爪に火を点すようにして貯めた金をだまし取られる。

無《な》い時《とき》の辛抱《しんぼう》有《あ》る時《とき》の倹約《けんやく》

金がないときはどんなに困っても借金などせずにじっと我慢し、金があるときは倹約に努める、そうすれば財政がうまく保てるということ。

湯水《ゆみず》のように使《つか》う

金を惜しげもなくやたらに使うことのたとえ。

▽骨董蒐集で金を湯水のように使う。

ぜいたく

贅沢三昧《ぜいたくざんまい》

思う存分にぜいたくをすること。補「三昧」はしたい放題にする意。本来仏教語で、雑念を捨て、一つのことに心を集中することをいう。

▽贅沢三昧の暮らしをする。

贅《ぜい》を尽《つ》くす

これ以上ないほどのぜいたくをする。ぜいたくの限りを尽くす。

▽秀吉は贅を尽くして聚楽第を造営した。

金持ち・財産

親苦労《おやくろう》する子楽《こらく》する孫乞食《まごこじき》する

親が苦労して財産を築くと、子供はその財産で楽をして暮らし、孫の代になるとすでに財産は使い果たされ、物乞いをするまでに落ちぶれるということ。

金持《かねも》ち喧嘩《けんか》せず

喧嘩をして得することはないので、損得に敏感な金持ちは喧嘩しないものだということ。また、優勢な立場にあるものは小事にはこだわらないことのたとえ。

類金持ち船に乗らず

蔵《くら》が建《た》つ

大金持ちになることのたとえ。

▽彼はアイデア商品で大もうけして蔵が建つほどらしい。

財少《ざいすく》なければ悲《かな》しみ少《すく》なし

財産が多いとその維持や管理、死後の相続問題など煩わしいことが多いが、財産が少なければそうした心配事や悲しみも少なくて、気楽でよいということ。

三代続《さんだいつづ》けば末代続《まつだいつづ》く

初代が築いた財産を三代目まで持ちこたえることができれば、あとはずっと続くものだということ。

対三代続く分限《ぶげん》なし／長者三代

児孫《じそん》のために美田《びでん》を買《か》わず

子孫に財産を残すと、それに頼って安楽な生活をするようになり、子孫のためにはならないので、財産は残さないということ。補「美田」はよく肥えた田地のこと。故西郷隆盛が大久保利通におくった七言絶句の中の一節。

大尽風《だいじんかぜ》を吹《ふ》かせる

大金持ちであることをひけらかす。また、金持ちぶってやたらに大金を使う。補「大尽」は大金持ちの意。

富貴天《ふうきてん》にあり

富や高い地位を得るのは天の命によるもので、人の力ではどうにもできないということ。故孔子の弟子、子夏《しか》のことばで、この前に「死生《しせい》天にあり」といい、対句をなす。出『論語《ろんご》』

貧乏

稼《かせ》ぐに追《お》い付《つ》く貧乏《びんぼう》なし

まじめに一生懸命働いていれば、貧乏で困るということはないということ。出『毛吹草《けふきぐさ》』
対稼ぐに追い抜く貧乏神

稼《かせ》ぐに追《お》い抜《ぬ》く貧乏神《びんぼうがみ》

どんなに働いても、貧乏から抜け出せないということ。補「稼ぐに追い付く貧乏なし」をもじっていうもので、ユーモアと悲哀が感じられる。

赤貧洗《せきひんあら》うが如《ごと》し

極めて貧乏で、持ち物は洗い流したように何一つないさま。補「赤」は何もない意。▽若くて無名のころは赤貧洗うが如しで、三度の食事にも事欠くありさまだった。

隣《となり》の貧乏《びんぼう》は鴨《かも》の味《あじ》

隣の家が貧乏しているのを見るのは、おいしい鴨肉を食べるように快いものだということ。
類他人の不幸は蜜の味

貧《ひん》すれば鈍《どん》する

人は貧乏すると頭の働きがにぶくなり、心までさもしくなるということ。
類人貧しければ智短し

貧乏暇《びんぼうひま》なし

貧乏していると、生活費を稼ぐために忙しくて休むひまもないということ。補実際に貧乏ということではなく、忙しいことの口実に言うことも多い。

利益・損得

明日《あす》の百《ひゃく》より今日《きょう》の五十《ごじゅう》

明日手に入るかもしれないという不確実なことを当てにするよりも、少しでもいいから確実に今日手に入れるほうがよいということ。

甘《あま》い汁《しる》を吸《す》う

自分は苦労もしないで人の働きによって利益を得る。▽組織の上の人間だけが甘い汁を吸うような社会はおかしい。

類旨い汁を吸う

一文《いちもん》惜《お》しみの百《ひゃく》知《し》らず

目先のわずかな出費を惜しんで、将来それが大きな損失となることに気づかないこと。補「一文」はわずかな金銭のたとえ。

一石《いっせき》二《に》鳥《ちょう》

一つの行為で同時に二つの利益を得ること。補一つの石を投げて二羽の鳥を落とす意。西洋のことわざ。▽駅までバスに乗らずに歩けば、お金の節約にもなるし、運動にもなって一石二鳥だ。

類一挙両得

上前《うわまえ》をはねる

人に取り次いで渡すべき代金や賃金などの一部を自分のものにする。補「上前」は「上米《うわまい》」の変化した語で、仕事や売買などの仲介者が取る手数料のこと。「上米」はかつて寺社に寄進させられた年貢米の一部、また、諸国からの年貢米が神領などを通る際に徴収された、一種の通行税のことで、そこからの転義。▽アルバイト料の上前をはねる。

類頭をはねる／ピンはねする

海老《えび》で鯛《たい》を釣《つ》る

わずかな元手や労力で大きな利益を得ることのたとえ。**補**小さな海老を餌に魚の王様といわれる鯛を釣り上げる意。略して「海老で鯛」「海老鯛」ともいう。

漁夫《ぎょふ》の利《り》

出『戦国策《せんごくさく》』

当事者同士が争っているすきに、第三者に利益を横取りされることのたとえ。**故**鴫《しぎ》が蛤の肉を食べようとしてくちばしを突っ込むと、蛤はそのくちばしを挟み、両者が争っているところに一人の漁師が来て両方とも捕らえたという中国の故事から。

▽思わぬことから漁夫の利を占める。

鹿《しか》を逐《お》う者《もの》は山《やま》を見《み》ず

出『虚堂録《きょどうろく》』

目先の利益にとらわれて、別のもっと大切なことを見失うことのたとえ。**補**鹿を捕まえようと夢中になっていて山全体を見る余裕がない意。

類鹿を逐う猟師は山を見ず

損《そん》して得《とく》取《と》れ

たとえ一時的に損をしても、それが将来大きな利益になって返ってくるようにする。損をしたようで実は得をするのが商売のこつだということ。

▽商売のこつは損して得取れだ。

類損せぬ人に儲《もう》けなし

帳尻《ちょうじり》を合《あ》わせる

帳簿の収支が合うようにする。また、話や物事などのつじつまを合わせる。

▽赤字分を他から補填してなんとか帳尻を合わせた。

盗人《ぬすびと》に追《お》い銭《せん》

損をした上に損を重ねること。**補**盗人に金品をとられた上にさらに金までやる意。

▽店の金を着服していた者が辞めるとき退職金まで払っていたんだから、盗人に追い銭とはこのことだ。

類泥棒に追い銭

濡《ぬ》れ手《て》で粟《あわ》

たいした苦労もせずに大きな利益を得ることのたとえ。補「粟」は五穀の一つ。実は小さくて軽く、濡れた手でつかめば簡単に粟粒が手についてきてたくさんつかめることから。「濡れ手で粟の摑《つか》み取り」ともいう。

花《はな》より団子《だんご》

風流なことより実利のあるもののほうがよいということ。また、風流を解さないことのたとえ。補花見で花をめでるよりお腹を満たす団子を食べるほうがよいという意から。

類名を捨てて実を取る

人《ひと》の褌《ふんどし》で相撲《すもう》を取《と》る

他人のものを利用して、自分の利益をはかることのたとえ。

▽町の有力者の名を借りて商売するのは、人の褌で相撲を取るようなものだ。

坊主丸儲《ぼうずまるもう》け

元手なしで大もうけすることのたとえ。補坊さんは何の元手もかけずにお経をあげるだけでお布施がもらえることから。「坊主」は寺の主、住職の意。

間尺《ましゃく》に合《あ》わない

損得勘定が合わない。損をする。補「間尺」は尺貫法の「間《けん》」と「尺」で、家屋や建具などの寸法のこと。転じて、計算、割合の意。

▽みんなも同じことをしたのに私だけ叱られるなんて間尺に合わない。

類割に合わない

安物買《やすものか》いの銭失《ぜにうしな》い

安物は値段が安い分品質が劣り、長持ちしないので、結局は損をすることになるということ。

類安かろう悪かろう

割《わり》に合《あ》う

損得勘定が釣り合う。苦労するだけの利得がある。

▽そうそう割に合う仕事なんてない。

対 割に合わない

割《わり》を食《く》う

損をする。不利益を被る。

▽彼女は三人娘の真ん中で、しっかり者の長女とちゃっかり者の末っ子に挟まれて割を食うことが多い。

音信

音沙汰《おとさた》がない

便りや連絡がない。補「音」も「沙汰」も便り、知らせの意。

▽故郷に帰った友人から何の音沙汰もない。

音信不通《おんしんふつう》

便りや連絡がなく、どこにいて何をしているかなど消息がまったくわからないこと。補「音信」は便りや連絡の意で、「いんしん」とも読む。

▽彼の息子は十八で家を飛び出して以来音信不通だ。

久闊《きゅうかつ》を叙《じょ》する

長い間無沙汰をしたというあいさつをする。また、久しぶりに会って旧交を温める。補「久闊」は久しく人に便りをしなかったり、会わなかったりすること。

▽同窓会で三十年ぶりに中学時代の恩師と久闊を叙した。

便《たよ》りのないのは良《よ》い便《たよ》り

手紙や連絡がないということは、知らせるべき悪いことがないということで、それは相手が無事でいる証拠で喜ばしいことだということ。故 英語のことわざ No news is good news.の訳。

梨《なし》の礫《つぶて》

便りを出しても何の返事もないこと。補「梨」を「無し」にかけていう。「礫」は投げつける小石のこと。投げた小石は返ってこないことからのたとえ。

▽彼女に何度メールを送っても梨の礫だ。

旅・行楽

行楽日和《こうらくびより》

天候が行楽に最適であること。

▽よく晴れて今日は絶好の行楽日和だ。

旅《たび》の恥《はじ》は搔《か》き捨《す》て

旅先では知った人もいないことから、ふだん人前では決してしないような恥ずかしいことも平気ですると いうこと。

▽旅の恥は搔き捨てとばかりに夕バコをぽい捨てする。

旅《たび》は道連《みちづ》れ世《よ》は情《なさ》け

旅行には同行者がいると心強いものだし、世間を渡るにも人と人との付き合い、人情が大切だということ。

▽旅は道連れ世は情けというじゃありませんか。こうやって知り合ったのも何かの縁、仲良くやりましょう。

一人旅《ひとりたび》するとも三人旅《さんにんたび》するな

⇩ 一人旅するとも三人旅するな

（友人・仲間・交友）120頁

物見遊山《ものみゆさん》

あちこちを見物したり山野に遊びに行くこと。

▽気楽な物見遊山の旅に出かける。

旅装《りょそう》を解《と》く

宿に着いて、あるいは、旅先から帰って、旅行中着ていた衣服を脱いでくつろぐ。

▽ホテルに着いて旅装を解くと町の観光に出かけた。

衣食住

家《いえ》は狭《せま》かれ心《こころ》は広《ひろ》かれ

たとえ家は狭く、質素な暮らしでも、心は大きく広く持てということ。

衣食足《いしょくた》りて礼節《れいせつ》を知《し》る

出『管子《かんし》』

人は着る物や食べる物の心配がなく、満足に暮らせてはじめて、道徳心が高まり、礼儀をわきまえるようになるものだということ。

一汁一菜《いちじゅういっさい》

一杯の汁と一品のおかず。質素な食事のたとえ。補従来、日本の家庭では一汁三菜がふつうで、それよりも副菜が少ないことから。

類粗酒粗餐《そしゅそさん》 対食前方丈

憂《う》いも辛《つら》いも食《く》うての上《うえ》

苦しいとか辛いとか不平や不満が言えるのは満足に暮らせているからこそ言えるのであって、食べる物にも事欠くような状況ではそんなことは言っていられないということ。

借《か》り着《ぎ》より洗《あら》い着《ぎ》

人に借りてまで着飾るより、たとえ粗末でもきれいに洗った自分の物を着るほうがよい。人に頼ったり見栄を張ったりせず、貧しくとも自分の力で生活せよということ。

▽人は借り着より洗い着で、身の丈で暮らすのが一番だ。

類人の物より自分の物

京《きょう》の着倒《きだお》れ大阪《おおさか》の食《く》い倒《だお》れ

京都の人は着る物にお金をかけ、大阪の人は食べる物にお金をかけて、財産を潰すほどだということ。補この種のことわざは各地にあり、「紀州の着倒れ水戸の飲み倒れ尾張の食い倒れ」「阿波の着倒れ伊予の食い倒れ」のようにいう。

酒屋《さかや》へ三里《さんり》豆腐屋《とうふや》へ二里《にり》

家から酒屋に行くのに三里、豆腐屋でさえ二里もある。人里離れた不便な所のたとえ。補狂歌の「時鳥《ほととぎす》自由自在に聞く里は」に続く、下の句。

食前方丈《しょくぜんほうじょう》

きわめてぜいたくな食事のたとえ。補ごちそうが目の前に一丈四方（約三メートル四方）も並べられる意。「食前」は食事の席の前。「方丈」は一丈四方の意で、一丈は約三メートル。 出『孟子《もうし》』

対一汁一菜

空《す》き腹《ばら》にまずい物《もの》なし

お腹が空いていればどんな物でもおいしく食べられるということ。

類空腹は最高のソースである

住《す》めば都《みやこ》 出『世話尽《せわづくし》』

どんなに不便な所でも、住んでみれば愛着がわき、それなりに住みやすく思われるものだということ。

▽こんな田舎でも住めば都だ。

粗衣粗食《そいそしょく》

粗末な衣服と粗末な食べ物。質素で貧しい暮らしのたとえ。

▽粗衣粗食に甘んじて暮らす。

類悪衣悪食《あくいあくしょく》 対暖衣飽食

鯛《たい》も一人《ひとり》は旨《うま》からず

せっかくのご馳走も一人で食べたのではおいしくないということ。補「鯛」は魚の王様といわれ、祝い事には欠かせない。

暖衣飽食《だんいほうしょく》

暖かい衣服を着て、飽きるまで食べること。満ち足りた、豊かな生活のたとえ。

▽暖衣飽食の中で育った子供たちは、ややもすると人に

対する思いやりやハングリー精神に欠けるきらいがある。
類飽食暖衣　**対**粗衣粗食／悪衣悪食

健康・医療

青葉《あおば》は目《め》の薬《くすり》

青葉を見ると目の神経が休まり、目の疲れが取れる。▽長時間パソコンに向かうなど、目を酷使して疲れを感じたら、窓の外の木々の緑を眺めるとよい。青葉は目の薬といって、目ばかりでなく気持ちも爽やかになる。

朝《あさ》の果物《くだもの》は金《きん》

朝食べる果物はほかの時間に食べるより体によいということ。寝起きの頭を活性化するのに果物の糖分は有効とされる。
類朝の林檎は金

医者《いしゃ》の不養生《ふようじょう》

患者には養生を説いておきながら、自分の体のことはおろそかになりがちであるということ。
類紺屋《こうや》の白袴《しろばかま》

医者《いしゃ》を持《も》つより料理人《りょうりにん》を持《も》て

病気になったときのために大金で医者を抱えるより、料理人を雇って、食べ物や食事に気を使ったほうが健康によいということ。**故**西洋のことわざ。

一《いち》に看病《かんびょう》二《に》に薬《くすり》

病人にとって必要なことはまず第一に手厚い看病であり、薬はその次であるということ。病人にとってはやさしく温かい看病が快復のための何よりの薬となる。
類一に養生二に薬

一病息災《いちびょうそくさい》

一つくらい病気を持っているほうが、無理をせず体を大事にするので、かえって健康に過ごせて長生きするということ。

▽祖母は一病息災で九十歳まで生きた。

医《い》は仁術《じんじゅつ》

医術は人を救うためにあるもので、損得や金儲けのためにするものではないということ。補「仁」は博愛や同情の心。「仁術」はその仁を施す方法の意で、特に、病人の治療をして仁徳を施すことから医術のことをいう。

鬼《おに》の霍乱《かくらん》

ふだん元気な人が珍しく病気になることのたとえ。補「霍乱」は漢方の用語で、夏の暑気あたりによる吐き気や下痢などを伴う急性の病気や日射病のことで、丈夫なはずの鬼がそんな病気にかかるという意味から、からかっていうことが多い。

▽あの元気印の部長が風邪で休むなんて鬼の霍乱だね。

親《おや》が死《し》んでも食休《じきやす》み

たとえ親が死んだときでも、食べた後はしばらく休息をとったほうがよいということ。食後の休息の大切さをいうもの。

類食後の一睡万病円

柿《かき》が赤《あか》くなると医者《いしゃ》が青《あお》くなる

柿の実が赤く色づくころはまさに実りの秋。気候もよく、食べ物もおいしいので、医者にかかる人が減って、医者は商売上がったりになるということ。

類蜜柑が黄色くなると医者が青くなる／秋刀魚《さんま》が出ると按摩《あんま》が引っ込む

風邪《かぜ》は万病《まんびょう》のもと

風邪からいろいろな病気が引き起こされるということ。たかが風邪くらいと軽視するなという戒め。

類風邪は百病の長

食《く》うに倒《たお》れず病《や》むに倒《たお》れる

どんなに大食いであったり、美食家であっても食費くらいで破産するようなことはないが、病気をすると治療費や薬代がかさみ、財産をなくすことにもなりかねないということ。

薬《くすり》も過《す》ぎれば毒《どく》になる

薬には適量というものがあり、多く飲んだからといって効き目が増すというものではなく、かえって害になる場合がある。何事もほどほどが肝心だということ。

大食短命《たいしょくたんめい》

お腹いっぱいに食べるのは胃腸に負担がかかるだけでなく、栄養過多からさまざまな病気の誘因ともなるので、長生きできないということ。

対 小食は長生きのしるし

人参《にんじん》飲《の》んで首《くび》くくる

高価な薬用の朝鮮人参を飲んで病気は治ったが、その薬代のために首をくくる。病気を治そうと思ってしたことが結果として死を招くことになる。よいと思ってしたことが災いの元となる、本末転倒のたとえにもいう。

類 養生に身が痩せる

腹八分目《はらはちぶんめ》に医者《いしゃ》いらず

お腹いっぱいに食べるのではなく、八分目で少し足りないかなと思うくらいのほうが胃腸の負担もなく、体にはよいということ。

類 小食《こしょく》は長生きのしるし／軽い夕食は寿命を長くする

対 大食短命

蒲柳《ほりゅう》の質《しつ》

生まれつき病弱なこと。補「蒲柳」は川柳のことで、葉が細く、風に弱々しくなびくさまからのたとえ。

▽彼女は小さいころから蒲柳の質だった。

満身創痍《まんしんそうい》

全身傷だらけになること。転じて、精神的にひどく痛めつけられることのたとえにもいう。補「創痍」は刃物で受けた傷の意。

▽選手たちは満身創痍の状態でありながら、最後までベストを尽くして戦った。

無病息災《むびょうそくさい》

病気をせず、健康で無事に暮らすこと。補「息」は止める意で、「息災」はもとは神仏の力で病気や災いなどを防ぐ意。 出『漢書《かんじょ》』

薬石《やくせき》の効《こう》なく

さまざまな薬や治療の効果がなく、あらゆる手立てを尽くしたが、そのかいなく死ぬことをいう。補「石」は「石鍼《いしばり》」のことで、古代中国の鍼治療に用いられた。

▽薬石の効なく父は亡くなった。

病《やまい》は気《き》から

悩みや心配事などがあると病気になりやすく、また、病人はさらに病気が重くなるということ。

▽病は気からというから、何でもあまり深刻に考えないほうがいいよ。

類病気は気で勝つ／気軽ければ病軽し

病《やまい》は食《く》い勝《か》つ

薬を飲むよりも、まずは栄養のある物を食べて体力をつければ病気は治るということ。それも口から食べることが大切で、そうすることで気力も出て、より早い快復につながる。

夢《ゆめ》は五臓《ごぞう》の疲《つか》れ

夢を見るのは五臓が疲れているからだということ。

補「五臓」は心臓・肺臓・肝臓・腎臓・脾臓《ひぞう》のこと。

笑《わら》いは百薬《ひゃくやく》の長《ちょう》

⇩笑いは百薬の長（笑う・笑い）68頁

十、文化・学問・宗教

芸術

気韻生動《きいんせいどう》

芸術作品に気品があり、生き生きとしていること。出『輟耕録《てっこうろく》』
補「気韻」は上品な趣、気品の意。

虚実皮膜《きょじつひまく》

芸における真実は虚構と事実のわずかな境界にあるということ。補「皮膜」は皮膚と粘膜の意で、わずかな違いで区別が難しいことのたとえ。「ひにく」とも読む。故江戸時代中期の浄瑠璃・歌舞伎台本作者の近松門左衛門のことば。出『難波土産《なにわみやげ》』

芸術《げいじゅつ》は長《なが》く人生《じんせい》は短《みじか》し

芸術作品は作者が死んだあとも長く後世に残るが、人間の命ははかなく短いということ。故古代ギリシャの医師ヒポクラテスのことば。出『警句集《けいくしゅう》』

十日一水《じゅうじついっすい》

丁寧に精魂込めて芸術作品を仕上げること。補「五《ご》日一石《じついっせき》」と対で用い、一つの川を描くのに十日、一つの石を描くのに五日かける意。故杜甫《とほ》の「戯《たわむ》れに王宰《おうさい》の山水図《さんすいず》を画《えが》くに題《だい》する歌《うた》」より。
▽十日一水の力作。

神工鬼斧《しんこうきふ》

神業としか思えないような、すばらしい作品や技術のこと。補「神工」は神業、「鬼斧」は鬼が斧をふるったような見事な工作物のこと。出『荘子《そうじ》』
▽北斎晩年の鳳凰の天井絵は神工鬼斧のできばえだ。

文芸・書画

一字千金《いちじせんきん》

詩歌や文章などがすばらしいことのたとえ。故秦の 出『史記《しき》』

呂不韋《りょふい》が『呂氏春秋』を著したとき、一字でも直すことができたらその者に千金を与えようと言った故事による。

換骨奪胎《かんこつだったい》

古人や他人の詩や文章などの思想や形式を利用して、それに創意工夫を加え、独自の作品を作り上げること。**補**もとは道家の説で、凡骨を仙骨に換え、胎盤を奪い取る意で、人間が仙人に生まれ変わることをいう。 **出**『冷斎夜話《れいさいやわ》』

▽この戯曲はシェークスピアの『リア王』を換骨奪胎したものだ。

起承転結《きしょうてんけつ》

漢詩で、絶句や律詩の構成法の一つ。転じて、散文や話の構成、物事の順序・運び方についていう。**補**絶句では最初の「起句」で詩想を提起し、第二の「承句」で前の句を受け、第三の「転句」で一転して変化を与え、最後の「結句」で締めくくる。律詩の場合は二句を一組として展開させる。

▽君の話には起承転結がなくて、何が言いたいのかよくわからない。

月下推敲《げっかすいこう》

詩文を作るとき、字句をさまざまに工夫して練り上げること。**補**単に「推敲」ともいう。**故**唐の詩人賈島《かとう》が「僧は推《お》す月下の門」の「推す」を「敲《たた》く」にすべきかと迷い、韓愈《かんゆ》に尋ねると「敲く」ほうがよいと言われ、そのようにしたという故事による。 **出**『唐詩紀事《とうしきじ》』

彫心鏤骨《ちょうしんるこつ》

詩歌を非常に苦心して作り上げること。また一般に、非常に苦労すること。**補**「彫心」は心に彫りつける、「鏤骨」は骨に刻みこむ意。

椽大の筆《てんだいのふで》

堂々として優れた文章のたとえ。また、そうした文章を書く才能のたとえ。**補**「椽」は屋根板を支えるために棟から軒に渡す、垂木のこと。**故**晋の王珣《おうじゅん》が夢で **出**『晋書《しんじょ》』

垂木のような筆を授けられたという故事による。

筆耕硯田《ひっこうけんでん》

文章を書くことで、生計を立てること。補筆を田を耕す道具に、硯を田に見立てていう。

筆《ふで》を折《お》る

文筆活動をやめる。

▽その作家は戦争を機に筆を折った。

類ペンを折る／筆を断つ

筆《ふで》を執《と》る

絵や文字、文章を書く。執筆する。

▽彼はしばらく作家活動から遠ざかっていたが、思うところがあって再び筆を執った。

筆《ふで》を揮《ふる》う

毛筆で文字や書画を書く。揮毫《きごう》する。

▽この掛け軸の書は西郷隆盛が筆を揮ったものだ。

文人墨客《ぶんじんぼっかく》

詩文や書画をたしなみ、風雅を好む人。

▽ここは多くの文人墨客が愛した宿だ。

墨痕淋漓《ぼっこんりんり》

筆で書いたものが生き生きとして勢いがあるさま。補「墨痕」は墨のあと、筆跡。「淋漓」は汗や血などがしたたり落ちるさまで、筆勢の盛んなさまのたとえ。

洛陽《らくよう》の紙価《しか》を高《たか》める

出『晋書《しんじょ》』

著書が評判となり、よく売れること。補中国西晋の左思《さし》の詩「三都賦《さんとのふ》」が好評を博し、洛陽の人々は争って転写したため、紙が不足して値段が上がったという故事による。

音楽・演劇

顎《あご》振《ふ》り三年《さんねん》

尺八が吹けるようになるまでに、あごを振る練習だけでも三年かかる。また、どんなことでも習得するためにはかなりの年数がかかるものだというたとえ。

類首振り三年

大向《おおむ》こうを唸《うな》らせる

芝居で、目の肥えた観客を感心させる。また、一般に、見物の人々や一般大衆を感心させる。補「大向こう」は劇場の観客席後方の立ち見席のこと。また、その席の観客をいい、目の肥えた芝居通が多いとされる。

歌舞音曲《かぶおんぎょく》

歌を歌い、舞を舞い、音楽を奏でること。また、歌や舞、音楽を楽しむこと。

▽子供のころから歌舞音曲に親しんで育った。

千両役者《せんりょうやくしゃ》

一座の中心となる役者。また、芸や容姿がすぐれていて、人気のある役者。補千両の給金をとる役者の意。

類花形役者

大根役者《だいこんやくしゃ》

演技のへたな役者。補大根は白いことから「素人」の「しろ」にかけていう。

茶番狂言《ちゃばんきょうげん》

ありふれたことを題材に身振り手振りおかしく演じる即興の寸劇。転じて、底の見え透いた、ばかばかしい振る舞いのこと。茶番劇。

▽そんな茶番狂言に付き合っているひまはない。

同工異曲《どうこういきょく》

音楽や詩文などで、作り方は同じでも作品の味わいが違うこと。また、一見異なっているように見えても内容は同じであることにもいう。

▽彼の作品はどれも同工異曲で新鮮味に欠ける。

余韻嫋嫋《よいんじょうじょう》 出蘇軾《そしょく》「前赤壁賦《ぜんせきへきのふ》」

美しい声や音色の余韻があとまで長く残ること。また、詩文などを読んだあとの余情や、物事が終わったあとに残る情趣のたとえ。補「嫋嫋」は音声が細く長く続くさま。

技芸・芸能

一芸《いちげい》に秀《ひい》でる

特に一つの芸に抜きん出て優れている。
▽一芸に秀でた人はほかの何をやらせても見事にこなす。

一芸《いちげい》は道《みち》に通《つう》ずる

一つの芸を極めた者は、そのほかのことにおいても物事の道理がわかるようになるということ。

一子相伝《いっしそうでん》

学問や芸能、武術などの秘伝や奥義を自分の子供一人だけに伝えて、ほかには秘密にして絶対にもらさないこと。
▽一子相伝の技。
類父子相伝

芸《げい》は身《み》を助《たす》ける 出『毛吹草《けふきぐさ》』『菅原伝授手習鑑《すがわらでんじゅてならいかがみ》』

習い覚えた芸事や技術があれば、生活に困ったときなど、それによって生計を立てることができるということ。
対芸は身の仇《あだ》

多芸《たげい》は無芸《むげい》

多くの技芸に通じていると、一つのものを深く極めるということがなく、結局はどれも中途半端となり、何一つ芸を持たないのと同じだということ。一般に、多方面に才能を持つ人についてもいう。
類器用貧乏／何でも来いに名人はなし

百芸達《ひゃくげいたっ》して一心《いっしん》足《た》らず

多方面の技芸や芸能にすぐれた才能を発揮しながら、一番大切な芸に対する心構えに欠けるために大成しないということ。

未熟《みじゅく》の芸誇《げいほこ》り

芸の下手な者ほど、自慢したがるものだということ。反対に言えば、上手な人ほど自慢しないものだということ。

免許皆伝《めんきょかいでん》

師から弟子にその道の奥義をすべて伝授すること。また、それを認めること。

▽彼は剣術は示現流で、免許皆伝の腕前だ。

笑《わら》い三年泣《さんねんな》き三月《みつき》

義太夫節のけいこは泣くよりも笑うほうがはるかに難しいということ。芸事を身につけるには長年の修練が必要だというたとえ。

学問

一日一字《いちにちいちじ》を学《まな》べば三百六十字《さんびゃくろくじゅうじ》 出『菅原伝授手習鑑《すがわらでんじゅてならいかがみ》』

毎日怠らずにすこしずつ勉学に励めば、それが積り積もってやがては大きな成果となることのたとえ。

一丁字《いっていじ》を識《し》らず 出『唐書《とうじょ》』

一つの文字もしらない。無学な人をそしっていう。補「一丁字」は一個の字の意。「丁」は個の意の「个」を誤って書き写したものとされる。

類目に一丁字なし／一丁字もない

衣鉢《いはつ》を継《つ》ぐ

学問や芸術の世界で、師から奥義を授かり、後継者となる。また、先人の行った跡を継ぐ。補「衣鉢」の「衣」は袈裟《けさ》、「鉢」は托鉢《たくはつ》のときに用いる鉄鉢《てっぱつ》のこと。

本来は仏教で、師の僧が仏法を授けた印としてすぐれた弟子に袈裟と鉄鉢を与えたことにちなむ。

温故知新《おんこちしん》

出『論語《ろんご》』

昔のことをよく研究し、そこから新しい知識や見解を再発見すること。補「温」はたずね求める意。一説に、「温《あたた》めて」と読み、復習する意ともされる。故孔子のことば「故《ふる》きを温《たず》ねて新しきを知らば、以て師たるべし」から。

下学上達《かがくじょうたつ》

出『論語《ろんご》』

身近で初歩的なことから学び始めて、次第に高遠な道理にまで到達すること。故孔子のことば「下学して上達す、我を知る者は其れ天か」から。

格物致知《かくぶつちち》

出『大学《だいがく》』

事物についてくわしく調べ、その道理や本質を追究し見極めることにより学問や知識を深めること。故儒教の教書『大学』の「知を致《いた》すは物に格《いた》る「物を核《ただ》す」に在り」から。

曲学阿世《きょくがくあせい》

出『史記《しき》』

学問の真理を曲げて、世間や時勢にこびへつらうこと。補「学を曲げて世に阿《おもね》る」と読み下す。

▽情報を操作し、虚偽の発表をするなんて曲学阿世の徒のすることだ。

蛍雪《けいせつ》の功《こう》

出『晋書《しんじょ》』『蒙求《もうぎゅう》』

苦労して学問をすること。補「蛍雪」は蛍の光と雪の明かり。その明かりのもとで学問に励む意で、苦学のたとえ。故中国の春秋時代、晋《しん》の車胤《しゃいん》は貧しくて油が買えず、夏は蛍を集めて薄い絹の袋に入れ、その光を灯火の代わりにして勉強した。また、同じく貧しかった孫康《そんこう》は冬は窓辺の雪の明かりを灯火の代わりにして勉強したという故事から。

敬天愛人《けいてんあいじん》

出『南州遺訓《なんしゅういくん》』

天を敬い、人を愛すること。故西郷隆盛が学問の目的として述べた語。

向学心《こうがくしん》に燃《も》える

学問に励もうとする気持ちで満ちあふれている。勉学への気持ちが高まる。

▽向学心に燃えて上京する。

口耳《こうじ》の学《がく》　出『荀子《じゅんし》』

人から聞いたことをそのまま自分の説のように言うだけで、少しも自分の身になっていない学問。受け売りの学問。

▽君のいうことは単なる口耳の学にすぎない。

類道聴塗説

呉下《ごか》の阿蒙《あもう》　出『呉志《ごし》』

いつまでたっても昔のままで進歩のない人、また、無学でつまらない人のたとえ。補「呉下」は呉の国内、「阿」は親しみを込めて名前につける接頭語で、「阿蒙」は蒙さんの意。故中国の三国時代、呉の呂蒙《りょもう》は若いころ無学であったが、主君の孫権《そんけん》の勧めで学問に励んだ。その後、臣下の魯粛《ろしゅく》が呂蒙に会ったとき、非常に学問が進んでいて、「もはや、あなたは呉にいたときの蒙さんではない」と言った故事から。

少年老《しょうねんお》い易《やす》く学成《がくな》り難《がた》し　出朱熹《しゅき》の詩「偶成《ぐうせい》」

月日の経つのは早く、まだ若いと思っていてもすぐに年を取ってしまうが、学問の成就は時間がかかり難しいものである。従って、若者は寸暇を惜しんで勉学に励まなければならないということ。このあと、「一寸の光陰軽んずべからず」と続く。

碩学大儒《せきがくたいじゅ》

すぐれた大学者のこと。補「碩」は大きい意で、「碩学」は大学者のこと。「儒」は儒教を教える人、儒者の意で、一般に、学者の意で用いられる。

浅学菲才《せんがくひさい》

学問や知識が浅く、才能に乏しいこと。自分の学識や能力をへりくだっていうことが多い。補「非」はかぶの一種で、転じて、粗末な、劣ったの意。「菲才」は「非才」とも書く。
▽浅学菲才の身を恥じる。
対博学多才

千日《せんにち》の勤学《きんがく》より一時《いちじ》の名匠《めいしょう》

長年独学で勉強するより、短時間でもよい先生について学んだほうが効果があるということ。独学の弊害と教わることの大切さを説くもの。

類三年学ばんより三年師を選べ

象牙《ぞうげ》の塔《とう》

世間と没交渉で現実離れした学究生活。また、その研究室や大学のこと。故本来は、一九世紀フランスの文芸批評家サント・ブーヴが作家ヴィニーの芸術至上主義で現実逃避的な態度を批判して言ったことば。

断機《だんき》の戒《いまし》め

出『列女伝《れつじょでん》』

学問を途中で投げ出してしまってはなんにもならないという戒め。故孟子が学業半ばで家に帰ってきたとき、母親は織りかけていた機《はた》の糸を断ち切って織物が完成しないところを見せ、中途半端なことを戒めて師のもとに追い返したという故事から。

類孟母断機の教え

知行合一《ちこうごういつ》

出『伝習録《でんしゅうろく》』

知識と行為は切り離せないもので、真の知は必ず行動を伴うものであるということ。故中国の王陽明が唱えた説。

道聴塗説《どうちょうとせつ》

学問や知識などの理解がいい加減で、身についていないこと。また、他人の言うことをいい加減に受け売りすること。根拠のないうわさ話やデマの意にも用いる。補「塗」は「道」と同義。道端で聞きかじったことをすぐに同じ道端でほかの人に知ったかぶりをして話す意。

独学孤陋《どくがくころう》

学友も師も持たず、独りで学ぶ者は見識が狭く、頑固になりがちであるということ。独学を戒めていう。　出『礼記《らいき》』

博学多才《はくがくたさい》

広く学問に通じ、知識が豊富で、多方面にわたって豊かな才能を持っていること。

▽彼女は経済学者で、小説も書けば、絵も描く、まさに博学多才だ。

類博識多才

文武両道《ぶんぶりょうどう》

学問と武術の両方の道。また、そのどちらの道にもすぐれた能力を持っていること。

▽文武両道に秀でる。

亡羊の嘆《ぼうようのたん》

学問が多方面にわたっているため、真理を得るのが難しいことのたとえ。また、選択肢が多くて迷うことのたとえ。故中国の戦国時代に、楊朱《ようしゅ》の隣家の羊が逃げて、皆で追いかけたが、分かれ道が多くてついに見失い、途方に暮れたという故事から。　出『列子《れっし》』

六十の手習い《ろくじゅうのてならい》

年を取ってから学問や芸事などを始めること。晩学のたとえ。補「手習い」は習字のこと。

▽六十の手習いで、英会話教室に通い始めた。

論語読みの論語知らず《ろんごよみのろんごしらず》

『論語』を読んでも字面を理解するだけで、肝心な教えを実行しない。書物に書いてある内容は理解できても実行力が伴わないことのたとえ。また、そういう人をあざけっていう。補『論語』は儒教の開祖、孔子の言行を弟子たちがまとめた書。

和魂漢才《わこんかんさい》

日本の伝統的な精神をもって、中国から伝わった学　出『菅家遺誡《かんけいかい》』

問や知識を修得し活用すること。

和魂洋才《わこんようさい》

日本の伝統的な精神をもって、西洋の学問や知識を修得し活用すること。補明治時代になって、西洋の学問を受け入れる際の心構えとして、「和魂漢才」にならってできたことば。

宗教・神仏・信仰

悪人正機《あくにんしょうき》

悪人こそ、仏の救いを得られる機会を持つという説。

出『歎異抄《たんにしょう》』

故浄土真宗の開祖親鸞《しんらん》上人の「善人なおもて往生を遂ぐ、いわんや悪人をや」によるもので、ここでいう悪人とは自分の罪を自覚している者のこと。

一切衆生《いっさいしゅじょう》

仏教で、この世で命のあるものすべて。生きとし生けるもの、特に、人間のこと。補「一切」はなにもかもすべて。「衆生」はすべての命あるもの。

今際《いまわ》の念仏《ねんぶつ》誰《だれ》も唱《とな》える

元気な時は信心などなかったのに、死に際になると誰でも念仏を唱え、仏にすがるものであるということ。

類死にがけの念仏

鰯《いわし》の頭《あたま》も信心《しんじん》から

たとえ鰯の頭のようなつまらないものでもそれを信心の対象とする人にとってはありがたく思えるものである。何よりも信じることが大切であるということ。また、ほかから見れば価値がないように見えることをよしとして、かたくなにこだわる人をからかってもいう。補「頭」は「かしら」とも読む。故節分の夜にヒイラギの枝に鰯の頭をさしたものを戸口に掲げて邪気を払ったことにちなんだことわざ。

縁無《えんな》き衆生《しゅじょう》は度《ど》し難《がた》し

仏を信じない者はどんなに慈悲深い仏でも救いようがない。人の言うことに耳を傾けようとしない人はどうしようもないことのたとえ。補「縁」は仏縁、「衆生」は生きとし生けるものすべて、「度す」は此岸から彼岸に度《わた》すことで、救済する意。

神様《かみさま》にも祝詞《のりと》

神様はなんでもお見通しとはいえ、願いごとがあればきちんと祈って頼まなければ聞き届けてはくれない。たとえわかっていることでも、黙っていては相手に通じないことがあるから、改めて頼んだほうがよいということ。

類神にも物は申してみよ

神様《かみさま》はお見通《みとお》し

神様は人間がすることはどんなことでも知っているので、ごまかすことはできないということ。

▽神様はお見通しだから悪いことはできない。

類天道様は見通し

神《かみ》は正直《しょうじき》

神は人間の行いをすべて誤りなく見ていて、それに対して厳正に判断し賞罰を下すということ。

神《かみ》は非礼《ひれい》を享《う》けず

神は道に外れた願い事は受け入れないということ。

出『論語《ろんご》』

供養《くよう》より施行《せぎょう》

死んだ人を供養するより、生きている人のために施すことのほうが大切であるということ。信心深いのはよいが、そのために実生活をおろそかにするようなことがあってはならないという戒め。

苦《くる》しいときの神頼《かみだの》み

ふだん信仰などしていないのに、困ったときに限って神や仏に助けを求めること。転じて、ふだんは付き合いがないのに、困ったときだけ人に助けを求めることのたとえ。その身勝手さを批判してもいう。

葷酒山門《くんしゅさんもん》に入《い》るを許《ゆる》さず

匂いの強い野菜と酒は修行の妨げになるので寺に持ち込んではならないということ。補禅寺などの山門わきに「不許葷酒入山門」と書かれた札や石柱が立てられている。「葷」はにんにく、ねぎ、にら、しょうがなどの匂いの強い野菜のこと。

極楽往生《ごくらくおうじょう》

死んでのち、極楽浄土に生まれ変わること。また、安らかに死ぬこと。補「極楽」は「極楽浄土」の略。

▽極楽往生を願う。

極楽浄土《ごくらくじょうど》

仏教で、阿弥陀仏がいるとされる安楽な世界。何の苦しみもなく、楽しく、清らかで、この世でよいことをした人が死後に行くところとされる。単に「極楽」ともいう。また、西の方に向かって十万億土を経たところにあることから「西方浄土《さいほうじょうど》」ともいう。

斎戒沐浴《さいかいもくよく》

出『孟子《もうし》』

神事や仏事を始める前に飲食や行いを慎み、水を浴びて、心身を清めること。補「斎」は飲食や行いを慎み、不浄を避ける、「戒」は身の過ちをいましめる、「沐」は髪を洗う、「浴」は体を洗う意。

三位一体《さんみいったい》

キリスト教で、父なる神と、神の子キリストと、聖霊とは唯一である神が三つの姿となって現れたものであって、本来は一体であるとする教理。転じて、三つの要素が本質的には一つのものであること、また、三者が心を一つにすることのたとえにいう。

色即是空《しきそくぜくう》

出『般若心経《はんにゃしんぎょう》』

仏教で、この世のすべての形あるものは実体がなく、むなしいということ。続けて、同じ意味のことを「色」と「空」を置き換えて、「空即是色《くうそくぜしき》」と唱える。補「色」は有形の事物のこと。

精進潔斎《しょうじんけっさい》

仏教で、肉食を断ち、行いを慎み、けがれを避けて心身を清めること。補「精進」は肉食を避けて菜食し、身を清めること。「潔斎」は飲食・行いを慎み、不浄を避けて心身を清めること。

▽精進潔斎して修行に励む。

信心《しんじん》過《す》ぎて極楽《ごくらく》を通《とお》り越《こ》す

極楽に行くことを願っての信心のはずが、度を過ぎると迷信に陥るなどして身を誤り、極楽を通り越して地獄に行くことになりかねないということ。

信心《しんじん》は徳《とく》の余《あま》り

信心は真心のあらわれであるということ。また、信心は生活にゆとりがあってはじめてできるものであるということ。

対信心も欲から

信心《しんじん》も欲《よく》から

神仏を信仰するのも結局はご利益《りやく》に預かりたいという欲のためであるということ。

対信心は徳の余り

善男善女《ぜんなんぜんにょ》

仏教を信じる男女。また、信心深い人々。一般に、善人である男女の意でも用いられる。

▽寺の七年に一度のご開帳に多くの善男善女が訪れた。

大慈大悲《だいじだいひ》

仏の広くて大きな慈悲のこと。「大慈悲」ともいう。出『法華義疏《ほっけぎしょ》』

▽仏の大慈大悲にすがる。

天地神明《てんちしんめい》

天や地のすべての神々。

▽天地神明に誓って言うが、不正は絶対にしていない。

天佑神助《てんゆうしんじょ》

天の助けと神の加護。補「天佑」は「天祐」とも書き、「佑」「祐」ともに助ける意。

▽天佑神助を願う。

南《な》無《む》三宝《さんぼう》

仏・法・僧の三宝に帰依すること。また、失敗したときや成功を祈るときなどに唱える語で、「南無三」ともいう。補「南無」は梵語の音写で、「帰命《きみょう》（身命を仏に捧げる）」の意。

不《ふ》惜《しゃく》身《しん》命《みょう》

出『法華経《ほけきょう》』

仏教で、自分の体や命を惜しまず修行に励むこと。転じて、あることのために命を惜しまず尽くすこと。

補「身命を惜しまず」と読み下す。

▽不惜身命の覚悟で制度改革に取り組む。

仏《ほとけ》ほっとけ神《かみ》かまうな

信心もあまりこらずにほどほどにしろということ。補「ほっとけ」は「放っとけ」と「仏」をかけて、また、「かまうな」は「神」と語頭をそろえていうもの。

末法《まっぽう》思《し》想《そう》

仏教の歴史観で、末法の世には仏法がすたれて世の中が乱れるということ。補釈迦の入滅後、仏教のあり方について分けられた三期のうち、最初の五百年または千年間を正法（仏法が正しく行われる）、その次の五百年または千年を像法（仏法が形式化し悟りが得られなくなる）、その次の一万年を末法という。

御《み》明《あ》かしあって灯心《とうしん》なし

財産はあるが信仰心がないことのたとえ。また、大事なものが欠けていることのたとえにもいう。補「御明かし」は灯明のこと。灯明はあるが肝心の火をともす部分の灯心がないの意から。

水《みず》清《きよ》ければ月宿《つきやど》る

出『神霊矢口渡《しんれいやぐちのわたし》』

心が清らかな人には神仏の加護があることのたとえ。
補水が澄んで清らかだと月がきれいに映る意。

六根清浄《ろっこんしょうじょう》

六根から生じる迷いや執着、欲望を断ち切って身を清らかに保つこと。信仰登山や寒参りなどで唱えることば。補「六根」は仏教で、目・耳・鼻・舌・身・意の六つの感覚器官のこと。

占い・まじない

当《あ》**たるも八卦**《はっけ》**当**《あ》**たらぬも八卦**《はっけ》

占いは当たることもあれば外れることもあるということ。補「八卦」は易占いで、陰と陽を示す算木に現れる八種の基本の形のことで、それによって占う。

大吉《だいきち》**は凶**《きょう》**に還**《かえ》**る**

吉が過ぎて大吉となるとかえって凶に近くなる。よいことばかりは続かないということ。補易に基づくことばで、陽の卦《け》が最上になると陰の卦になるとされる。

八卦裏返《はっけうらがえ》**り**

占いは逆が出ることもあるので、凶が出たからといって気にすることはないということ。
類夢は逆夢

方位家《ほういか》**の家潰**《いえつぶ》**し**

方位にあまりこだわるとそれに振り回されて家を潰すことになりかねないということ。補「方位家」は易で方角の吉凶を占う人、また、方角にこだわる人のことをいう。

夢《ゆめ》**は逆夢**《さかゆめ》

夢は現実とは反対の形で現れるものだから、不吉な夢を見たからといって気にすることはないということ。
補現実と同じになる夢は「正夢」という。
類八卦裏返り　対夢は正夢

縁起

一富士《いちふじ》二鷹《にたか》三茄子《さんなすび》

初夢で見ると縁起がよいとされるものは、一番に富士山、二番目に鷹、三番目に茄子であるということ。補江戸時代から伝わることわざで、その由来は徳川家康の居城のあった駿河の名物を挙げたものとされる説のほか、富士は「不死」、鷹は「高」に通じて立身出世や栄達、「茄子」は実がたくさんなるので子孫繁栄を意味するなど、諸説がある。

縁起《えんぎ》を担《かつ》ぐ

何かをしたり決めたりするときなどに縁起のよしあしを気にする。補同様の意味で、「験《げん》を担ぐ」ともいい、「験」は縁起の意。

▽試合に行くときは縁起をかついでトンカツを食べることにしている。

類験《げん》を担ぐ／御幣を担ぐ

御幣《ごへい》を担《かつ》ぐ

縁起を気にしたり、迷信を信じたりする。そのような人を「御幣担ぎ」という。補「御幣」は神に供えたり、神主がお祓いに用いる、細長く切った紙や布を木の枝や竹の先にはさんで垂らしたもの。御幣を担いで不吉なものを祓うことから転じていう。

類縁起を担ぐ

十二、自然

自然・景色

花鳥風月《かちょうふうげつ》

自然の美しい風物・風景の形容。また、それにまつわる風流な遊びをいう。補花、鳥、風、月は自然の美を代表するもので、古くから風流の対象として鑑賞されてきた。

景勝《けいしょう》の地《ち》

景色が美しくすばらしい土地。補「景」は景色、「勝」はすぐれている意。

類風光明媚

山紫水明《さんしすいめい》

日の光に映えて山は紫色に見え、水は清らかに澄み切っているさま。美しく清らかな風景のたとえ。故頼《らい》山陽《さんよう》の詩「自画の山水に題す」より。

▽山紫水明の地。

深山幽谷《しんざんゆうこく》

出『列子《れっし》』

奥深い山と奥深くて静かな谷。人があまり足を踏み入れていないような、奥深くて静かな大自然の形容。

補「幽谷」の「幽」は奥深い意。

水天髣髴《すいてんほうふつ》

水と空がつながって見えて、境の見分けがつかないさま。特に、はるか沖合いの、水平線と空の区別がつかないさまをいう。補「水天」は水と空、海と空。「髣髴」はぼんやりしているさま。故頼山陽《らいさんよう》の詩「天《あま》草洋《くさなだ》に泊《はく》す」より。

晴好雨奇《せいこううき》

晴れた日は美しい景色が見られ、雨の日はそれなりにすばらしい景色が見られる。どんな天気でも景色がすばらしいことのたとえ。補「好」は美しい、「奇」はすばらしい意。故蘇軾《そしょく》の詩「湖上に飲《いん》す、初め晴れのちに雨ふる」より。

長汀曲浦《ちょうていきょくほ》
海岸線が曲がりくねりながらはるか遠くまで続くさま。補「長汀」は長く続くなぎさ、「曲浦」は曲がりくねった入り江。

白砂青松《はくしゃせいしょう》
白い砂浜と青々とした松林。海岸の美しい景色の形容。補「白砂」は「はくさ」とも読む。

風光明媚《ふうこうめいび》
景色が非常に美しいこと。補「風光」は自然の景色、風景。「明媚」は景色が清らかで明るく、美しいこと。
▽松島は日本三景の一つで、古くから風光明媚な地として知られている。

暮色蒼然《ぼしょくそうぜん》
夕暮れであたりが薄暗いさま。補「暮色」は夕暮れの景色、「蒼然」は薄暗いさまの意。
▽暮色蒼然とした鴨川のほとりを歩く。

満目蕭条《まんもくしょうじょう》
見渡す限りひっそりとしていてものさびしいさま。
▽真冬の湿原はまさに満目蕭条といったところだ。

季節・時候

秋の日《ひ》は釣瓶《つるべ》落《お》とし
秋の日は釣瓶が井戸の中にさっと落ちていくように、暮れ始めるとあっという間に暮れてしまう。秋の落日の速さのたとえ。補「釣瓶」は井戸の水をくみあげるための縄や竹竿などがついた桶のこと。

暑《あつ》さ寒《さむ》さも彼岸《ひがん》まで
立秋後の残暑も秋の彼岸ころには衰えて涼しくなり、立春後の余寒も春の彼岸ころになればやわらいで暖かくなるということ。

一葉《いちよう》落《お》ちて天下《てんか》の秋《あき》を知《し》る　出『文禄《ぶんろく》』

青桐の大きな葉が一枚落ちるのを見て、秋が来たことを知る。物事のわずかな兆しからその後の大勢を察知することのたとえ。特に、権勢の衰えにたとえられる。補「一葉」は一枚の葉の意。ここでは青桐の葉のこと。

類桐一葉《ひとは》

桜花爛漫《おうからんまん》

桜の花が満開になり、咲き乱れるさま。補時候の挨拶文に用いられることが多い。

▽桜花爛漫の折、いかがお過ごしでしょうか。

春宵一刻値千金《しゅんしょういっこくあたいせんきん》

春の夜をたたえることば。中国の詩人蘇軾《そしょく》の詩「春《しゅん》夜《や》」の一節で、続いて「花に清香有り、月に陰有り」とあり、花はすがすがしく香り、月はおぼろにかすみ、春の夜は趣があってわずかな時間でも千金に値するほどすばらしいということ。補「一刻」は中国の古い時間単位で、現在の約十五分に相当する。

春眠《しゅんみん》暁《あかつき》を覚《おぼ》えず　出孟浩然《もうこうねん》の詩「春暁《しゅんぎょう》」

春の夜は短い上に、暑くも寒くもなく気持ちがよいので、ぐっすり寝込んでしまって朝がきても気づかずに目が覚めないということ。

天高《てんたか》く馬肥《うまこ》ゆる秋《あき》

秋は空が高く澄み渡って晴れ、馬は肥えてたくましくなる。さわやかで過ごしやすい秋の好季節をいうことば。故『漢書《かんじょ》』に「秋に至れば馬肥ゆ」、初唐の詩人杜審言《としんげん》の詩に「秋高くして塞馬《さいば》肥ゆ」とあり、昔、中国では収穫の秋になると北方の騎馬民族の匈奴《きょうど》がたくましくなった馬に乗り、国境を越えて侵入してきたため、国境の警備を強める季節がやってきたという意味で用いられた。

灯火《とうか》親《した》しむべし

秋は涼しくさわやかで、夜も長いので読書に適しているということ。**補**「灯火」は電灯やろうそくなどの明かりの意で、「灯下」と書くのは間違い。手紙文の時候のあいさつに用いられることが多い。
▽灯火親しむべき候となりました。

冬至《とうじ》冬中《ふゆなか》冬始《ふゆはじ》め

冬至は暦の上では冬の半ばであるが、最も寒いのは立春前の寒《かん》のころなので、実際の冬の寒さは冬至からはじまるということ。**補**冬至は二十四節気の一つ。太陽暦では十二月二十一日ころで、北半球では一年で昼が一番短い。

夏海《なつうみ》秋山《あきやま》

夏は海のほうが晴れていれば天気がよく、秋は山のほうが晴れていれば天気がよいということ。
類夏沖の秋山

夏《なつ》は日向《ひなた》を行《い》け冬《ふゆ》は日陰《ひかげ》を行《い》け

夏は涼しい日陰ではなく暑い日向を行き、冬は反対に暖かい日向ではなく寒い日陰を行けということ。体を丈夫にするためにあえてつらいことをせよというたとえ。また、表立って出しゃばることなく、遠慮深く行動せよというたとえ。

二月《にがつ》は逃《に》げて去《さ》る

二月は短いのであっという間に過ぎてしまう。正月が終わったかと思うと、もう三月が近いというわけで、二月が格別に短く感じられることをいう。
類二月は逃げ月／一月往《い》ぬる二月逃げる三月去る

春《はる》の日《ひ》は暮《く》れそうで暮《く》れぬ

春は日が長いので、なかなか夕暮れにならないということ。
類春日《しゅんじつ》遅遅《ちち》／春の晩飯後三里 **対**秋の日は釣瓶落とし

冬《ふゆ》来《き》たりなば春遠《はるとお》からじ

寒く厳しい冬がやってきたならば、暖かい春はすぐそこまでやってきている。季節は巡るということ。また、今がどんなに不幸で辛くても、それに耐え抜けば必ず幸福な時が訪れるというたとえ。故イギリスの詩人シェリーの詩「西風に寄せる歌」より。

柳《やなぎ》は緑《みどり》花《はな》は紅《くれない》

春の美しい景色の形容。また、天然自然のあるがままで人の手の加わっていないさま。物事には自然の理が備わっていることのたとえにもいう。補柳の葉は緑が美しく、花は赤く咲いている意。

天候・気象

秋《あき》の夕焼《ゆうや》けは鎌《かま》を研《と》げ

秋の夕焼けは翌日晴れる兆候なので、鎌を研いで農作業の準備をしておけということ。続けて「秋の朝照り隣へ行くな」といい、朝焼けがして日が照りつけるときは雨の兆候だとされる。

朝雨《あさあめ》と女《おんな》の腕《うで》まくり

朝降る雨はどんなに大雨でも長続きせず、じきにやんでしまう。また、女が腕まくりして怒ってもそれほどおそろしくはない。朝雨も女の腕まくりもどちらもたいしたことはないということ。

類朝雨に傘いらず／朝雨は旱《ひでり》のもと

朝虹《あさにじ》は雨《あめ》夕虹《ゆうにじ》は晴《は》れ

朝、虹が出るのは雨、夕方虹が出るのは晴れるしるしだということ。

類朝虹傘忘るな／朝虹に川越すな／夕虹百日の照り

鐘《かね》の音《ね》がよく聞《き》こえると雨《あめ》になる

曇っていて湿度が高いときは空の上層と下層の気温の差が小さく、空気の密度の差も少ないので、音は上層に抜けず、横方向に遠くまで聞こえる。従って、遠くの鐘の音がよく聞こえるということはこれから雨になるということ。

雷《かみなり》の多《おお》い年《とし》は豊作《ほうさく》

夏の雷は熱雷といい、大地が強い日射を受けて上昇気流が生じ、上昇し冷えた水蒸気が氷晶となって落下するとき、上昇してきた氷晶との間で電位差ができて放電現象が起きる。夏に雷が多いということはそれだけ日射の強い日が多いということで、米の生育がよく、豊作が約束される。

類雷と稲光は稲をよく育てる

干天《かんてん》の慈雨《じう》

日照り続きのあとの恵みの雨。また、待ち望んでいたものに出会うことのたとえ。

狐《きつね》の嫁入《よめい》り

晴れているのに雨が降ること。俗に、そのときに狐の嫁入りがあるとされる。また、夜、山野などで連なって見える狐火のことで、嫁入り行列の提灯に見立てていう。

類天気雨／日照り雨

五風十雨《ごふうじゅうう》

五日ごとに風が吹き、十日ごとに雨が降る意で、そのような気候のときは農作物がよくできるということ。転じて、世の中が平穏無事なことのたとえ。

五月雨《さみだれ》は腹《はら》の中《なか》まで腐《くさ》らせる

梅雨時の長雨はじめじめとしていて、腹の中まで腐るのではないかと思うほど不快きわまりないということ。補「五月雨」は陰暦五月ごろに降る長雨。

三寒四温《さんかんしおん》

三日ほど寒い日が続いたあと、四日ほど暖かい日が続くことが繰り返される現象。シベリア高気圧の勢力がほぼ一週間の周期で強くなったり弱くなったりするために起こるもので、三月上旬ころにこの現象が見られるようになると、だんだん春に近づいている証拠である。

篠突《しのつ》く

雨が激しく降るさま。補「篠」は篠竹のことで、細い篠竹を何本も束ねて突き刺すように降る意。

車軸《しゃじく》を流《なが》す

大雨が降るさま。補車の心棒のように太い雨がはげしく降る意。

▽車軸を流すような集中豪雨。

台風一過《たいふういっか》

台風が通り過ぎること。また、そのあとの好天。

▽台風一過で朝から青空が広がった。

二八月《にはちがつ》に思《おも》う子船《こふね》に乗《の》するな　出『毛吹草《けふきぐさ》』

陰暦二月、八月は海が荒れるから大事な子供は船に乗せるなということ。陽暦でいえば、三月は季節風が強く、九月は台風が襲来する時期で、海が荒れ、船が難破するおそれがあることからいうもので、漁師も漁に出ないことが多い。

類二八月は船頭のあぐみ時

二百十日《にひゃくとおか》は農家《のうか》の厄日《やくび》

二百十日は立春から数えて二百十日目のことで、このころは台風が来ることが多く、農家にとっては収穫間際の作物に被害をもたらすよくない日であるということ。「二百十日の前後ろ」ともいい、その前後も含めて用心しなければいけない時期である。

八十八夜《はちじゅうはちや》の別《わか》れ霜《じも》

八十八夜のころに最後の霜が降り、それ以降は霜の心配はないということ。補「八十八夜」は立春から数えて八十八日めで、五月一、二日ころ。農作業でこのころを種まきの目安とした。ただし、関東以西でのことで、東北地方はあてはまらない。茶所では茶摘みが盛んになる。

彼岸過《ひがんす》ぎまで七雪《ななゆき》

彼岸が過ぎても雪が降ることがあるということ。**補**この場合の「彼岸」は春の彼岸で、春分の日（三月二十一日ころ）をはさんで前後七日間をいう。

富士山《ふじさん》が笠《かさ》をかぶれば雨《あめ》

富士山に笠雲がかかっているときは雨になるということ。笠雲は強風のとき山頂付近にできる雲で、低気圧が近づいて風が強くなると笠雲ができやすくなることから、雨の兆候とされる。

冬《ふゆ》の雨《あめ》は三日《みっか》降《ふ》らず

冬の雨は長続きしないということ。冬は西高東低型の気圧配置が続き、太平洋側では晴天の日が多い。

夕立《ゆうだち》は馬《うま》の背《せ》を分《わ》ける

出『鷹筑波集《たかつくばしゅう》』

夕立は馬の背の片側に降っても、もう一方の側は降らないほど、局地的であるということ。

夕焼《ゆうや》けは晴《は》れ朝焼《あさや》けは雨《あめ》

夕焼けが見られると翌日は晴れ、朝焼けならば翌日雨になるということ。**補**夕焼けや朝焼けは空気中に水蒸気が少ないとより赤く見える。天気は西から東に移動するので、西の空が夕焼けであるということは水蒸気が少ないということで、好天になる可能性が高い。一方、東の空の朝焼けは高気圧が東に去ったことを示すもので、代わりに低気圧が近づき天気が下り坂になる可能性が高い。

類入り日よければ明日天気

遣《や》らずの雨《あめ》

帰ろうとする人や出かけようとする人を行かせまいとして引き止めるかのように降ってくる雨。

▽恋人との別れ際に遣らずの雨が降る。

雪《ゆき》の明日《あした》は孫《まご》子《こ》の洗濯《せんたく》

雪の降った翌日は晴れて暖かくなることが多いので、自分のものだけでなく孫子のものまで洗濯をするということ。

雪《ゆき》の果《は》ては涅槃《ねはん》

雪が降らなくなるのは涅槃のころだということ。補「涅槃」は釈迦が死んだ陰暦二月十五日（現在は三月十五日）に行う供養の法要、涅槃会のこと。

雪《ゆき》は豊年《ほうねん》の瑞《しるし》

雪が多く降った年は豊作になるということ。

類大雪は豊作の兆し／雪は五穀の精《せい》

農事・園芸

青田《あおた》から飯《めし》になるまで水加減《みずかげん》

稲は田植えから秋になって収穫されるまで田の水の管理が大切で、さらに収穫した米をおいしく炊くためにも水加減が大切だということ。

雨栗《あまぐり》日柿《ひがき》

雨の多い年は栗のできがよく、日照りが続いた年は柿のできがよいということ。栗の実は日照りが続くと熟す前に落ちることが多く、反対に、柿の実は雨が続くと病虫害におかされやすい。

一種《いちたね》二肥《にこえ》三作《さんつく》り

よい農作物を作るための三か条で、まず第一に大切なことはよい種を選ぶこと。次に適度な肥料を与えること。そして世話をよくすること。

鶯《うぐいす》の早《はや》く鳴《な》く年《とし》は豊年《ほうねん》

春先が暖かくよい天候で、鶯が早くきて鳴くような年は農作物もよく育って豊作になるということ。春先のよい天候がそのまま続くと田起こしや種まきなどの農作業も順調に進むことからいわれる。

木《き》七《しち》竹《たけ》八《はち》塀《へい》十郎《じゅうろう》

木は七月、竹は八月に切るのがよく、土塀の土は十月に塗るのがよいということで、人名になぞらえていう。補ここでいう月は陰暦なので太陽暦より約一ヶ月ほど遅れ、七、八月は初秋から中秋、十月は初冬に当たる。木や竹は秋になると根からの水分吸収が少なくなり、材質が固いので切るのに適している。また、初冬は空気も乾き、天候も安定しているので、土塀を塗るのに適している。

桜《さくら》切《き》る馬鹿《ばか》梅《うめ》切《き》らぬ馬鹿《ばか》

桜は枝を切ると木が弱って病気になったり枯れやすくなるので切ってはいけない。逆に、梅は枝を剪定してやらないときれいな花が咲かず、よい実もならない。木にはそれぞれの性質があり、それに添った手入れが必要だということ。

竹《たけ》に花《はな》咲《さ》けば凶年《きょうねん》

竹に花が咲いた年は農作物が不作になるということ。補竹の花はかなり長い周期をおいて咲くので珍しく、また、咲くと枯れることが多いことからこのようにいわれる。

桃栗三年柿八年《ももくりさんねんかきはちねん》

芽が出てから実がなるまでに桃や栗は三年、柿は八年かかるということ。何事も達成するには相応の年月がかかるということのたとえにもいう。続けて「柚子《ゆず》は九年で花盛り梅は酸《す》いとて十三年」「柚子の大馬鹿十八年」「枇杷《びわ》は九年でなりかねる」などという。

天災・災害

雉《きじ》が鳴《な》けば地震《じしん》あり

キジは地震を感じるとケンケンと鳴くとされる。動物は人間にはない鋭い感覚を持ち、自然界の異変をいち早く感じ取り行動に移すので、人間はそれによって異変を知ることになる。

地震雷火事親父《じしんかみなりかじおやじ》

⇩ 地震雷火事親父（恐ろしい・恐怖）23頁

地震《じしん》のある前《まえ》には魚《さかな》が浮《う》き上《あ》がる

魚は地震の前に水面に浮き上がってあばれるといわれるが、動物特有の感覚によるもので、地震のときには通常とは違う動きが見られるという。

地震《じしん》のときは竹藪《たけやぶ》に逃《に》げろ

竹藪は根が張っていて地割れがしないし、竹が倒れてくることもないので安全で、地震が起きたときに避難するにはよいということ。

天災《てんさい》は忘《わす》れたころにやってくる

災害は時間が経てば人々の記憶から忘れ去られていくが、誰もが予想もしなかったころに再び災害が起きるものだということ。**故**物理学者で、随筆家としても知られる寺田虎彦のことばとされる。

天変地異《てんぺんちい》

自然界に起こるさまざまな異変。**補**「天変」は大雨・暴風・雷・日食・月食など、天空に現れる異変。「地異」は洪水・地震・津波・噴火など、地上に現れる異変。

鯰《なまず》が騒《さわ》ぐと地震《じしん》がある

いつもは池や川の底でじっとして動かない鯰がしきりに動くようなときは、地震があるとされる。一説に、地震のときに発生する地下電流を感じるためといわれ、特に予知能力があるということではない。

火元《ひもと》は七代《しちだい》祟《たた》る

火事を出すと隣近所をはじめ多くの人に迷惑をかけるので、火元となった家はいつまでも人にうらまれるということ。

十二、状況・状態・程度

明らか

浮《う》き彫《ぼ》りにする

物事をほかのことと区別してはっきりとわかるように目立たせる。

▽社会のひずみを浮き彫りにした小説を書く。

自明《じめい》の理《り》

わざわざ証明や説明をするまでもなく、明らかな論理。わかりきったこと。

▽今後ますます高齢化社会になっていくのは自明の理だ。

火《ひ》を見《み》るより明《あき》らか

はっきりしていてまったく疑う余地がないさま。

▽このまま放漫経営を続けていけばいずれ破綻するのは火を見るより明らかだ。

紛《まぎ》れもない

確かではっきりしている。間違いない。補他のものに混じって区別がつかなくなるようなことはないの意。

▽二人がその事件に関係していたのは紛れもない事実だ。

明明白白《めいめいはくはく》

はっきりとしていてまったく疑う余地がないさま。

補「明白」の「明」と「白」を重ねて強調していう語。

▽彼がその日出張先にいたのは明明白白の事実だ。

論《ろん》を俟《ま》たない

議論するまでもなく、明らかである。補「俟たない」は必要がないの意。

▽親に子供を養育する義務があることは論を俟たない。

意外

案《あん》に相違《そうい》する

思っていたことと違う。予想が外れる。

▽彼に会う前はこわい人かと思っていたら、案に相違してやさしかった。

思《おも》いの外《ほか》

当初思っていたことと異なるさま。意外なさま。

▽仕事が思いの外はかどったので早く帰宅できた。

思《おも》いも掛《か》けない

あらかじめ思ってもみない。まったく予期しない。

▽思いも掛けないことが次々に起こる。

類思いも寄らない

端無《はしな》くも

何のきっかけもなく。思いがけないことに。図らずも。補「端」はきっかけの意。

▽端無くも自治会長を引き受けることになった。

瓢箪《ひょうたん》から駒《こま》が出《で》る

起こるはずのないことが起こる。冗談で言ったことが本当になる。補「瓢箪」は酒などを入れる器で、ウリ科の植物の実から作る。「駒」は馬のこと。瓢箪から馬が出てくるわけはないことからのたとえ。略して「瓢箪から駒」ともいう。

類嘘から出た実《まこと》

勢い

沖天《ちゅうてん》の勢《いきお》い

天高く昇るほどの盛んな勢い。補「沖天」は天高く昇る意で、「冲天」とも書く。

▽ＩＴ関連企業は今や沖天の勢いだ。

飛《と》ぶ鳥《とり》を落《お》とす勢《いきお》い

⇩飛ぶ鳥を落とす勢い（興隆・繁栄）302頁

破竹《はちく》の勢《いきお》い

出『晋書《しんじょ》』

止めることができないほどの盛んな勢い。補竹は最初の一節に割れ目を入れると、あとはそれほど力を入れなくても次々と割れていくことからのたとえ。
▽強豪校を次々と破り破竹の勢いで決勝戦に進出した。

日《ひ》の出《で》の勢《いきお》い
朝日が昇るように、盛んな勢い。
▽日の出の勢いで出世する。

余勢《よせい》を駆《か》る
何かをなしとげた後、勢いに乗って別のことをする。
▽レストラン経営が成功した余勢を駆って、ほかの業種にも手を伸ばした。

燎原《りょうげん》の火《ひ》 出『書経《しょきょう》』
物事の勢いが激しくて防ぎようがないことのたとえ。特に、悪事や騒乱などが並外れた勢いで波及し広がるさまにいう。補「燎原」は野原を焼くことで、「燎」は焼く意。
▽動乱は燎原の火のように国中に広がっていった。

忙しい

席《せき》の暖《あたた》まる暇《ひま》もない
座っている時間もないほど忙しい。
▽午前中は来客が多くて席の暖まる暇もなかった。

てんてこ舞《ま》い
非常に忙しいこと。補「てんてこ」は太鼓の音の形容で、里神楽の太鼓の音に合わせて舞う意から。
▽祭りの日は朝からてんてこ舞いの忙しさだった。

猫《ねこ》の手《て》も借《か》りたい
非常に忙しくて、一人でも多くの人手が欲しいさまのたとえ。
▽農繁期は猫の手も借りたいくらいの忙しさだ。

忙中閑《ぼうちゅうかん》あり
どんなに忙しくても、わずかな暇はあるものだということ。
▽社長業は多忙を極めるが、忙中閑ありで、ときには美術館に行くこともある。

目《め》が回《まわ》る

非常に忙しいようすのたとえ。
▽歳末の売り出しで、店は一日中目が回るほどの忙しさだった。

いつも・常に

明《あ》けても暮《く》れても

毎日同じ状態が続いたり、同じことを繰り返すさま。いつもいつも。
▽役者志望の彼は明けても暮れても芝居の話ばかりしている。
類寝ても覚めても／年がら年中

常住坐臥《じょうじゅうざが》

いつも。常々。補座っているときも寝ているときも、の意。「常住」は事物が変化することなく永遠に存在すること。
▽常住坐臥この国の将来について考えている。

四六時中《しろくじちゅう》

一日中。いつも。補「四六時」は二十四時間の意。昔は一日が十二刻であったところから「二六時中」といい、現在は一日が二十四時間なので「四六時中」というようになった。
▽四六時中監視カメラで人の出入りをチェックする。

寝《ね》ても覚《さ》めても

寝ているときも起きているときも。
▽寝ても覚めても彼女のことを考えている。
類明けても暮れても／四六時中

影響

煽《あお》りを食《く》う

他からの影響を受けて痛手をこうむる。補強風や風圧を受けて倒れたり転んだりする意からのたとえ。

▽円高の煽りを食って倒産する中小企業が多い。

息《いき》が掛《か》かる

有力者の支配や保護などの影響下にある。

▽社長の息の掛かった社員。

一石《いっせき》を投《とう》じる

反響を呼ぶような意見や問題を投げかける。補水面に石を投げると波紋が広がることからのたとえ。

▽住民投票を求める運動は、民主主義のあり方に一石を投じる形になった。

尾《お》を引《ひ》く

影響があとまで続く。補特に、悪いことについていうことが多い。

▽失恋が尾を引いてなかなか立ち直れない。

影《かげ》を落《お》とす

過去の出来事などが好ましくない影響を及ぼす。

▽幼いころに母を亡くしたことが彼の人生に暗い影を落としていた。

波紋《はもん》を投《とう》じる

影響を及ぼす。補「波紋」は水面に石などを投げたときにできる、つぎつぎに広がっていく輪の模様のことで、「一石を投じる」との混同から生じた語。

▽大臣の不用意な発言が、経済界に波紋を投じることになった。

累《るい》が及《およ》ぶ

悪影響を被る。巻き添えになる。

▽今の年金制度では孫子の代まで累が及びかねない。

多い

数限《かずかぎ》りない

数え切れないほど多い。

▽きのこの種類は数限りなくある。

類数ある／数知れない

十指《じっし》に余《あま》る

十より多い。数えられないほど多い。補両手の十本の指では数えられない意。

▽彼の肩書きは十指に余る。

掃《は》いて捨《す》てるほど

多すぎて有り余るさま。

▽彼くらいの腕前のコックなら、掃いて捨てるほどいる。

類腐るほど

枚挙《まいきょ》に遑《いとま》がない

数が多過ぎていちいち数えていられない。補「遑」はひまの意で、「暇」とも書く。

▽近年組織ぐるみの不祥事は枚挙に遑がない。

大騒ぎ・騒然

上《うえ》を下《した》への大騒《おおさわ》ぎ

多くの人々が混乱して大騒ぎになるさま。ひどくあわてふためくさま。

▽急に番組の放送予定が変更され、スタッフは上を下への大騒ぎだった。

大山鳴動《たいざんめいどう》して鼠一匹《ねずみいっぴき》

前触れの騒ぎばかり大きくて、実際にはたいしたことは起こらないことのたとえ。補大きな山が音を立てて揺れ動くので、どうしたことかと思っていると、小さな鼠が一匹出てきたに過ぎなかった、の意。故ローマの詩人ホラティウスの『詩論』にあることば。

蜂《はち》の巣《す》を突《つつ》いたよう

多くの人々が混乱して大騒ぎになるさま。**補** 巣を突《つつ》かれて中からたくさんの蜂がいっせいに飛び出すようすからのたとえ。

遅い・のろい

蝸《か》牛《ぎゅう》の歩《あゆ》み

速度や物事の進み具合が非常に遅いこと。**補**「蝸牛」はかたつむりのことで、のろのろと這うことからのたとえ。

▽震災後の地域経済は蝸牛の歩みながら回復の兆しを見せている。

類 牛の歩み

牛《ぎゅう》歩《ほ》戦術《せんじゅつ》

国会で、議事の進行を遅らせるために、投票の際ののろのろと歩くこと。

▽野党は与党提出の議案に反対して、採決のとき牛歩戦術をとった。

同じ・同様

軌《き》を一《いつ》にする

物事のやり方や方法が同じである。**補**「軌」は車輪の跡、わだちのことで、転じて、物事の筋道の意。

▽行政改革については、両党は軌を一にした。

五《ご》十《じっ》歩《ぽ》百《ひゃっ》歩《ぽ》

出『孟子《もうし》』

わずかな違いはあるが本質的にはほとんど同じだということ。**故** 戦場で、五十歩逃げた兵士が百歩逃げた兵士を臆病者と笑ったが、どちらも逃げたことには変わりはないとした故事から。

▽どの企画書も五十歩百歩で斬新さに欠ける。

類 似たり寄ったり

ご多分《たぶん》に漏《も》れず
多くの人の場合と同じように。例外なく。補「多分」は多数、大部分の意。「他聞」と書くのは間違い。
▽我が家もご多分に漏れず、子供の教育費には頭を抱えている。

五分五分《ごぶごぶ》
優劣や可能性の有無などがほぼ同じであること。
▽二人の実力は五分五分だ。

大同小異《だいどうしょうい》
細かいところでは違いはあっても、全体としては同じであること。
▽選挙公約はどの党も大同小異だ。

判《はん》で押《お》したよう
いつも同じであるようす。
▽彼は判で押したように六時に帰宅する。

思い通り

思《おも》う壺《つぼ》
思惑や企ての通りになること。補さいころ賭博で、腕のいい壺振りになると思ったとおりの目を出せることからいう。
▽ここで怒ってけんかをしかけたら、それこそ相手の思う壺だ。

図《ず》に当《あ》たる
思い通りに事が運ぶ。
▽監督の作戦がみごとに図に当たって、チームは快進撃を続けた。

そうは問屋《とんや》が卸《おろ》さない
そんなに簡単には思い通りにはならない。補そんな安い値段では問屋は品物を卸さない意から。相手の勝手な言い分や思わくなどに対していう。

▽困ったときだけ頼ってきても、そうは問屋が卸さない。

終わり・終了

一巻《いっかん》の終《お》わり

続いてきたことが終わってしまうこと。結末がついてだめになること。また、死ぬこと。**補**かつて、無声映画の活動写真弁士がフィルムが一巻上映し終わるごとにこのように言ったことから。

▽綿密に計画してきたことも、ここで失敗したら一巻の終わりだ。

終止符《しゅうしふ》を打《う》つ

続いてきたことを終わりにする。決着をつける。**補**「終止符」は文章の終わりにつける符号、ピリオド。

▽二人の関係に終止符を打つ。

幕《まく》が下《お》りる

物事が終わる。結末がつく。**補**芝居が終わって幕が下りることから。

▽長い間の相続争いにようやく幕が下りた。

対幕が開く

簡単・たやすい

赤子《あかご》の手《て》を捻《ひね》る

いとも簡単にできることのたとえ。**補**力量の劣る者を相手にするときなどに用いる。

▽豪腕投手にしてみれば打者を連続三振に打ちとることくらい、赤子の手を捻るようなものだ。

朝飯前《あさめしまえ》

極めて容易なさま。**補**朝飯を食べる前でもできるほど簡単であるの意から。「朝飯前のお茶の子さいさい」ともいう。

▽棚を吊るくらい朝飯前だ。

お茶《ちゃ》の子《こ》さいさい

極めて容易にできること。たやすいこと。補「茶の子」は茶菓子のことで、食べても腹にもたれないことからいう。

▽これくらいの問題ならお茶の子さいさいで解ける。

お安《やす》い御用《ごよう》

人から頼まれごとをしたときに簡単であるとして快く引き受けて言うことば。補「お安い」は簡単である、たやすいの意。

▽旅行中の留守番ならお安い御用だ。

事《こと》もなく

簡単に。容易に。補何事もなくの意。

▽彼は五十キロもあるバーベルを事もなく持ち上げた。

類苦もなく／手もなく

造作《ぞうさ》もない

手間が掛からない。簡単である。

▽宙返りを造作もなくやってのける。

訳《わけ》はない

簡単である。容易である。

▽壊れた電気製品を直すくらい訳はない。

完璧

間然《かんぜん》する所《ところ》がない　出『論語《ろんご》』

ほかから口を差し挟む余地がない。批判や非難すべき欠点がない。

▽彼はチームリーダーとして間然する所がない。

類非の打ち所がない

完全無欠《かんぜんむけつ》

完全でまったく欠点のないこと。

▽この世に完全無欠の人間なんていない。

完膚無《かんぷな》きまで

徹底的に。補全身傷だらけになるまで、の意。「完膚」は傷ひとつない完全な皮膚。

▽完膚無きまでに打ちのめす。

申《もう》し分《ぶん》がない

欠点がなく、非難のしようがない。文句の付けようがない。補「申し分」は「言い分」の謙譲語で、不満に思うところ、文句の意。

▽再就職の条件としては申し分がない。

危険・危機

一触即発《いっしょくそくはつ》

ちょっと触ると爆発しそうなほど、非常に危険な状態にあること。

▽二人の関係はこじれにこじれて一触即発の状態だ。

危機一髪《ききいっぱつ》

危機が間近に迫っている状態。非常に危険な状態にあるさま。補髪の毛一本ほどのすき間しかないくらい危機がせまっている意。

出韓愈《かんゆ》「孟尚書《もうしょうしょ》に与《あた》うるの書《しょ》」

▽危機一髪のところで助かる。

風前《ふうぜん》の灯火《ともしび》

危機に瀕して今にも命や物事の存続が危ぶまれる状態。補風が吹き当たるところに置かれた灯火が今にも消えそうになることからのたとえ。

▽江戸時代から続いた老舗も経営難で今や風前の灯火といったところだ。

諸刃《もろは》の剣《つるぎ》

一方では役に立つが、他方では害をもたらす危険性があるもののたとえ。補両端に刃がついている剣は相手を斬るとともに、自分もけがをする危険性があることからいう。

▽その法律は適用の仕方によっては諸刃の剣となりうる。
類 諸刃の刃《やいば》／両刃の剣

累卵《るいらん》の危《あや》うき

出『史記《しき》』

非常に不安定で危険な状態にあること。補「累卵」は卵を積み重ねる意で、積み重ねた卵はいつ崩れるかわからないことからのたとえ。
▽現政権はまさに累卵の危うきにある。

距離

至近距離《しきんきょり》

きわめて近い距離。間近。
▽至近距離で撃たれて死ぬ。

指呼《しこ》の間《かん》

指さして呼べば返事が返ってくるほどの、近い距離。
▽知床と国後島は指呼の間と言ってもいいくらいだ。

目《め》と鼻《はな》の先《さき》

距離がきわめて短いさま。
▽友達の家はつい目と鼻の先にある。

切り抜ける

急場《きゅうば》を凌《しの》ぐ

差し迫った状況下で、一時的にその場を切り抜ける。
▽仮設住宅で急場を凌ぐ。

血路《けつろ》を開《ひら》く

敵の包囲網を破って逃げる道をつくる。また、困難な状態を切り抜ける。補「血路」は狩りで傷ついた獣が血をたらしながら逃げる道の意。
▽円高不況の折、生産部門の拠点を海外に移すことで血路を開いた。
類 活路を開く

死中《しちゅう》に活《かつ》を求《もと》める

出『後漢書《ごかんじょ》』

ほとんど絶望的な状態にあって、なお生きる道を探し求める。困難な状態を打開するためにあえて危険を冒す。補「活」は「生」ともいう。

▽経営破綻した会社を再生するためには死中に活を求めるしかない。

食い違い・行き違い・ずれ

歯車《はぐるま》が噛《か》み合《あ》わない

相手と意見や感情が食い違う。

▽彼と話をしていても、問題の捕らえ方が違うからかどうも歯車が噛み合わない。

歯車《はぐるま》が狂《くる》う

順調に行っていたことがあることがきっかけでうまくいかなくなる。

▽二世帯同居にしたら生活の歯車が狂ってしまった。

ボタンを掛《か》け違《ちが》える

行き違いが生じる。補洋服のボタンを掛け間違えて、ちぐはぐになることからのたとえ。

▽二人はどこかでボタンを掛け違えたらしく、間柄がうまくいかなくなった。

空想・非現実的

机上《きじょう》の空論《くうろん》

頭の中で考えただけで、実際には役に立たない議論や計画。

▽机上の空論を重ねても問題の解決にはならない。

類畳の上の水練

空理空論《くうりくうろん》

実際とかけ離れていて役に立たない考えや理論。補

「空」は根拠がない、むなしい意。

▽討論会は空理空論の応酬で終わってしまった。

砂上《さじょう》の楼閣《ろうかく》

基礎がしっかりしていなくて崩れやすいもののたとえ。また、実現性の乏しい物事のたとえ。補砂の上に建てた高い建物の意。

類空中楼閣

白昼夢《はくちゅうむ》

真昼に見る夢のような、非現実的な空想。補「白昼」は昼間、真昼の意。

▽君の描く構想は実現性に乏しく、白昼夢に過ぎない。

類白日夢

契機・きっかけ

起爆剤《きばくざい》になる

あることを引き起こすきっかけになる。補「起爆剤」は爆発を起こすための火薬で、物事のきっかけとなるもののたとえ。

▽若者たちが地元産の材料で作ったケーキが話題になり、町興しの起爆剤になった。

引《ひ》き金《がね》になる

よくないことを引き起こすきっかけとなる。補「引き金」は銃を撃つときに引く金具のことで、きっかけのたとえ。

▽友達の何気ない一言が引き金になって、彼は今まで押さえていた感情を爆発させた。

呼《よ》び水《みず》になる

あることを引き起こすきっかけになる。補「呼び水」は井戸のポンプの水が出ないとき、別の水を注いで誘い上げること、また、その水をいう。

▽先頭打者のヒットが呼び水となって打線が爆発し、勝利をものにした。

結局

揚《あ》げ句《く》の果《は》てに

いろいろあって、その結果。補「揚げ句」は連歌や連句の最後の七七のこと。五十句、百句と長く続き、最後の七七でようやく終わることから、行き着いた結果のたとえにいう。単に「揚げ句」ともいい、よくない結果に用いられることが多い。

▽客はさんざん品物にけちをつけ、揚げ句の果てに何も買わずに出ていった。

詰《つ》まる所《ところ》

突き詰めれば。要するに。

▽あなたの言いたいことは詰まる所、希望の部署に配置換えをしてほしいということですね。

とどのつまり

最終的には。結果的には。補「とど」は出世魚で、成長に従って名前が変わるボラの最後の呼び名であることからのたとえ。途中いろいろあって、最後に望ましくない結末となる場合に用いられることが多い。

▽箱物行政というのはとどのつまりは税金の無駄遣いということだろう。

取《と》りも直《なお》さず

前に述べたことを言い換えると。つまり。

▽その会社で地方の支店に転勤ということは、取りも直さず出世街道を外れたということらしい。

欠点・弱点

画竜点睛《がりょうてんせい》を欠《か》く

出『歴代名画記《れきだいめいがき》』

最後の仕上げができていないため、肝心なところが抜けていて全体が精彩を欠くことのたとえ。補「画竜点睛」は物事を完璧なものとするための最後の仕上げ、また、物事のもっとも肝心なところのたとえ。「睛」

は瞳、目玉の意。故中国六朝時代、絵の名人張僧繇《ちょうそうよう》が寺の壁に竜の絵を描いたが、目を入れると飛んでいってしまうからと目だけは描かなかった。それを信じない人々の求めに応じて目を入れるとたちまち天に昇っていったという故事による。

類仏作って魂入れず

毛《け》を吹《ふ》いて疵《きず》を求《もと》む

出『韓非子《かんぴし》』

他人の小さな欠点を見つけ出す、あら捜しをすることのたとえ。また、他人の欠点を暴こうとして、かえって自分の欠点をさらけ出してしまうことのたとえ。

補毛を左右に吹き分けて小さな疵を探し出す意から。

類藪をつついて蛇を出す

玉《たま》に瑕《きず》

出『論衡《ろんこう》』

ほとんど完全なものに、惜しいことにほんの少し欠点があることのたとえ。補「玉」は美しい宝石、真珠、「瑕」は宝石の表面についたきず。

▽彼は頭は切れるし仕事もできるが短気なのが玉に瑕だ。

弁慶《べんけい》の泣《な》き所《どころ》

向こうずねのこと。また、強い者の唯一の弱点のたとえ。補強いはずの弁慶でも向こうずねを蹴られると泣くほど痛いということから。

▽彼は優秀な社員だが語学に弱いのが弁慶の泣き所だ。

限度・程度

嫌《いや》という程《ほど》

うんざりするほど。飽きるほど。また、ひどく。補これ以上はもう嫌だというくらいの意。

▽父から昔の話を嫌という程聞かされた。

関《せき》の山《やま》

精いっぱい。故「関」は東海道五十三次の四十七番目の宿場町、伊勢の関宿のこと。「山」は山車。関宿の祭りの山車は立派で、何基もの山車が勢ぞろいすれば狭い街道は身動きもとれないほどであったことからのたとえ。

▽彼の実力では学内で優勝するくらいが関の山だ。

常軌《じょうき》を逸《いっ》する

常識の範囲を超えた言動を取る。

▽彼の常軌を逸した行動に驚く。

高《たが》が知《し》れる

程度がほぼわかっている。たいしたことはない。補「高」は程度、最高限度の意。

▽子供が食べる量など高が知れている。

天井知《てんじょうし》らず

物価や相場などがどんどん高くなって、どこまで上がるかわからないさま。

▽天候不順で野菜の値段が天井知らずで上がっている。

度《ど》が過《す》ぎる

ちょうどよい程度を超える。

▽度が過ぎた演出は観客をうんざりさせた。

途轍《とてつ》もない

程度が並み外れていて、道理に合わないさま。補「途轍」は道と車のわだち、転じて、筋道、道理の意。

▽途轍もない大きな夢を抱く。

類途方もない

程《ほど》がある

物事には限度というものがある。補あきれて物も言えないようなときに用いる。

▽ふざけるにも程がある。

効果・効き目

薬《くすり》が効《き》く

薬の効果がある。また、叱ったり注意や忠告をしたりした効き目が現れる。
▽この間部下にさんざん注意したら落ち込んでしまった。薬が効きすぎたかな。

糠《ぬか》に釘《くぎ》

何の手ごたえもなく、効き目のないことのたとえ。
補 糠に釘を打っても効き目がないことから。
▽息子にいくら生活を改めるよう説教しても糠に釘だ。
類 豆腐に鎹《かすがい》

暖簾《のれん》に腕押《うでお》し

こちらから働きかけても相手に手ごたえがなく、張り合いがないことのたとえ。補 暖簾を腕で押しても何の手ごたえもないことから。
▽母がいくら旅行に誘っても父は暖簾に腕押しだった。

公然

公《おおやけ》にする

世間一般に知らせる。公表する。
▽外交問題で米国との間に密約があったという事実は公にすべきだ。

公《おおやけ》になる

世間一般に知られる。
▽その作家に隠し子がいたことが公になった。

表沙汰《おもてざた》になる

秘密にしていたことが世間に知れ渡る。また、裁判沙汰になる。
▽社内の不祥事が表沙汰になるのはなんとか防ぎたい。

公然《こうぜん》の秘密《ひみつ》

本来秘密であるはずのことが知れ渡っていること。誰もが知っていること。
▽二人が付き合っているのは公然の秘密だ。

好都合

鴨《かも》が葱《ねぎ》を背負《しょ》って来《く》る

非常に好都合なことのたとえ。補鴨が葱を自分で背負ってやってくればすぐに鴨鍋ができることから。略して「鴨葱」ともいう。

▽無防備な観光客は、すりにとっては鴨が葱を背負って来るようなものだ。

闇夜《やみよ》の提灯《ちょうちん》

困っているときに折よく頼りになるものに出会うことのたとえ。

▽資金繰りに困っていたときの彼の融資は、まさに闇夜の提灯だった。

渡《わた》りに船《ふね》

出『法華経《ほけきょう》』

何かをしようとしたり、困っている場合などに、それを助けてくれるような好都合なことが起こること。

▽仕事に行き詰まっていたとき声をかけてくれる人がいて、渡りに船とばかりにその人の会社に転職した。

困る・困難・窮地

暗礁《あんしょう》に乗《の》り上《あ》げる

思いも寄らない困難のために事の進行が妨げられる。補船が海中の隠れ岩に乗り上げて動けなくなることからのたとえ。

▽彼らの計画は出資先の倒産で暗礁に乗り上げた。

窮《きゅう》すれば通《つう》ず

出『易経《えききょう》』

困り果てるとその状態から逃れようと懸命に知恵を絞るので、かえって道が開けるものだということ。

窮余《きゅうよ》の一策《いっさく》

追い詰められて困り果てたときに、苦し紛れに考え出した一つの方法・手段。

▽窮余の一策でうそをつく。

進退《しんたい》谷《きわ》まる

どうにもならない窮地に追い込まれる。補進むことも退くこともできない意。「進退これ谷まる」ともいう。「谷まる」は「窮まる」とも書く。出『詩経《しきょう》』

▽上司と部下との板挟みで進退きわまる。

絶体絶命《ぜったいぜつめい》

追い詰められて、どうにも逃れられない状態。補陰陽道の九星で、「絶体」も「絶命」も凶星であることからいう。「絶体」を「絶対」と書くのは誤り。

▽絶体絶命の窮地に立たされる。

手《て》を焼《や》く

どう対処したらよいか扱いに困る。てこずる。

▽反抗期の子供に手を焼く。

途方《とほう》に暮《く》れる

どうしたらよいかわからず、困り果てる。

▽たくさんの在庫を抱え途方に暮れる。

二進《にっち》も三進《さっち》も行《い》かない

行き詰まってどうにも身動きが取れないさま。補「二進《にしん》」「三進《さんしん》」が変化した語。「にっち」「さっち」はそろばん用語の「二進一十《にしんいんじゅう》」「三進《さんしん》一十」といい、二を二、三を三で割ると割り切れて計算のやりくりがつくが、それができない意から。

▽商売はここにきて二進も三進も行かなくなった。

抜《ぬ》き差《さ》しならない

対処のしようがないさま。どうにもならないさま。補刀を抜くことも差すこともできない意から。

▽両国の関係は悪化する一方で、抜き差しならないところにきてしまっている。

八方塞《はっぽうふさ》がり

困難な状況に陥ってそこから抜け出せないこと。補本来陰陽道などで、どの方角も事をするには不吉なことをいう。
▽何をやってもうまくいかず八方塞がりの状態だ。

袋《ふくろ》の鼠《ねずみ》
追い詰められて逃げ場のない状態のたとえ。
▽犯人は警官に追われて路地に逃げ込んだが、もはや袋の鼠だ。

弁慶《べんけい》の立《た》ち往生《おうじょう》
困り果てて立ち尽くすさま。進退きわまるさま。故 武蔵坊弁慶が衣川《ころもがわ》の戦いで、義経をかばい体中に矢を射られながらも立ったまま死んだという故事から。

混雑

芋《いも》の子《こ》を洗《あら》うよう
大勢の人で混雑する様子のたとえ。
▽日曜日の海水浴場は芋の子を洗うようだった。

押《お》し合《あ》い圧《へ》し合《あ》い
大勢の人が押し合って混雑するさま。補「圧《へ》す」は押しつける意。
▽社殿から投げられる豆まきの豆を取ろうと、参詣者たちは押し合いへし合いした。

押《お》すな押《お》すな
大勢の人がいっきょに押しかけて混雑するさま。
▽バーゲン会場は押すな押すなの大盛況だ。

差異・隔たり

雲泥《うんでい》の差《さ》
二つのものが大きくかけ離れているさま。補「雲」は天、「泥」は地で、天と地ほどの差の意。
▽大企業と中小企業とでは待遇面で雲泥の差がある。

桁《けた》が違《ちが》う

程度や規模が他とは格段の差がある。補「桁」はそろばんの玉を通した縦棒のことで、数の位を示す。位取りが違えば大きな差が出ることからのたとえ。

▽国と地方自治体では予算の桁が違う。

類桁が外れる

月《つき》と鼈《すっぽん》

二つのものが大きくかけ離れていることのたとえ。補月もすっぽんも形が丸いところは似ているが、実際はまったく違うものであることから。

▽彼のゴルフの腕前はプロ並みで僕とは月と鼈だ。

同日《どうじつ》の論《ろん》ではない

出『史記《しき》』

力量や程度の差がありすぎて比べものにならない。

故昔、中国では功績にふさわしい行賞を決めるのに、身分や功績の大小により日を変えて行ったことに由来。

▽彼の才能に比べたら私などは同日の論ではない。

差し迫る・緊急

一刻《いっこく》を争《あらそ》う

急ぐ必要があり、少しの時間もむだにできないさま。

▽一刻を争う事態が発生する。

類分秒を争う

急《きゅう》を要《よう》する

差し迫っていて、急ぐ必要がある。

▽急を要する案件から審議する。

事《こと》ここに至《いた》る

どうにも手の施しようのない差し迫った事態になる。

▽客足は減る一方で、事ここに至っては廃業しかない。

焦眉《しょうび》の急《きゅう》

出『五灯会元《ごとうえげん》』

差し迫った危険や急務。緊急を要すること。補眉が焦げるほどに火が近づいている意から。

▽豪雨対策の護岸整備が焦眉の急とされている。

旦夕《たんせき》に迫《せま》る

今晩か明朝かというほどに時期や危険が差し迫っている。補「旦夕」は朝と晩の意。

▽命《めい》旦夕に迫る。

寂しい

閑古鳥《かんこどり》が鳴《な》く

訪れる人がいなくて閑散としているさま。特に、客商売がはやらないさまにいう。補「閑古鳥」はカッコーのことで、鳴き声がいかにもわびしく聞こえることからのたとえ。

▽平日の土産物屋は閑古鳥が鳴いていた。

形影相弔《けいえいあいとむら》う

ほかに慰めてくれる人もなく、孤独で寂しいさま。補自分を自分の影が慰める意。「形影」は形とその影。

歯《は》が抜《ぬ》けたよう

本来そろっているものがところどころ抜けているさま。また、いるべき者やあるべき物が欠けて寂しいさまのたとえ。

▽友達が転校して歯が抜けたように寂しくなった。

火《ひ》が消《き》えたよう

今までの活気が消えて、あたりが急に寂しく感じられるさま。

▽子供たちのいない家は火が消えたようだ。

事情

曰《いわ》く付《つ》き

好ましくない特別な訳や事情があること。

▽安くても曰く付きの物件なら買わないほうがいい。

裏《うら》には裏《うら》がある

物事の裏側には隠された複雑な事情があるものだということ。

▽どの世界も人間関係が複雑で裏には裏がある。

勝手《かって》を知《し》る

内情を知る。**補**「勝手」は台所のことで、その家の内部のことまで知る意。形容詞的に「勝手知ったる他人の家」のようにも用いられる。

静か・静寂

鳴《な》りを潜《ひそ》める

物音を立てずに静かにする。また、目立たないようにおとなしくしている。

▽幕が上がると観客は鳴りを潜めて舞台に見入った。

類鳴りを静める

水《みず》を打《う》ったよう

大勢の人が静まり返るさまの形容。

▽幕が開くと劇場は水を打ったようにしいんとなった。

物音一《ものおとひと》つしない

非常に静かなさま。

▽山小屋の夜は物音一つしないほどの静けさだった。

重要・重大

重《おも》きを置《お》く

重点を置く。重要視する。

▽採用試験では人との対話能力に重きを置いている。

重《おも》きを成《な》す

重んじられる。重要視される。

▽彼は経済界では重きを成している。

山場《やまば》を迎《むか》える

最も重要な局面を迎える。

▽試合は九回裏二死満塁で山場を迎えた。

笑《わら》い事《ごと》ではない

笑ってすませるような小さな問題ではない。

▽友人が誤認逮捕されたが、明日は我が身で笑い事ではない。

順序・順番

後先《あとさき》になる

後のものが先になり、順序が入れ替わる。本来あるべき順序と異なる。

▽ご挨拶が後先になってしまい申し訳ありません。

いの一番《いちばん》

一番最初。真っ先。補「い」は「いろは」の最初の文字であることから。

▽就職が決まったことを母親にいの一番に伝えた。

お鉢《はち》が回《まわ》る

順番が回ってくる。補「お鉢」は飯櫃《めしびつ》のことで、それが回されて自分がよそう順番になることからたとえていう。

▽忘年会の幹事は極力避けてきたが、今年はついにお鉢が回ってきた。

何《なに》はさておき

ほかのことはさしおいて、まず第一に。さしあたって。とりあえず。

▽災害時には何はさておき身の安全確保が大切だ。

二《に》の次《つぎ》にする

順序を二番目にする。後回しにする。

▽仕事一辺倒で家族のことは二の次にする。

年功序列《ねんこうじょれつ》

勤続年数や年齢によって組織内での地位や待遇などを決めること。

▽年功序列ではなく能力主義の会社が増えている。

順調

追風《おいて》に帆《ほ》を揚《あ》げる

物事が勢いに乗り、順調に進むことのたとえ。補「追風」は追い風、順風のこと。追い風のときにさらに帆を張って早く船を走らせることから。

軌道《きどう》に乗《の》る

物事が計画した通り順調に進む。

▽店を始めて三年で経営が軌道に乗ってきた。

順風満帆《じゅんぷうまんぱん》

物事が非常に順調であること。補船が帆に追い風を受けて快調に進む意から。「順風」は船の進行方向に吹く風、追い風のこと。「満帆」は船が帆をいっぱいに張ること。

▽彼女の人生は必ずしも順風満帆ではなかった。

流《なが》れに棹差《さおさ》す

物事を機に乗じてさらに順調に進める。時流に乗る。補流れに従って下っていく舟をさらに棹をさして進める意から。時流などに逆らう、抵抗する意で用いるのは誤り。

▽あの会社はいち早く省エネ関連の商品を売り出し、流れに棹差す形で大きく成長してきた。

波《なみ》に乗《の》る

世の中の動きにうまく合わせて、物事を順調に進める。勢いに乗る。

▽好景気の波に乗って業績を伸ばす。

類上げ潮に乗る／上昇気流に乗る

少ない

数《かぞ》えるほど
一つ、二つと数えることができるくらい、ほんのわずかなさま。
▽講習の参加者は数えるほどしかいなかった。
類指を折るほど／申し訳程度

雀の涙《すずめなみだ》
ほんの少しであることのたとえ。
▽こんな雀の涙ほどの年金では暮らしていけない。
類蚊の涙

爪《つめ》の垢《あか》ほど
ほんの少し。ごくわずか。
▽彼には親切心など爪の垢ほどもない。

無《な》きにしも非《あら》ず
まったく無いというわけではない。多少はある。
▽難関だが受かる可能性は無きにしも非ずだ。

すぐに・即座に

一《いち》も二《に》もなく
ためらったり反対したり、とやかく言ったりせずに。すぐに。
▽友人の提案に一も二もなく賛成する。

間髪《かんはつ》を容《い》れず　出『文選《もんぜん》』
間をおかず、すぐに。すかさず。補一本の髪の毛を入れるすき間もない意。「かん、はつをいれず」と読み、「間髪」を熟語と勘違いして「かんぱつ」と読むのは誤り。
▽相手の意見に間髪を容れず反論する。

時《とき》を移《うつ》さず

ある出来事のあと、時間をおかずに。すぐさま。ただちに。

▽年金に関する法案が成立すると、時を移さず首相は内閣改造に着手した。

右《みぎ》から左《ひだり》へ

とどまることなく、すぐさま。金品や知識などが入ってすぐに出ていくさまをいう。

▽お金なんて入ったら右から左に消えていく。

筋道・道理

木《き》に竹《たけ》を接《つ》ぐ

不自然で筋が通らないこと、辻褄が合わないことのたとえ。

▽木に竹を接ぐような論理。

辻褄《つじつま》が合《あ》う

話や物事に矛盾がなく、筋道が通る。補和服で、「辻」は縫い目が十字になったところ、「褄」は裾の左右両端の部分をいい、両方ともにきちんと合うべきところであることからのたとえ。

▽目撃者の証言は状況から見て辻褄が合わない。

てにをはが合《あ》わない

話が矛盾していて、筋道が通らない。補「てにをは」は助詞、また、その用法のこと。

▽彼の言うことは、てにをはが合わない。

類辻褄が合わない／平仄《ひょうそく》が合わない

当《とう》を得《え》る

道理にかなっている。

▽彼の発言は当を得ている。

理《り》に適《かな》う

道理や理屈に合っている。間違っていない。

▽その子の言うことは理に適っている。

理《り》の当然《とうぜん》

道理にかなっていて、当たり前であること。

▽少子化が進めば年金制度が破綻するのは理の当然だ。

理路整然《りろせいぜん》

話の内容や意見、議論などの筋道がきちんと通っているさま。

▽彼は事件の経緯について理路整然と説明した。

すべて・全部

頭《あたま》の天辺《てっぺん》から足《あし》の爪先《つまさき》まで

体の上から下まですべて。

▽頭の天辺から足の爪先まで一流品で着飾る。

余《あま》す所《ところ》なく

残らず。ことごとく。補「余す」は余るようにする、残す意。

▽大根一本を余す所なく使って三品作る。

ありとあらゆる

ある限りの。補「あらゆる」を強調していう語。

▽ありとあらゆる場面を想定して訓練する。

一《いち》から十《じゅう》まで

何から何まですべて。

▽彼女のことなら一から十まで知っているつもりだ。

竈《かまど》の下《した》の灰《はい》まで

家にあるものはすべて。

▽叔父は大変なけちで、竈の下の灰まで自分の物だと言ってはばからない。

細大漏《さいだいも》らさず

細かいことも大きなことも漏らすことなくすべて。

▽毎日の出来事を細大漏らさず日記に書く。

成果

功《こう》を奏《そう》する

ある行為がよい結果を生む。期待通りの成果をおさめる。事が成就する。成功する。**補**「奏功《そうこう》」の訓読みで、天子に自分の功績を申し上げる意から。「奏功する」ともいう。

▽高地トレーニングが功を奏して、マラソンで好成績を残した。

実《み》を結《むす》ぶ

苦労したり努力してきたことがよい成果となって現れる。

▽長年の研究がついに実を結んだ。

有終《ゆうしゅう》の美《び》

最後までやり通して立派な成果をあげること。

▽ワールドチャンピオンになって有終の美を飾る。

整然

足並《あしな》みが揃《そろ》う

歩調が合っている。また、大勢の人が考え方や行動が同じになる。

▽商店街の活性化に乗り出したのはいいが、肝心の店主たちの足並みが揃わない。

一糸《いっし》乱《みだ》れず

少しも乱れずに整然と。**補**「一糸みだれぬ」の形で形容詞的に用いる。

▽マーチングバンドは一糸乱れぬ見事な演技を披露した。

狭い

鰻《うなぎ》の寝床《ねどこ》

間口が狭くて奥行きのある、細長い建物や部屋などのたとえ。補ウナギの体が細く長いことから。昔、間口に応じて税金が課せられたことから、商家は税金対策で鰻の寝床のように作られた。

猫《ねこ》の額《ひたい》ほど

非常に狭いことのたとえ。

▽猫の額ほどの庭だけれど花を植えて楽しんでいる。

退屈

所在無《しょざいな》い

することがなくて、退屈なさま。補身を置く場所がない意。

▽日がな一日所在無く過ごした。

手持《ても》ち無沙汰《ぶさた》

することがなくて、退屈なさま。

▽診察を待つ間、手持ち無沙汰なので文庫本を持って行った。

無聊《ぶりょう》を託《かこ》つ

することがなくて退屈する。補「無聊」はひまで退屈なこと。「託つ」はぐちをこぼす、嘆く意。

▽連休で行くところもなく無聊を託っていたところ、ちょうど友達が訪ねてきた。

大切

命《いのち》から二番目《にばんめ》

命の次に大切にしているもの。非常に大切にしているもののたとえ。

▽父にとって家宝の刀は命から二番目に大切なものだ。

掛《か》け替《が》えのない

ほかのものに替えられない。何よりも大切である。

▽子供は私にとっては掛け替えのない宝物だ。

後生大事《ごしょうだいじ》

物事を大切にすること。補本来は仏教で、来世の安楽を願って信心に励むこと。

▽母からの手紙は後生大事に取ってある。

たびたび・何度も

一再《いっさい》ならず

一度や二度ではなく。たびたび。

▽納品が遅れることはこれまでも一再ならずあった。

再三再四《さいさんさいし》

何度も何度も繰り返して。補「再三」に「再四」を付け加えて、さらに強調していう語。

▽駅前に自転車を放置しないよう再三再四注意する。

二度《にど》あることは三度《さんど》ある

⇩二度あることは三度ある（災難）270頁

続く

息《いき》が長《なが》い

長く続くさま。補「息の長い」の形で、形容詞的にも用いる。

▽地域に根ざした息の長い活動をする。

入《い》れ替《か》わり立《た》ち替《か》わり

多くの人がひっきりなしに出入りするさま。

▽客が入れ替わり立ち替わりやってくる。

踵《きびす》を接《せっ》する

大勢の人が切れ目なく続く。また、物事が次から次へと起こる。補「踵」は足のかかとで、「くびす」とも読む。

▽世間を震撼させる事件が踵を接して起こった。

止《と》め処《ど》がない
ずっと続いて終わりがない。際限がない。補「止め処ない」「止め処もない」の形でも用いられる。
▽涙が止め処もなく流れた。

のべつ幕《まく》なし
休む間もなく。絶え間なく。補芝居で、幕を下ろさず、休みなく演じることからいう。
▽くだらないことをのべつ幕なしにしゃべる。

引《ひ》きも切《き》らず
途切れることなく続いて。ひっきりなしに。
▽嵐山周辺は観光客が引きも切らず訪れている。

つまらない・味気ない

味《あじ》も素《そ》っ気《け》もない
少しの趣も面白みもなく、つまらないさま。また、愛想がなく、冷淡なさま。
▽息子にメールを送ったら味も素っ気もない返事が返ってきた。

砂《すな》を噛《か》むよう
味わいがなく、何の面白みも感じないさまのたとえ。
▽家と職場を往復するだけの砂を噛むような毎日。

身《み》も蓋《ふた》もない
あまりに露骨すぎて、情趣や含みがないさま。補入れ物が、中に何も入っていなければ、蓋もしていない、むき出しの状態である意から。
▽そうあけすけに言ってしまえば身も蓋もない。

無《む》味《み》乾燥《かんそう》
内容に味わいや面白みがまったくないさま。補「無味」は味がない、「乾燥」は潤いがない意。
▽彼が書く文章は無味乾燥で中身がない。

手遅れ

後《あと》の祭《まつ》り

後になって悔やんでも手遅れであること。**補**祭りが終わってしまえば山車や神輿などは用はないことからのたとえ。

▽今になってもっと勉強しておけばよかったと思っても後の祭りだ。

遅《おそ》きに失《しっ》する

あることをするにはあまりに遅すぎて間に合わない。

▽政府の年金対策は遅きに失した感がある。

後手《ごて》に回《まわ》る

相手に先を越されて受身になる。またするべきことが後回しになり、手遅れになる。**補**「後手」は囲碁で後から打つ、将棋で後から指すことをいい、戦う上では不利とされる。

▽安全対策が後手に回る。

類後手を引く／遅れを取る

泥棒《どろぼう》を捕《と》らえて縄《なわ》を綯《な》う

出『毛吹草《けふきぐさ》』

ふだん用意を怠っていて、事が起こってからあわてて準備をしても間に合わないことのたとえ。**補**泥棒を捕まえてから、泥棒を縛る縄をなったのでは遅いことから。略して「泥縄」ともいう。また、そうしたやり方を「泥縄式」という。

的確

図星《ずぼし》を指《さ》す

相手の隠していることや思わく、急所などをずばりと言い当てる。**補**「図星」は弓の的の中心の黒い点で、肝心なところ、急所のたとえ。

▽同僚に本当はこんな仕事はしたくないと思っているんだろうと図星を指されてしまった。

正鵠《せいこく》を射《い》る

物事の中核となる部分をつく。**補**「正鵠」は弓の的の中心の黒い点で、物事の急所、核心のたとえ。「正鵠を得る」ともいう。

▽正鵠を射た意見を述べる。

類核心を突く／急所を突く

的《まと》を射《い》る

要点を正しくとらえる。**補**矢を放って標的に命中させる（射る）ことからのたとえで、「的を得る」というのは本来間違い。

▽彼の言うことは的を射ている。

突然

足下《あしもと》から鳥《とり》が立《た》つよう

身近で突然思いがけないことが起こるたとえ。また、あわただしく物事を始めるたとえ。**補**「足下」は「足元」とも書く。

▽急な人事異動で足下から鳥が立つように任地に赴く。

つかぬ事《こと》

出し抜けで突然なこと。**補**人と話をしていて、それまでと関連しないことをいきなり尋ねるときなどに用いる。

▽ところでつかぬ事を伺いますが、あなたのご趣味はなんですか。

不意《ふい》を突《つ》く

相手が思いもしないことを出し抜けに行う。

▽相手ディフェンスの不意を突く。

降《ふ》って湧《わ》く

突然思いがけないことが起こる。**補**まるで天から降ってきたり、地から湧いて出たかのよう、の意。

▽降って湧いたような話に驚く。

藪《やぶ》から棒《ぼう》

いきなり。だしぬけに。補藪の中から棒を突き出す意で、突然の行為に驚くさまにいう。

▽学校をやめたいだなんて藪から棒に何を言い出すんだ。

無い・皆無

影《かげ》も形《かたち》もない

そこにあったはずの物が消えてなくなって何もない。あとかたもない。

▽昔住んでいた家は影も形もなくなっていた。

欠《か》けらも無《な》い

あってほしいものがまったくない。

▽あいつには良心の欠けらもない。

薬《くすり》にしたくも無《な》い

ほんの少しもない。補薬は少量で用が足りるが、その量さえない意から。

▽人に同情する気持ちなど薬にしたくもない。

微塵《みじん》も無《な》い

まったくない。補微細なちりほどもないの意。

▽後悔する気持ちは微塵もない。

類さらさら無い

なくす・なくなる

跡《あと》を絶《た》つ

姿を消す。すっかりなくなる。補打消しの「跡を絶たない」の形で用いられることが多い。

▽事件の模倣犯が跡を絶たない。

烏有《うゆう》に帰《き》す

何もかもなくなる。特に火災で家や財産などがすべてなくなる。**補**「烏有」は読み下すと烏《いずくん》ぞ有らむや（どこにあろうか、ありはしない）で、まったく何もないこと、皆無の意。

▽苦労して築いた財産も一晩で烏有に帰した。

灰燼《かいじん》に帰《き》す

すべてなくなる。特に、火災や戦火で焼けて跡形もなくなる。**補**「灰燼」は灰と燃えさしの意。

▽戦災でほとんどが灰燼に帰した。

底《そこ》を突《つ》く

蓄えてあるものがすっかりなくなる。払底する。また、取引で、相場が下がり切り、底値になる。

▽食糧が底を突く。

根絶《ねだ》やしにする

草木の根を全部抜き取って、二度と生えてこないようにする。転じて、悪いものを根本から取り除く。根絶する。

▽麻薬の密売を根絶やしにする。

無《む》一物《いちぶつ》になる

財産や所持品など何も持たない状態になる。**補**「無一物」は「むいちもつ」とも読む。

▽火事で焼け出され無一物になった。

類丸裸になる

成り行き・情勢

行《い》き当《あ》たりばったり

前もって計画や方針を立てず、その時の成り行きに任せること。

▽彼の旅はいつも行き当たりばったりだ。

類成り行き任せ／出たとこ勝負

出《で》たとこ勝負《しょうぶ》

あらかじめ対策を立てたり準備したりしないで、その時の状況次第で事を決めること。補博打で、出た賽《さい》の目によって勝負が決まることからのたとえ。

▽こうなったら出たとこ勝負でいくしかない。

旗色《はたいろ》を見《み》る

物事の形勢や成り行きをうかがう。補昔、戦場で、敵味方ともに自分の旗を掲げて戦い、旗の色の多少で戦況がわかったことからたとえていう。形勢がよければ「旗色がいい」、悪ければ「旗色が悪い」という。

▽どちら側につくのが有利か、旗色を見て決める。

似る

似《に》て非《ひ》なる

出『孟子《もうし》』

見掛けは似てはいるが本質的に異なる。にせものである。

▽実際の事件を基に作られているとはいえ、ドラマと現実は似て非なるものだ。

似《に》ても似《に》つかない

まったく似ていない。

▽この真珠は本物とは似ても似つかない代物だ。

速い・すばやい

一気呵成《いっきかせい》

出『詩藪《しそう》』

ひと息に物事を成し遂げること。特に、詩や文章をひと息に書き上げること。補寒いときに凍った筆に息を吹きかけて温め、一気に詩文を完成させる意から。「呵」は息を吹きかける意。

▽作品を一気呵成に仕上げる。

一瀉千里《いっしゃせんり》

物事が一気にはかどること。また、文章や弁舌が滑らかでよどみないこと。補水はいったん注げば一気に千里も流れるほど速いという意から。「瀉」は注ぐ意。

▽一瀉千里に事が運ぶ。

疾風迅雷《しっぷうじんらい》　出『礼記《らいき》』

動きが速く、勢いが激しいことのたとえ。補「疾風」は強く速い風、「迅雷」は突然の激しい雷。

▽明治期における日本の近代化は疾風迅雷の勢いで進められた。

迅速果敢《じんそくかかん》

すばやく大胆に物事を行うこと。

▽相手ゴールを迅速果敢に攻める。

類迅速果断

脱兎《だっと》の如《ごと》し　出『孫子《そんし》』

行動が非常にすばやいことのたとえ。補孫子の兵法「始めは処女の如く、後は脱兎の如し（はじめは処女のようにに静かにしていて油断させ、のちに逃げ出す兎のようにすばやく攻撃する）」から。

▽市場から撤退するとなったら脱兎の如しだ。

電光石火《でんこうせっか》　出『五灯会元《ごとうえげん》』

きわめて短い時間のたとえ。また、行動がきわめてすばやいことのたとえ。補「電光」は稲光、「石火」は火打石を打ったときに出る火花。

▽それは電光石火の出来事だった。

目《め》にも留《と》まらぬ

見ていてもそれが何であるかわからないほど、非常に速いさま。

▽マジシャンは目にも留まらぬ早業で観客を驚かせた。

ばれる・露見する

お里《さと》が知《し》れる

その人の言動で素性や育った環境がわかる。補軽蔑や非難の意味合いで言うことが多い。

▽そんなに物欲しそうにするとお里が知れるよ。

地《じ》が出《で》る
本性が現れる。
▽ご馳走を前にしたら、つい食いしん坊の地が出てしまった。
類 地金が出る

尻尾《しっぽ》を出《だ》す
隠していた正体や悪事などがばれる。補 きつねやたぬきがどんなにうまく化けても尻尾を出して正体がばれてしまう意から。
▽闇金融業者がついに尻尾を出して捕まった。

馬脚《ばきゃく》を露《あらわ》す　出『元曲《げんきょく》』
隠していた本性や正体などがわかってしまう。補「馬脚」は芝居で馬の脚のこと。芝居の最中に馬の脚をつとめる役者の姿が見えて、人間であることがわかってしまうことからのたとえ。
▽脱税で捕まって馬脚を露す。

化《ば》けの皮《かわ》が剝《は》がれる
隠していた正体が現れる。
▽慈善家を装っていたが、詐欺で捕まって化けの皮が剝がれた。

襤褸《ぼろ》が出《で》る
隠していた欠点や悪いところが現れる。
▽いい子のふりをしていてもそのうちぼろが出る。
類 襤褸を出す

鍍金《めっき》が剝《は》げる
取り繕っていたものがはがれて、本性が現れる。補「鍍金」は金属の表面に別の金属をかぶせることで、悪い中身を隠して上辺だけをとりつくろうことのたとえにいう。
▽彼女は上品ぶっているけれど、そのうちめっきが剝げるに決まっている。
類 地金が出る

暇

手《て》が空《あ》く

自分がやるべきことが終わってひまになる。補「手が空《す》く」ともいう。
▽手が空いている人はちょっと手伝ってほしい。
類体が空く／手隙《てすき》になる

暇《ひま》に飽《あ》かす

ゆとりのある自由な時間を思う存分に使って物事をする。
▽学生時代は暇に飽かして片っ端から歴史小説を読みふけった。

暇《ひま》を盗《ぬす》む

忙しい中で暇を見つける。
▽仕事がどんなに忙しいときでも、暇を盗んでは映画を観に行ったものだ。

広い

広大無辺《こうだいむへん》

広々としていて果てしないさま。
▽ロケットは広大無辺な宇宙に向けて発射された。

一望千里《いちぼうせんり》

ひと目で千里のかなたまで見渡せるほど視界が開け、広々としたさま。
▽一望千里の草原で馬を走らせる。

不穏

嵐《あらし》の前《まえ》の静《しず》けさ

大きな事件や異変が起こる前の、それを予感させるような不気味な静けさ。補嵐が来る少し前に一時風雨が止むことからのたとえ。

▽つかのまの団欒は嵐の前の静けさにすぎなかった。

影《かげ》が差《さ》す

よくないことが起こりそうな兆候が現れる。
▽このところ円高で景気に影が差してきた。

雲行《くもゆ》きが怪《あや》しい

物事の成り行きが思わしくない。補「雲行き」は雲の流れ具合、転じて、物事の成り行きの意。
▽さっきから二人の雲行きが怪しくなってきた。

風雲急《ふううんきゅう》を告《つ》げる

今にも異変が起こりそうな切迫した情勢になる。
▽造反議員が相次ぎ、政界は風雲急を告げた。

不完全・不十分

どうにかこうにか

やっとのことで。かろうじて。補「どうにか」を強めていう語。
▽アルバイトを掛け持ちしてどうにかこうにか生活する。

曲《ま》がりなりにも

不十分ではあるが、なんとか。
▽曲がりなりにも法に携わる人間として不正を見逃すわけにはいかない。

ふさわしい・相応

板《いた》に付《つ》く

仕事や服装などがその人になじんできて似つかわしくなる。補「板」は板張りの舞台のことで、役者が経験を積んで、演技が舞台にしっくりとなじむことから転じていう。
▽入社して半年が過ぎて、どうやらスーツ姿も板に付いてきた。

柄《がら》にもない

その人の実際の能力や性質、人柄などに似つかわしくないさま。

▽柄にもないことをすると失敗するよ。

様《さま》になる

それらしく見えるようになる。

▽このごろは庖丁を握る姿も様になってきた。

所《ところ》を得《え》る

自分にふさわしい仕事や地位などにつく。

▽転職先で所を得て、いきいきと働く。

不振

鳴《な》かず飛《と》ばず

出『史記《しき》』

これといった目立った活躍もせず、世間に注目されないさま。能力を存分に発揮できずに不遇でいるさま。

故 中国楚《そ》の荘王《そうおう》が即位して三年間何もせず遊んでいるのをいさめるために、部下が「岡の上に鳥がいて、三年間鳴きも飛びもしないが、なんという鳥か」と問うと、王は「飛べば天まで昇るし、鳴けば人々を驚かすだろう」と答えたという、「三年飛ばず鳴かず」の故事から。本来は、雄飛するときをじっと待つ意。

▽鳴かず飛ばずのまま選手生活を終える。

ぱっとしない

勢いや輝きがない。状態があまりよくない。

▽今季は成績がぱっとしなかった。

竜《りゅう》頭《とう》蛇《だ》尾《び》

出『景徳伝灯録《けいとくでんとうろく》』

初めは勢いが盛んだが終わりは衰えて勢いをなくすこと。補 頭が竜のように立派なのに尾は蛇のように細く貧弱である意。

▽計画は資金難で竜頭蛇尾に終わった。

類 頭でっかち尻すぼみ

ふつう・平凡

可《か》もなく不可《ふか》もなし

特によくも悪くもない。ふつうである。
▽成績は可もなく不可もなしといったところだ。

沈香《じんこう》も焚《た》かず屁《へ》もひらず

よくも悪くもなく、平々凡々であることのたとえ。また、役にも立たないが害にもならないことのたとえにもいう。補沈香のよい香りがするわけでもなく、おならの悪臭がするわけでもない意。「沈香」は香料の一種で、その最上品は伽羅《きゃら》という。
▽沈香も焚かず屁もひらずで、一生を終える。

変哲《へんてつ》もない

特に変わったところはない。平凡である。
▽古瀬戸の名器というが素人目には何の変哲もない茶碗にしか見えない。

平穏・平和

安寧秩序《あんねいちつじょ》

世の中が平穏無事で、社会の秩序が保たれ安定していること。補「安寧」は世の中が穏やかでやすらかなこと。
▽安寧秩序を守る。

恒久平和《こうきゅうへいわ》

永遠に変わらない平和。補「恒久」は久しく変わらないこと。
▽世界の恒久平和を願う。

事《こと》なきを得《え》る

大事に至らずにすむ。無事に終わる。補「事」は大事、変事の意。
▽対抗車とぶつかりそうになったが、とっさの判断でハンドルを切って事なきを得た。

四海波静《しかいなみしず》か

世の中が争いごともなく穏やかな様子。補国の四方を取り囲む海が波もなく穏やかである意。

▽四海波静かであることを願う。

天下太平《てんかたいへい》

出『礼記《らいき》』

世の中がよく治まって平和なこと。人が何事もなく平穏無事なさま、何の心配事もなくのんきなさまをからかって言うこともある。補「太平」は「泰平」とも書く。

▽天下太平の世の中。

類天下治平／万民太平

平穏無事《へいおんぶじ》

何事もなく平和で穏やかなさま。

▽毎日が平穏無事に過ごせればこんな幸せなことはないというのが祖母の口癖だ。

類安穏《あんのん》無事

古い・古臭い

黴《かび》が生《は》える

物事が古臭くなる。

▽そんな黴が生えたような考え方は今時通用しない。

類苔が生える

手垢《てあか》が付《つ》く

手段や表現方法などが使い古されて、新鮮さがない。陳腐である。

▽手垢の付いた表現を避ける。

守りが堅い・堅固

金城鉄壁《きんじょうてっぺき》

出徐積《じょせき》の詩「倪復《げいふく》に和《わ》す」

きわめて守りの堅い城。転じて、きわめて堅固な物事のたとえ。補「城」も「壁」も城壁のことで、金や鉄で造った城壁の意から。
▽金城鉄壁の守りに徹する。

堅牢堅固《けんろうけんご》
守りが非常に堅く、容易に破れないこと。また、堅くて丈夫なこと。意志がきわめて堅いことのたとえにもいう。補「牢」は堅い意。
▽堅牢堅固の城。

金剛不壊《こんごうふえ》
きわめて堅固で決して壊れないこと。また、志や信念を堅く守って変えないこと。補「不壊《ふえ》」は仏教語。
▽金剛不壊の信仰心を持つ。

難攻不落《なんこうふらく》
攻撃がきわめて困難で容易に攻め落とせないこと。転じて、相手の意志が堅く、容易にこちら側の要望などを承知しないことのたとえ。
▽難攻不落の城。

未熟

嘴《くちばし》が黄色《きいろ》い
まだ年が若くて経験も浅く、未熟なさま。補ひなの嘴が黄色いことからのたとえ。
▽嘴が黄色いくせに生意気なことをいう。

尻《しり》が青《あお》い
まだ若くて、一人前ではない。補小児の尻に青い蒙古斑があることからのたとえ。
▽尻の青い若造にまだまだ仕事は任せられない。

見込み・可能性

前途洋洋《ぜんとようよう》
将来が明るく可能性と希望に満ちあふれていること。補「洋洋」は水が満ちあふれているさま。転じて、広々として限りないさまのたとえ。
▽前途洋洋の若者にエールを送る。
類前途多望／前途有為　対前途多難／前途遼遠

見所《みどころ》がある
すぐれていて将来の見込みがある。
▽なかなか見所のある青年だ。

密集

軒《のき》を争《あらそ》う
軒と軒がくっつくように接近して、多くの家が立ち並んでいる。
▽表通りには有名ブランドの店が軒を争っている。
類軒を連ねる

目白押《めじろお》し
大勢の人が押し合って並ぶこと。また、物事が次から次へと続くこと。補鳥のメジロが木の枝に押し合うように止まるようすからのたとえ。
類鈴生り

立錐《りっすい》の余地《よち》もない
ぎっしり詰まっていて、すきまがない。非常に密集している。補細い錐《きり》を立てるほどのすきまもない意。
▽コンサート会場は超満員で立錐の余地もなかった。

見通し・見当

海《うみ》の物《もの》とも山《やま》の物《もの》ともつかぬ
これから先どうなっていくか見当がつかない。人が将来大成するかどうか、可能性が予測できない。
▽彼らは学校を卒業したばかりで、今はまだ海の物とも山の物ともつかない。

お門違《かどちが》い

見当違いなこと。補「門」は出入り口のこと。人の家を訪ねていって、門を間違えて別の家を訪ねることから。

▽私に文句をいうのはお門違いだ。

お先真《さきまっ》っ暗《くら》

将来の見通しがまったく立たない。

▽就職先が決まらず、お先真っ暗だ。

目途《めど》がつく

物事を成し遂げるための見通しがはっきりする。

▽ようやく会社再建の目途がつく。

類目途が立つ／目鼻がつく

無駄

屋上屋《おくじょうおく》を架《か》す

出『世説新語《せせつしんご》』

無駄なことを重ねることのたとえ。補屋根の上に更に屋根をつくる意から。

▽新たに審議会を設けても屋上屋を架すようなものでなんの意味もない。

水泡《すいほう》に帰《き》する

努力してきたことが報われず無駄になる。補水の泡はすぐに消えることからのたとえ。

▽この一件で今までの努力が水泡に帰してしまった。

類水の泡　対実を結ぶ

月夜《つきよ》に提灯《ちょうちん》

出『毛吹草《けふきぐさ》』

無駄なこと、不必要なことのたとえ。補月夜は明るいので夜道を歩くのに提灯はいらないことから。「月夜に提灯夏火鉢」ともいう。

類昼の行灯《あんどん》

棒《ぼう》に振《ふ》る

それまでの努力や苦心、また、それによって得られるはずのものを失敗などで無駄にする。

▽スキャンダルで一生を棒に振る。

無駄足《むだあし》を踏《ふ》む

足を運んだかいがない。人を訪ねていって、会えなくて用が足せない。

▽話があって行ったのに友達は留守で無駄足を踏んだ。

無《む》に帰《き》する

何もない状態に戻る。なかったことになる。努力や苦労などが無駄になる。

▽今までの努力がすべて無に帰した。

類無になる

無《む》にする

相手の親切や好意、労苦などを無駄にする。

▽せっかくの人の好意を無にしてはいけない。

目立つ

異彩《いさい》を放《はな》つ

ほかとは違って際立ってすぐれている。ひときわ目立つ。補「異彩」は際立った色彩、また、ほかとは異なった趣の意。

▽彼は業界でひときわ異彩を放つ存在だ。

光彩《こうさい》を放《はな》つ

すぐれた面がひときわよく目立つ。補「光彩」は色鮮やかに輝く光の意。

▽彼の語学の才能は学生たちの中で光彩を放っていた。

人目《ひとめ》に付《つ》く

他と違うので目立って、人の注目を引く。

▽人目に付く格好をする。

類人目に立つ

水際立《みずぎわだ》つ

ひときわ目立つ。鮮やかに際立つ。

▽彼女は大勢のモデルの中で水際立ったプロポーションをしている。

元に戻る

白紙《はくし》に戻《もど》る

何もない、もとの状態に戻る。

▽契約は白紙に戻された。

振《ふ》り出《だ》しに戻《もど》る

最初の状態に戻る。補「振り出し」はすごろくで、最初にさいころを振るところ。

▽失敗したら振り出しに戻ってやり直せばいい。

元《もと》の木阿弥《もくあみ》

いったん良くなったものが再び元の悪い状態に戻ること。故戦国時代、大和郡山の城主筒井順昭《じゅんしょう》が病死したとき、跡継ぎの順慶《じゅんけい》が幼かったため、三年間死去が伏せられ、順昭に声の似た盲目の木阿弥を身代わりに仕立てた。三年後に死去が発表され、葬儀が行われたあと、木阿弥は元の生活に戻ったという故事から。

▽禁煙して一週間が経ったが、ここで誘惑に負けて吸ったらそれこそ元の木阿弥だ。

役に立たない

絵《え》に描《か》いた餅《もち》

役に立たないもののたとえ。

▽その党の公約は絵に描いた餅に過ぎない。

帯《おび》に短《みじか》し襷《たすき》に長《なが》し

中途半端で役に立たないことのたとえ。

▽どの企画書も帯に短し襷に長しだ。

夏炉冬扇《かろとうせん》 出『論衡《ろんこう》』

時節に合わず役に立たないもののたとえ。また、君主の信頼を失った家臣や寵愛を失った女性のたとえにいう。補夏の囲炉裏と冬の扇の意。

類六日の菖蒲《あやめ》十日の菊

喧嘩《けんか》過《す》ぎての棒乳切《ぼうちぎ》り

喧嘩がすんでから棍棒を持ってきても役に立たない。時機に遅れて役に立たないことのたとえ。補「棒乳切り」は「乳切り木」ともいい、地面から乳の高さまである木の棒で、喧嘩のときなどに用いた。

毒《どく》にも薬《くすり》にもならない

害にもならなければ、役にも立たない。あってもなくても、いてもいなくてもどうでもいいさまにいう。
▽彼女は毒にも薬にもならない話をえんえんと続けた。

猫《ねこ》に小判《こばん》

どんなに貴重なものでもその価値のわからない者にとっては無意味で何の役にも立たないことのたとえ。
▽子供に高級万年筆を買ってやっても猫に小判だ。
類豚に真珠

無用《むよう》の長物《ちょうぶつ》

あっても役に立たず、邪魔になるだけのもの。補「無用」は役に立たないこと、「長物」は長いばかりで役に立たないもの。
▽もうだれも弾かなくなったピアノは無用の長物だ。

役に立つ

餓鬼《がき》も人数《にんずう》

出『毛吹草《けふきぐさ》』

小さな子供でもいれば少しは役に立つし、また、たくさん集まればそれなりに頼りになるということ。
▽人手がなくて困っているときは餓鬼も人数だ。
類子供でも数のうち／蟻も軍勢

枯《か》れ木《き》も山《やま》の賑《にぎ》わい

つまらないものでもないよりましで、いくらかは役に立つことのたとえ。補枯れた木でも山をにぎやかにする意。自分のことを謙遜して言うもので、人に対して言えば失礼になる。

茶腹《ちゃばら》も一時《いっとき》
ちょっとしたものでも一時しのぎの役に立つということ。補お茶を飲むだけでもしばらく空腹をまぎらすことができることから。
類粥腹も一時

物《もの》を言《い》う
効果を発揮する。役に立つ。
▽学歴が物を言う世の中ではなくなってきている。

論外

言語道断《ごんごどうだん》
もってのほかであること。とんでもないこと。補「言語道断」とは仏教語で、教えの真理は言葉では言い表せないことをいう。「道断」は言うにたえない意。「道」はここでは言う意。
▽未成年に酒を飲ませるなんて言語道断だ。

沙汰《さた》の限《かぎ》り
是非を論じるまでもない。もってのほか。補「沙汰」は物事の是非を論じることで、その範囲外にあるという意。
▽親のすねをかじる身分で結婚だなんて沙汰の限りだ。

以《もっ》ての外《ほか》
道理や常識を外れていてよくない。けしからんこと。
▽授業をさぼって映画に行くなんて以ての外だ。
類とんでもない／言語道断

【や行】

【ら行】

【わ行】

【た行】

【さ行】

意味別キーワード索引

【あ行】

【か行】

【や】

【ゆ】

【よ】

【め】

【も】

【む】

【ほ】

【ま】

【み】

【ふ】

【へ】

【ひ】

【ぬ】

【ね】

【の】

【は】

【に】

【な】

【て】

【と】

【ち】

【つ】

【た】

【せ】

【そ】

【す】

【し】

【さ】

【こ】

【き】

【か】

【え】

【お】

【う】

【い】

見 出 し 索 引

本書に見出しとして掲げたすべての慣用句・ことわざ・四字熟語を五十音順に配列し、そのページを示した。類句・対句欄にのみ掲載した成句はページに＊を付して区別した。

【あ】

編者略歴

西谷裕子（にしたにひろこ）

一九四八年生まれ。教職、出版社勤務を経て独立。主に辞典の編集、執筆に携わる。編著書として、『「言いたいこと」から引ける 敬語辞典』『「言いたいこと」から引ける 大和ことば辞典』『勘違いことばの辞典』『迷った時にすぐ引ける 勘違い敬語の辞典』『勘違い慣用表現の辞典』『四季のことば辞典』『たべものことわざ辞典』『世界たべものことわざ辞典』『暮らしの健康ことわざ辞典』（以上、東京堂出版）、『身近なことばの語源辞典』（小学館）など多数。句集に『ポレポレ』（ふらんす堂）、『掌紋』（近代文芸社）がある。

「言いたいこと」から引ける
慣用句・ことわざ・四字熟語辞典 新装版

＊本書は、二〇一二年に小社から刊行した『「言いたいこと」から引ける慣用句・ことわざ・四字熟語辞典』の新装版です。

二〇二〇年六月二〇日 初版発行
二〇二三年九月三〇日 四版発行

編　者　西谷裕子
発行者　金田　功
ＤＴＰ　株式会社オノ・エーワン
印刷製本　中央精版印刷株式会社

発行所　株式会社 東京堂出版
東京都千代田区神田神保町一ノ一七（〒一〇一-〇〇五一）
電話 〇三-三二三三-三七四一
http://www.tokyodoshuppan.com/

ISBN978-4-490-10918-4 C0581
Printed in Japan